Religion mit Stil

Protestantismus in der Kulturwende

von

Dietrich Korsch

Mohr Siebeck

Die Deutsche Bibliothek – CIP-Einheitsaufnahme

Korsch, Dietrich:
Religion mit Stil : Protestantismus in der Kulturwende / von Dietrich
Korsch. – Tübingen : Mohr Siebeck, 1997
ISBN 3-16-146770-1

© 1997 J. C. B. Mohr (Paul Siebeck) Tübingen.

Das Buch wurde von Gulde-Druck in Tübingen aus der Bembo Antiqua belichtet, auf alterungsbeständiges Werkdruckpapier der Papierfabrik Niefern gedruckt und von der Großbuchbinderei Heinr. Koch in Tübingen gebunden.

Den Gemeinden von
St. Jacobi
und
St. Marien
in Göttingen
gewidmet

Vorwort

Religion, in der spätmodernen Kultur, ist ein vieldeutiges Phänomen, und das aus verschiedenen Gründen. Die Welt des Religiösen tritt in bunter Vielfalt in Erscheinung; schon im westlichen Christentum läßt sich das religiöse Leben, lassen sich Stimmungen, Überzeugungen, Haltungen und Akte letztvergewissernder Art durch das Raster kirchlich-dogmatischer Theologie kaum mehr ordnen. Erst recht darüber hinaus ist der Markt religiöser Angebote schillernd zwischen verborgenem Tiefsinn und offensichtlichem Unfug, und für alles scheinen sich Anhänger zu finden.

Angesichts dieses Erscheinungsbildes verwundert es nicht, daß auch die Bewertung des Religiösen zwischen Extremen schwankt. Je nachdem wie ein Mensch sich selbst sieht, wird er Religion als elementaren Bestandteil verbindlicher Weltanschauung beurteilen und wünschen, daß diese Sicht von anderen geteilt oder wenigstens toleriert wird. Oder er wird Religion als positiv absichernden Hintergrund für das Anderssein der Menschen untereinander auffassen, als Freiheitsgewährung, die es auch politisch abzusichern gilt. Oder er wird Religion als Relikt betrachten, als letzte Bastion eines voraufklärerischen Obskurantismus, der strenger Kritik unterworfen zu werden verdient.

Diese Bewertungsdifferenzen freilich sind ihrerseits nur Ausdruck einer Kultur, die ihrer selbst auch symbolisch nicht mehr als ein Ganzes ansichtig wird, weil sie sich in Lebenswelt- und Lebensform-Varianten pluralisiert hat, die sich der Möglichkeit neuer Einheitsstiftung widersetzen.

Diese plurale Kultur dominiert, unterschiedlich stark ausgeprägt, die Szene der westeuropäischen Gesellschaften seit nun ungefähr fünfzig Jahren; insofern ist sie selbst schon eine Erscheinung mit Tradition. Was jedoch in der Gegenwart sich abzeichnet, ist ein Wandel in der gesellschaftlichen Funktion dieser Pluralität. Denn konnte bislang noch gelten, daß es die marktwirtschaftliche Gesellschaftsverfassung ist, die die Differenzen der kulturellen Variationsformen trug und zugleich reduzierte, so deutet sich inzwischen ein Nachlassen der vergemeinschaftenden Effekte der Arbeits- und Wirtschaftsgesellschaft an. Damit aber rücken kulturelle Selbstverortungen an die Stelle ökonomischer Sinnverheißungen. Die Vielfalt der Kulturformen etabliert sich als Pluralismus weltanschaulichen Widereinanders. Die Bindekräfte kultureller Selbstverständigungen wachsen in gleichem Maße, in dem sich der Konflikt der Lebensformen zur Geltung bringt.

Diese Wende in der gesellschaftlichen Funktion der Kultur hat einschneidende Folgen für die Religion und ihre Erscheinungsgestalten, insbesondere für das kirchliche Christentum. Dessen Schwierigkeiten haben es zentral damit zu tun, daß das Christentum als universalistische Erlösungsreligion auf eine Kultureinheit zielt, die sich unter dem gegebenen Pluralisierungsdruck nicht mehr aufbauen läßt. Wenn nämlich die subjektive Selbstvergewisserung in lokalen, regionalen Sozialverhältnissen ohne verallgemeinerndes Widerlager so sehr zu einem selbstverständlich akzeptierten Imperativ wird, wie gegenwärtig zu beobachten, dann läßt sich das unmittelbare Interesse an tragfähiger Lebensdeutung scheinbar nicht mehr mit der notwendigen Allgemeinheit der christlichen Botschaft zusammenbringen. Ebenso wie die abstrakte ökonomische Allgemeinheit ihre bindende Wirkung verliert, ist auch die Allgemeinheit eines gesellschaftlich wirksamen und präsenten Christentums im Schwinden.

Das wird nicht nur in Kirche und Theologie bedauert. Auch der distanzierte Beobachter der religionskulturellen Landschaft wird es nicht für einen Gewinn halten können, wenn die letztvergewissernde Funktion von Religion nur noch so wahrgenommen wird, daß sie von dem eigenen unmittelbaren Lebenskontext abhängig ist; denn das läuft auf die zuletzt gewaltsame Konfrontation von Fundamentalismen hinaus. In der Tat muß ja die religiöse Aufladung sozialer Konflikte als immer bedrohlichere Tendenz der gesellschaftlichen Pluralisierung angesehen werden.

Die These dieses Buches lautet, daß es gerade unter der Bedingung des Funktionswandels der Kultur in der Gegenwart angezeigt ist, gesellschaftliche Selbstverständigung und religiöse Selbstaufklärung miteinander zu verknüpfen. Diese Verknüpfung wird hier über die Figur des Stils vorgenommen. Denn es zeigt sich einerseits, daß die kulturelle Pluralität, so wenig sie einheitskulturell zurückgeschnitten werden kann, doch keineswegs in atomisierte Lebenswelten zerfällt, sondern, jenseits begrifflicher Vereinheitlichungen, typische Kohärenzen ausbildet, die sich als Stil beschreiben lassen. Andererseits gilt für Religion, daß sich in ihren mannigfachen Erscheinungen bestimmte stets wiederkehrende Zusammenhänge zur Geltung bringen. Im Christentum zumal wird das Miteinander von religiöser Struktur und historischen Erscheinungsgestalten selbst zum Thema gemacht. Und insbesondere ist es der Protestantismus, der sich, von der stets irritierenden Anschaulichkeit der einen Kirche befreit, gerade über kritische Konstellationen von christlich Eigentümlichem und kulturell Verschiedenem aufbaut. Werden gesellschaftliche Selbsterfassung und religiöse Selbstbesinnung, wie hier versucht, auf christlich-protestantischem Hintergrund zusammengespannt, dann kommt zu Bewußtsein, daß es gerade die theologische Reflexion ist, die den Blick für die Aufbaumomente der Gesellschaft schärft. »Stil« ist, so gesehen, eine in Religion wurzelnde Kategorie.

Nicht alles jedoch, was sich Religion nennt oder was dafür gehalten wird, entspricht der doppelten Aufgabe von religiöser Selbstklärung und sozialer Erkenntnisbeförderung. In diesem Buch wird an allen entscheidenden Stellen aus der Perspektive evangelischer Theologie argumentiert. Damit wird, wie im Text deutlich zu sehen ist, eine religionstheoretische Offenheit nicht verhindert, vielmehr umgekehrt eine größere Bestimmtheit erzielt.

Von der Verschränkung sozialtheoretischer und theologischer Argumentation machen alle sechs Kapitel Gebrauch. Das hat zur Folge, daß die Sprachgestalt der Argumentationen unterschiedlich ausfällt; neben die Vorstellung von Sachverhalten, die allgemeiner aktueller Erfahrung offenstehen, treten Textanalysen, die theologische Kategorien näher bestimmen und historische Hintergründe tiefer ausleuchten. Das macht, auf der anderen Seite, eine selektive Lektüre des Buches möglich. Es liegt jedoch in der Eigenart des Themas, daß sich auch dann immer wieder Querverweise einstellen. Daß dieses Darstellungsverfahren der Lektüre eine nicht geringe Konzentration abverlangt, ist mir bewußt. Ohne gedankliche Mühe freilich wird der Pluralismus nicht begriffen, sondern bleibt lediglich eine wohlfeile Redensart. Das kann sich die Theologie am wenigsten leisten.

Daß gerade der Protestantismus als Religion mit Stil bezeichnet wird, mag manchen Leser überraschen, hat er doch womöglich das Bild eines formlosen evangelischen Christentums vor Augen. Abgesehen von dem durchaus nicht unerwünschten normativen Oberton des Titels soll damit aber zugleich darauf verwiesen sein, daß die analytisch-deskriptiven Potentiale des Protestantismus viel höher sind als oftmals, besonders aus binnenkirchlicher Sicht, vermutet. Diese Potentiale aufzudecken und zu ihrer Nutzung anzuregen, ist ein erklärtes Ziel des Buches. Auf diese Weise kommt ein anderes, zuversichtlicheres Bild des Protestantismus vor Augen, als es Falk Wagner in seiner kritischen Diagnose gezeichnet hat (Zur gegenwärtigen Lage des Protestantismus, Gütersloh 1995) und als es die Analysen von Volker Drehsen nahelegen (Wie religionsfähig ist die Volkskirche?, Gütersloh 1996). Zur Spannbreite des Protestantismus gehört es, daß er zu Kritik und Konstruktion gleichermaßen in der Lage ist.

Wer Protestantismus und Kultur in einem Atem nennt, wird als Kulturprotestant angesehen werden. Über den Wert einer solchen Etikettierung lohnt kein Streit. Jedoch dürfte es sich um der historischen Genauigkeit willen empfehlen, das Erscheinungsbild dessen zu vergegenwärtigen, was um die vergangene Jahrhundertwende so hieß. Dann liegt der Unterschied auf der Hand zwischen einem Kulturprotestantismus, der es auf die Stärkung des protestantischen Einflusses auf die Gesamtkultur abgesehen hatte, und der hier vorgestellten Sicht des Zusammenhangs, in dem der Protestantismus als religiöses Ferment in christlichen Kirchen und als intellektueller Katalysator gesellschaftlicher Verständigung unter der Bedingung eines irreduziblen Pluralismus gilt. Um dieser Aufgabe willen kann gerade auf die kerygmatisch-dogmatische Dimension, wie sie insbesondere von der Dialektischen Theologie wahrgenommen wurde, nicht verzichtet werden. Darum stellen die religionstheoretisch-dogmatischen Gedankengänge im zweiten Teil des Buches das Scharnier der Argumentation dar; die bildungstheoretischen und religionspädagogischen, die ekklesiologischen und liturgischen Ausführungen im dritten Teil deren Zielpunkt.

Mannigfachen Grund habe ich zu danken: Georg Siebeck hat den Anstoß zur Fertigstellung des Buches gegeben. Wilhelm Gräb hat den ersten Entwurf des Textes gelesen und mich durch Zustimmung und Kritik ermutigt. Peter Samhammer, Gerson Raabe und Fritz Graßmann haben Teile dieser Fassung auf dem Hintergrund ihrer Erfahrungen im Pfarramt mit mir diskutiert und manches erhellend, manches anstößig gefunden. Philipp Stoellger hat eine Reihe wichtiger Hinweise gegeben und manche Präzisierungsvorschläge gemacht, die der Endfassung zugute gekommen sind; auf einige seiner weiterreichenden Anfragen zum hier vertretenen Pluralitätsverständnis einzugehen, mußte ich mir an dieser Stelle versagen. Thomas Vogl hat meine Aufmerksamkeit auf einige kulturtheoretische Implikationen des Konzeptes gelenkt. Hella Birk und Bettina Rubenbauer haben mir bei der Korrektur geholfen. Die Mitarbeiter des Verlages Mohr Siebeck haben das Buch mit der ihnen eigenen Sorgfalt betreut. Ihnen allen danke ich herzlich.

Gewidmet ist das Buch den zwei Göttinger Gemeinden, die mir die Authentizität und die Vielfalt evangelisch-kirchlichen Christentums von innen erschlossen haben und die, in großer innerer Breite wie auch in äußerem Unterschied voneinander, je auf ihre Weise Religion mit Stil leben.

Passau, im März 1997   Dietrich Korsch

Inhaltsverzeichnis

Erster Teil

Auf dem Weg zu einer religiösen Hermeneutik der Kultur

Zweiter Teil

Glaubenseinheit im Pluralismus

Dritter Teil

Protestantische Stilbildung

Einleitung

Religion, Stil und gesellschaftliche Verständigung

1. Die Deutungsbedürftigkeit der Spätmoderne

In den westlichen Gesellschaften der Gegenwart wächst eine neue Pflicht zu kultureller Selbstverständigung. Diese Pflicht drängt sich als Ergebnis einer längeren Phase in der Geschichte der abendländischen Zivilisation auf, die sich als Spätmoderne bezeichnen läßt. Man kann diese Entwicklung ganz grob in vier Schritten beschreiben.

Sie beginnt mit der Reformation, dem Humanismus und der Entdeckung der Neuen Welt. Seitdem wird, Zug um Zug und nicht ohne tiefe gesellschaftliche und individuelle Erschütterungen und Brüche, ein religiös einheitlich geprägtes Ensemble von handlungsleitenden Wissenshintergründen und Gewißheitsbeständen der Gesellschaft aufgelöst. An seine Stelle tritt eine Kultur, die durch eine Mehrheit von gestaltenden und wirkenden Faktoren bestimmt wird. Die Epoche einer generellen religiösen Bestimmtheit der Kultur scheint überhaupt zu Ende gegangen zu sein. Die religiöse Kultur ist, nach einer längeren Zeit des Übergangs, durch das Projekt der industriellen Moderne ersetzt worden.

Dieser Übergang markiert die zweite Etappe in der Genese der Spätmoderne. Die zunehmende Indifferenz der Moderne gegenüber religiösen Herkünften erwies sich zunächst als ein Vorteil für die Integration der Gesellschaft. Zu diesem Vorgang einer wachsenden Unabhängigkeit von der geschichtlichen, positiven Religion passen die aufklärerischen Konstruktionen einer natürlichen Religion ebenso wie die Destruktionen der Religion durch die Religionskritik. Allerdings war der Aufbauprozeß der Industriegesellschaft durch einen inneren Gegensatz erkauft, der die Menschen, die doch in sie einbezogen sein sollten, untereinander in noch nie dagewesener Weise spaltete. Diese Spaltung organisierte sich seit dem 19. Jahrhundert über weite Strecken gemäß der Logik des Kapitals. Die sogleich darauf reagierenden sozialen Bewegungen legen davon beredtes Zeugnis ab.

Seit Beginn des 20. Jahrhunderts verlagerte sich die innere Gespaltenheit der kapitalistischen Gesellschaften des Westens in den weltpolitischen Gegensatz von Ost und West, befestigte sich in diesem Schema und dehnte es zugleich auch auf Afrika und Asien aus. Das ist die dritte Stufe, die Globali-

sierung der Moderne. In dieser Konstellation ließen sich die innergesellschaftlichen Spannungen im Westen, durch wirtschaftlichen Erfolg ebenso
motiviert wie durch soziale Forderungen provoziert, in eine bislang unge-
kannt erfolgreiche Teilhabe vieler am Wirtschaftsgeschehen und an der Gestaltung der Gesellschaft begrenzen. Das Modell einer demokratischen Industriegesellschaft mit sozialer Verantwortung hat entscheidend die kulturellen
Selbstverständlichkeiten der Gegenwart geprägt, indem es die Herausbil-
dung einer Vielzahl unterschiedlicher Lebensformen, Wertsphären und Ver-
gemeinschaftungsmuster ermöglichte. Die Fähigkeit zur Verarbeitung von
Fremdem ist in dieser Zeit ebenso gestiegen wie die Bereitschaft, andere kulturelle Einflüsse zu tolerieren oder zu akzeptieren. Zugleich sind die Chancen zur Gestaltung einer individuellen Biographie ebenso gewachsen wie die
Wahlmöglichkeiten im sozialen Zusammenleben, in Partnerschaft und Familie. Der geopolitische Gegensatz zwischen Ost und West strukturierte und
überlagerte den massiven Entwicklungsunterschied zwischen Nord und
Süd; immerhin ist dies die Phase des versuchten Exportes der nördlichen Gesellschaftsmodelle in den Süden gewesen; ein Anlaß zu (versuchter) Entkolo-
nialisierung.

Allerdings erwies sich die programmatisch allein am Maßstab der wirtschaftlichen Sozialisierung ausgerichtete gesellschaftliche Organisation des
Ostens als undurchführbar. Der Kollaps der sozialistischen Systeme hat, in
Verbindung mit den im Westen erreichten wirtschaftlich-industriellen Errungenschaften, eine Veränderung der hochdifferenzierten Moderne in die
Wege geleitet; damit ist die vierte Stufe erreicht. Denn neuerdings beginnt
sich abermals eine Spaltung aufzutun, im Inneren der westlichen Gesellschaften ebenso wie in der weltpolitischen Gesamtlage. Im Innern überwiegt
nicht mehr, wie im frühen industriellen Modell, der Gegensatz zwischen Ar-
beitskraftbesitzern und Kapitaleignern, sondern der zwischen Teilnehmern
und Nichtteilnehmern am produktiven Wirtschaftsprozeß. Bisher, so scheint
es, bleiben die wirtschaftlichen und sozialpolitischen Impulse, mit denen –
wo es sie gibt – auf diese Entwicklung reagiert wird, teils am alten Muster der
Teilnahme aller am produktiven Wirtschaftsleben orientiert, teils überhaupt
orientierungslos. Dasselbe gilt für die internationalen Beziehungen: Die
Unterschiede zwischen dem immer noch reichen Norden und dem immer
ärmeren Süden nehmen zu, trotz gewisser gegenläufiger ostasiatischer Auf-
brüche von der einen zur anderen Hemisphäre.

Diese in den letzten Jahrzehnten eingetretene Tendenz zur Spaltung innerhalb der westlichen Gesellschaften wie in der Weltpolitik mischt sich auf
eine im einzelnen schwer durchschaubare Weise mit den Ergebnissen der
kulturell-sozialen wie der individuell-biographischen Pluralisierung. Unübersichtlich ist diese Lage insbesondere darum, weil diese neue Dualisierung die Pluralisierung nicht etwa aufhebt oder vereinheitlicht, sondern in

Dienst nimmt und auf ihr aufbaut. Als individuelles Versagen wird zugerechnet, was sich doch der Wahlmöglichkeit eigenen Lebens entzieht; umgekehrt aber wird auch in dieser Einschränkung der subjektiven Entfaltung noch immer am Versprechen eigener Individualität festgehalten. Dieses gegensätzliche Zugleich freilich droht zur inneren Spaltung bei denen zu werden, die von der gestaltenden, produktiven Teilnahme am Wirtschaftsprozeß ausgeschlossen werden; objektive Ohnmacht und fiktive Allmacht über das eigene Leben scheinen unmittelbar zugleich zu gelten. Eine Vermittlung dieses unvermittelten Widerspruchs, etwa durch die Wiederentdeckung der Eigenerfahrung in der sozialen Schicht oder Klasse wie im 19. Jahrhundert, erscheint gegenwärtig aussichtslos. Individualität tritt nun vereinzelt auf – erst für diese soziale Konstellation gilt der kulturkritisch beliebte allgemeine Vorwurf. Und auch soziale Kollektive scheinen nur noch durch die Wahl Einzelner zustandezukommen; die so entstandenen Gruppen können sich darum lediglich durch die – bisweilen gewaltsame – Unterscheidung von anderen definieren. Die im integrationsfreundlichen Raum entstandene Pluralität verkehrt sich in eine Pluralität, die vom Ausschluß des anderen lebt. Wo die wirtschaftlich-gesellschaftliche Vermittlungsbasis bedroht oder gar schon ausgefallen ist, wird der Pluralismus des toleranten Dissenses zum Pluralismus der fanatischen Intoleranz.

Die internationalen Beziehungen entsprechen strukturanalog dieser innergesellschaftlichen Verfassung. An die Stelle eines globalen Antagonismus, der durch seine umfassende Gestalt den globalen Konflikt verhinderte, sind viele einzelne lokale Konflikte getreten, in denen sich ethnische, religiöse, nationale Gruppierungen von anderen abzusetzen und gegen andere durchzusetzen versuchen. Dieses brisante Ineinander widersprüchlicher, aber eng miteinander verwobener Bestimmungsfaktoren rechtfertigt es, von einer wirtschaftlich-kulturellen Spätmoderne zu sprechen. Und nur in einer solchen Sichtweise, die sich um gesellschaftstheoretische Tiefenschärfe bemüht und die neue Widersprüchlichkeit zu benennen versucht, dürfte sich die Eigentümlichkeit der Spätmoderne erfolgreich behaupten lassen.

Diese Lage verpflichtet, das wird schon aus dieser überaus kurzen Skizze der gesellschaftlichen Entwicklung deutlich, zu neuen Strategien einer Verständigung, die auf Verbindendes im pluralistisch indifferenten und zugleich machtbestimmt gespaltenen Vielfältigen aus ist. Denn ohne einen – wie immer elastisch zu bestimmenden – Hintergrund möglicher Gemeinsamkeit droht eine weitere Destabilisierung von Gesellschaft und Politik. Die Suche nach diesem Hintergrund steht jedoch vor einer bisher ungelösten Aufgabe. Denn das gesuchte potentiell Gemeinsame muß als ein solches erfaßt werden, das nicht einfach eine neue kulturelle Hegemonie heraufführen möchte; es soll (und muß) pluralitätsoffen bleiben. Die Debatten um die weltpolitische Geltung der Menschenrechte haben es mit diesem Vorwurf zu tun.

Auf der anderen Seite muß ein solches Gemeinsames aber auch so verfaßt sein, daß es sich von der neuen Spaltung der Gesellschaft nicht allzu leicht vereinnahmen läßt; obwohl es gerade im Blick auf solche Spaltung entworfen ist.

Diese explosive Mischung von Pluralität und Dualisierung, von kulturellem Erwerb der Vielfalt und wirtschaftlicher Transformation in einander ausschließende Gegensätze, stellt die gegenwärtig schärfste Herausforderung für die Gesellschaften des Westens dar. Sie ist zugleich, auf theoretischem Gebiet, eine Herausforderung für diejenigen Wissenschaften, die es traditionell mit gedanklicher und gesellschaftlicher Verständigung zu tun haben, nämlich Philosophie und Soziologie. Denn es verlangt ein solcher Begriff für die Überlagerung der unterschiedlichen Entwicklungsfaktoren gefunden zu werden, der zugleich Optionen für das Handeln zu erkennen erlaubt.

In der Philosophie ist diese Debatte in den letzten Jahrzehnten vor allem über die Verstehbarkeit des irreduzibel Verschiedenen geführt worden. Dabei hat sich der – in sich schillernde – Begriff der Postmoderne als ein jedenfalls gröbste Orientierung anzeigender Mittelpunkt herausgeschält. Allerdings ist es unvermeidlich – ebenso der Sache nach wie vor allem im Reflex der gesellschaftlichen Entwicklung –, daß dieser Diskurs selbst wieder in eine Vielheit oft dissonanter Stimmen zerfällt. In der theoretischen Soziologie läßt sich, wenn ich richtig sehe, nicht einmal eine solche leitbegriffliche Konzentration beobachten. Der große, noch aus den siebziger Jahren stammende Gegensatz einer kommunikativen Handlungstheorie und einer konstruktivistischen Systemtheorie hat seine bezwingende Suggestivität verloren; ähnliches ist, trotz der Kommunitarismus-Debatten der letzten Jahre, nicht an seine Stelle getreten. Dennoch: In diesen unterschiedlichen Diskussionslagen in der Philosophie wie in der Soziologie haben sich unter den Stichworten der Differenzierung, der Pluralisierung, Individualisierung und Ästhetisierung gewisse Gemeinsamkeiten kenntlich gemacht, wie unterschiedlich sie auch wieder hergeleitet und gedeutet werden.

Im Zusammenhang der kulturhermeneutischen Wissenschaften nimmt die protestantische Theologie eine spezifische Rolle ein. Sie ist zunächst insofern alternativlos kulturbezogen, als sie nicht nur die Medien ihrer eigenen Selbstverständigung, sondern auch die leitenden gesellschaftlichen Selbstdeutungen einer jeweiligen Zeit zu ihrer Entfaltung benötigt. Dies gilt auch da noch, wo diese Verflochtenheit kategorisch geleugnet oder programmatisch aufzulösen unternommen wird. Sie ist vor allem insofern alternativlos kulturbezogen, weil sie, als Deutung von Religion, auf die handlungsleitenden Letztgewißheiten bezogen ist, von denen Menschen in ihrem Leben Gebrauch machen; und diese sind, so gewiß die Struktur einer Vergewisserung zur allgemeinen Phänomenologie des Handelns überhaupt gehört, historisch variabel, also von den Entwicklungen und Kräfteverschiebungen der

Kultur bestimmt. Genau dieser Aspekt aber ist es, der die eigentümliche Sichtweise protestantischer Theologie im Verhältnis zur Philosophie und zur Soziologie bestimmt: das Integriertsein von intersubjektivem Handeln (samt seinen Deutungen) und individuellem Leben. Und dieser Aspekt verlangt auch in der Debatte mit jüngsten Entwürfen aus Philosophie und Soziologie Beachtung.

2. Die kulturelle Deutungskompetenz protestantischer Theologie

In seinem opus magnum mit dem ambitionierten Titel »Vernunft« hat der Philosoph Wolfgang Welsch im Anschluß an ein Panorama postmoderner Philosophien das Konzept »transversaler« Vernunft vorgestellt, das die Idee einer Einheit der Vernunft auf nichthierarchische Weise mit der Vielfalt ihrer Auslegungsgestalten und Verwendungsweisen verbinden soll[1]. Um das Niveau der Anforderungen zu beschreiben, denen diese Auffassung von Vernunft genügen muß, orientiert sich Welsch an einer einleuchtenden Beschreibung des Pluralismus der Theorien[2]. Ich skizziere seine Argumentation, indem ich seine Bemerkungen sogleich am Auseinandertreten von Natur- und Geisteswissenschaften erläutere.

Schon länger ist ja eine solche Segmentierung der Vernunft in verschiedene Rationalitätstypen zu beobachten. Die äußere Unterscheidung befördert nun zugleich eine jeweils innere Differenzierung; der Begriff von Natur- bzw. Geisteswissenschaft pluralisiert sich. Außerdem kommen durch Transpositionen, die Welsch »transsektorielle Wirkungen« der Rationalitätstypen nennt[3], Versuche zustande, die wissenschaftliche Methodik des einen Sektors im anderen zu gebrauchen. Dabei verknüpfen sich rationale Operationsweisen aus diesen verschiedenen Rationalitätstypen, so daß sich Statistik und Experiment in den Geisteswissenschaften finden, eine hermeneutische Reflexion auf die Bedingungen von Naturgesetzlichkeit in den Naturwissenschaften. Auf diese Rationalitätsimporte reagiert der jeweilige Wissenschaftssektor mit eigenen Begriffs- und Begrenzungsstrategien; nun muß man fragen: Wie geht man im Rahmen von Verstehensvorgängen mit experimentellen Daten um? Und welche Auswirkungen hat die Besinnung auf die Genese von Gesetzen für deren Formulierung? Im Verlauf dieses Hin und Her samt seiner intellektuellen Verarbeitung bauen sich »Paradigmennetze« auf, die sich schon sehr bald nicht mehr auf ihnen übergeordnete gemeinsame Grundannahmen stützen können; sie besitzen ihre Plausibilität und wis-

---

[1] WOLFGANG WELSCH, Vernunft. Die zeitgenössische Vernunftkritik und das Konzept der transversalen Vernunft, Frankfurt/M. 1995.
[2] Ebd. 605–610.
[3] Ebd. 606.

senschaftliche Fruchtbarkeit nur noch durch Interdependenz. Die Ablösung von gemeinsamen Grundannahmen aber führt schließlich zu einem Bild unterschiedlicher Ganzheiten, die sich überhaupt nicht mehr rekonstruktiv aufeinander beziehen lassen.

Letzte Divergenz aus der zielgerichteten Betätigung von Vernunft – das ist der abschließende Eindruck; und das Beispiel der selbst schon traditionellen Differenz von Natur- und Geisteswissenschaften gibt nur ein sehr vereinfachtes Bild dieser Bewegung von anfänglicher Differenz, nachfolgender Pluralisierung und abschließender partikularer Totalisierung der Rationalitätstypen. Die eine Vernunft, die als material-synthetisches Vermögen auftreten könnte, existiert nicht mehr. Und das ist nicht nur der Eindruck einer vereinzelten vernunftkritischen Position wie etwa der Negativen Dialektik Adornos, sondern dabei handelt es sich nach Welsch um einen unbestreitbaren kulturellen Gesamteindruck.

Auf die so beschriebene Diversität soll sich nun die Vorstellung »transversaler Vernunft« beziehen[4]. Dabei steht zunächst die schlichte Beobachtung im Vordergrund, daß wir uns als Wesen, die sich selbst vernünftig nennen, tatsächlich in dem Gewirr rationaler Netze zu bewegen wissen. Das »Wundersame dieses Vermögens«[5] besteht darin, Übergänge vornehmen zu können, ohne sich jeweils letzter (oder auch nur vorangehender) Gründe vergewissern zu müssen. Es bleibt, so meint Welsch, das Bewußtsein erhalten, in diesen Übergängen trotz aller Veräußerlichung irgendwie innerlich bei sich selbst zu sein. Und dieser Eindruck geht nicht einmal darauf zurück, daß ich mich selbst begriffen oder ergründet haben muß. Ich kann, mit dem Anspruch auf Vernünftigkeit, im Heterogenen bleiben, ich kann »dialektische Übergänge ohne Synthese« vollziehen[6].

Fragt man nun näher nach der Form dieser Dialektik und nach der Organisation dieses Vernunftvermögens, dann sieht man sich nach Welsch auf das Subjekt verwiesen, das offenbar in bestimmtem Sinne als vernünftig strukturiert sein muß[7]. Wie soll man sich ein Subjekt vorstellen, das zugleich pluralitätsoffen und innerlich kohärent ist? Welschs Bild einer solchen Subjektivitätsverfassung greift die alte Vorstellung von Seelenteilen auf. Da es Welsch zufolge im Subjekt so wenig wie in der Vernunft eine material synthetisch aufgebaute Hierarchie gibt, muß man mit einer Art Verknüpfung unterschiedlicher »Subjektanteile«[8] rechnen. Dieser Integration[9] kommen zwei

---

[4] Ebd. 750–753.

[5] Ebd. 751.

[6] Ebd. 753.

[7] Ebd. 849–852. Diese Wendung macht deutlich: Will man an Vernunft überhaupt festhalten, kann man auf den Begriff des Subjektes nicht verzichten.

[8] Ebd. 849.

[9] Welsch kann dafür auch die Metapher »Band« verwenden, ebd.

unterschiedliche Merkmale zu. Einerseits, und das betrifft die strukturelle Konstellation im Subjekt, sind die Dimensionen vernünftigen Wahrnehmens und Agierens jeweils nach einem bestimmten, individuellen Muster zusammengefügt, das »Stil« genannt wird. »Stil« erhält hier eine grundbegriffliche Bedeutung für die Struktur von Wahrnehmen und Handeln überhaupt. Andererseits, und das bezieht sich auf die aktuale Verarbeitung von Differenzen, kommt es darauf an, wie durchlässig die unterschiedlichen Subjektfunktionen füreinander sind. Je größer die Durchlässigkeit und interne Kombinierbarkeit ist, desto pluralitätsfähiger stellt sich ein Subjekt dar, desto leichter kann es »transversale« Übergänge vollziehen.

Offenbar kommt es Welsch darauf an, mit dem Begriff des Subjekts ein Rekursfundament für plurale Vernunftvollzüge anzubieten, das selbst nicht wieder einem untauglichen Hierarchiemuster verpflichtet ist. Sieht man näher zu, dann sind es drei Momente, die Welschs Subjektbegriff bestimmen. Wenn Vernunft nicht eine allgemeine Struktur sein soll, sondern ausschließlich Vollzug[10], dann bedarf sie eines Trägers, also eines Subjektes. Wenn aber unter Vollzug der Vernunft Tätigsein verstanden werden soll, dann muß das diesen Vollzug tätigende Subjekt ein raumzeitliches Individuum sein[11]; damit aber ist der Träger von Vernunft empirisch qualifiziert. Und diese Doppelgestalt des Subjekts, als empirisch bestimmt reine Übergänge der Vernunft vorzunehmen, entspricht schließlich, wenngleich in größerer innerer Dichte, genau dem Bild der Vernunft, sofern diese als »reine Vernunft« auf unterschiedliche, in sich kontingente Rationalitätstypen bezogen ist[12].

Allerdings ist diese Beschreibung des Subjekts transversaler Vernunft durch Welsch insofern unbefriedigend, als sie über eine strukturparallele Transformation der äußeren Verhältnisse von Vernunftbeweglichkeit in ein vorgestelltes Inneres nicht hinauskommt. Ein Begriff der empirisch-spekulativen Verfaßtheit des Subjektes ist nicht gegeben worden. Soll der Rekurs auf das Subjekt eine die innere Organisation »transversaler« Vernunft klärende Rolle spielen, dann muß über Welschs Argumentation hinaus deutlich gemacht werden: Die Struktur Subjektivität kommt empirisch stets und ausschließlich in tatsächlich existierenden individuellen Subjekten vor, und zwar so, daß diese von ihr in der Weise empirisch bestimmter Selbstauslegung Gebrauch machen. Die Struktur Subjektivität läßt sich nur in so oder so material bestimmten Auslegungen von Subjekten erfassen, die als solche historisch-kontingenter Art sind. Im Unterschied zur möglicherweise auch rein abstraktiv verfahrenden, sich von der Basis des Gegebenen lösenden Vernunft ist Subjektivität stets darauf angewiesen, sich zugleich auslegend

---

[10] »Vernunft ist nicht, Vernunft geschieht«, heißt es ebd. 764.
[11] Ebd. 935.
[12] Ebd. 631f.

darzustellen. Erst dieser Gedanke einer notwendigen Selbstauslegung bringt auch eine schlüssige Verklammerung von Subjektivität und Individualität zustande.

Welsch hat diesen »hermeneutischen Imperativ«[13] nicht wahrgenommen und infolgedessen auch den möglichen argumentativen Gewinn des Bezuges auf Subjektivität verspielt. Die Frage nach der Notwendigkeit einer empirischen Selbstauslegung der Struktur Subjektivität, nach der faktischen Unhintergehbarkeit von »Stil«, bleibt unbeantwortet[14].

Wenn man sich dagegen auf das strukturell-empirisch verfaßte hermeneutische Verhältnis von Subjektivität und Selbstauslegung einstellt, dann bekommt man in den Blick, daß Stilprägungen empirischer Subjekte immer schon vorliegen; und daß durch diese Stilgestaltungen subjektinterne Konstellationen von tiefgreifender Bestimmungskraft und intersubjektive Aktionen von Kommunikation und Weltgestaltung miteinander verbunden sind. Diese durchgreifende und zugleich vom Subjekt selbst ergriffene Stilprägung aber heißt Religion[15], und insofern verlangt Religion zum Gegenstand der Erörterung gemacht zu werden.

Der strukturelle Mangel der Analysen Welschs, durch Verzicht auf die Erörterung von Religion die Funktionsweise »transversal« operierender Vernunft nur beschreiben, nicht aber erklären zu können, weist zugleich auf eine empfindliche historische Begrenztheit in der Wahl seines Untersuchungsrahmens zurück. Denn in seiner ideengeschichtlichen Rekonstruktion der zeitgenössischen Vernunftkritik unterbleibt eine gesellschaftstheoretische Reflexion auf die Bedingungen der Pluralisierung. Die von Welsch luzid beschriebenen Rationalitätstypen bilden lediglich die Oberfläche gesellschaftlicher Veränderungen. Diese Veränderungen zu beschreiben muß man sich aber schon deshalb bemühen, weil die historisch kontingenten Möglichkeiten der Prägung eines bestimmten Stils sich aus ihnen ergeben. Warum und mit welchen Konsequenzen kommt es zu welcher Stilprägung? Nur wenn

---

[13] WILHELM GRÄB, Der hermeneutische Imperativ. Lebensgeschichte als religiöse Selbstauslegung, in: WALTER SPARN (Hg.), Wer schreibt meine Lebensgeschichte? Biographie, Autobiographie, Hagiographie und ihre Entstehungszusammenhänge, Gütersloh 1990, 79–89.

[14] Welsch zeigt sich eher einem analytischen als einem hermeneutischen Grundverständnis von Vernunft verpflichtet. Dabei hätte in dem von ihm als irreduzibel unterschiedlich aufgefaßten Verhältnis von »reiner Vernunft« und empirisch mitbestimmten Rationalitätstypen schon ein Gedanke bereitgelegen, der auf die hermeneutische Spur führt. Daß er ihr nicht folgte, wird auch damit zusammenhängen, daß er mit der Möglichkeit eines »Lebens aus reiner Vernunft« rechnet (ebd. 669), bei dem es sich jedoch fragt, wer eigentlich die empirischen Träger dieses Lebens sein sollen.

[15] Ein Leben, das in diesem Sinne – erfolgreich – stilgeprägt und stilprägend gelebt wird, steht in Wahrheit an der Stelle des nur als Abstraktion vorstellbaren spätmodernen »bios theoretikos« den Welsch vorschlägt.

man sich diese Frage stellt, kann man die Umschichtungen ermessen, die der neue, nichthierarchisch-transversale Vernunftgebrauch den Subjekten aufbürdet.

An Welschs interessantem Buch kann man sehen, in welche fundamentalen Schwierigkeiten sich eine gegenwärtige Metakritik der Vernunftkritik verstrickt, wenn sie die Frage nach dem historischen Ausmaß gesellschaftlicher Veränderung und nach der Funktion religiöser Wirklichkeit ausblendet[16].

Im Unterschied zu Wolfgang Welsch hat der Soziologe Gerhard Schulze in seiner »Kultursoziologie der Gegenwart« unter dem Titel »Die Erlebnisgesellschaft« eine »Hermeneutik der Stile« beschrieben[17]. Dabei geht es ihm um ein Konzept gesellschaftlich vermittelter individueller Regularität, das Oberflächenerscheinungen unserer gesellschaftlichen Wirklichkeit zu begreifen erlaubt. Der Begriff des Stils läßt sich im Ausgang vom Begriff des Erlebnisses rekonstruieren. Damit etwas als Erlebnis bewußt wird, müssen zwei Momente zusammenkommen: ein äußerer Eindruck und dessen innere Verarbeitung[18]. Diese innere Verarbeitung aber folgt bestimmten konstanten, Vielfalt reduzierenden Mustern, die man Stil nennen kann; Stil bekommt dadurch einen kategorialen Sinn. Ist ein Stil einmal gebildet, dann prägt er sich in fortgesetzten Selektionen der Wahrnehmung aus und stellt sich im Handeln dar[19]. Solche Stile sind in gleichem Maße individuell akzeptiert und gestaltet wie sie auch überindividuellen Charakter tragen. Daß solche individuell-gesellschaftlichen Stilprägungen miteinander koexistieren können und müssen, das macht das heute dominant gewordene Modell der Vergesellschaftung aus. Die Koexistenz von Stilen ist die gesellschaftliche Erscheinungsweise des Pluralismus.

Damit stellt sich ein interessantes Bild gesellschaftlicher Integration vor Augen. Es ist nicht ein allgemeiner Wertebestand, der sich, gewissermaßen ohne Rücksicht auf die Stellungnahme der Menschen zu ihm, als objektiv sozialisierend durchsetzt. Sondern es kommt stets auf die stilbildende Aneignung sozusagen objektiver Kulturgüter an. Allerdings muß man in diesem Zusammenhang danach fragen, wie denn die subjektive Ratifizierung dessen

---

[16] Eigentümlicherweise haben Welschs Äußerungen zu religionsphilosophischen Fragen keinen Eingang in seine grundbegrifflichen Erörterungen gefunden: WOLFGANG WELSCH, Religiöse Implikationen und religionsphilosophische Konsequenzen »postmodernen« Denkens, in: ALOIS HALDER u.a. (Hg.), Religionsphilosophie heute. Chancen und Bedeutung in Philosophie und Theologie, Düsseldorf 1988, 117–129.

[17] GERHARD SCHULZE, Die Erlebnisgesellschaft. Kultursoziologie der Gegenwart, Frankfurt/M./New York 1992, 93–123.

[18] Ebd. 44.

[19] »Erlebnisorientiertes Handeln gerinnt im Stil zu einem stabilen situationsübergreifenden Muster.« Ebd. 103.

erfolgen kann und soll, was eben auch unabhängig von aller Zustimmung die Lebenswelt der Menschen bestimmt. Wie geht die stilvermittelte Erlebnisgesellschaft mit ihren wirtschaftlichen Rahmenbedingungen um? Denn es ist ja durchaus möglich, daß sich die Genese der erlebnisförmig zugänglichen Stilwelten von den ökonomischen Vereinheitlichungstendenzen ablöst bzw. diese nicht wahrzunehmen imstande ist. So daß infolge dieser Ausblendung sozialisierende Erlebniswelten zustandekommen, die scheinbar voller Leben, in Wahrheit völlig abstrakt sind; das Erleben wird selbst virtuell.

Diese Überlegung führt auf die Frage, wie sich erlebniskonstitutive Strukturen ihrerseits herausbilden. Auch darauf gibt Schulze eine aufschlußreiche Antwort. Sie lautet, knapp gesagt, so: Es sind im wesentlichen ästhetische Phänomene, Phänomene alltäglicher Wahrnehmung, die strukturbildend auf Subjekte wirken[20]. Dieser ästhetische Transfer geschieht dann, wenn sich dem Subjekt nicht nur einzelne Eindrücke vermitteln, sondern es selbst schon auf geprägtes, kulturvermitteltes Material trifft. Es ist also nicht einfach krudes Gegebenes, das als ästhetischer Eindruck zum Erlebnis verarbeitet wird. Ins ästhetische Phänomen ist vielmehr schon gesellschaftlich vermittelter und individuell geprägter Ausdruck eingegangen. Dies ist insofern eine wichtige Auskunft, als sie unterstreicht, daß sich auch Wahrnehmungsstrukturen historisch und empirisch vermitteln; nur so kann man die Varianz von zu verschiedenen Zeiten vorherrschenden Wahrnehmungs- und Selbstverständnismustern erklären. Auf der anderen Seite aber kann die inhaltliche Prägung solcher Strukturen doch nicht die Erzeugung von Kategorialität überhaupt sein. Anders gesagt: Auch die kulturell geprägten alltagsästhetischen Schemata müssen auf eine Aufnahmebereitschaft durch die Subjekte treffen.

Nun ist Schulze an dieser konstitutionstheoretischen Frage weniger interessiert und muß es als Soziologe auch nicht sein. Immerhin gibt er eine sehr einfache und grundsätzliche Beschreibung der Rezeptionsmechanismen, die solche alltagsästhetischen Phänomene zu verarbeiten in der Lage sind. Er unterscheidet die leibhafte, an Selbsterhaltung interessierte Selbstbeziehung (»Genuß«), die soziale, über Selbstabgrenzung laufende Fremdbeziehung (»Distinktion«) und den mehr oder weniger bewußt gestalteten Zusammenhang dieser Relationen (»Lebensphilosophie«)[21]. Versucht man eine an Schulzes Aufstellung anschließende weitere Reflexion, dann kann man sagen: Es handelt sich um nicht aufeinander rückführbare, jeweils von internen, nicht vermittelbaren Unterschieden gekennzeichnete Verhältnisse. Nämlich um das Verhältnis von leiblicher Weltaneignung und ihrer geistigen Empfindung, um das Verhältnis von Ego und Alter, um das Verhältnis von

---

[20] Diese Einsicht steht hinter dem Kapitel »Ästhetisierung des Alltagslebens«, ebd. 33–91.

[21] Ebd. 105–114.

Theorie und Leben. Macht man sich dies klar, dann leuchtet Schulzes Ansicht ein, daß es vor allem diese drei Dimensionen sind, die Kristallisationspunkte für individuell-gesellschaftliche Stilbildungen darstellen. Das Resultat solcher Stilbildungsprozesse besteht im Aufbau von Gewißheit vermittelnden und Handeln leitenden »existentiellen Anschauungsweisen«[22].

Den soweit entfalteten Stilbegriff benutzt Schulze in empirischer Absicht, um mit seiner Hilfe gegenwärtig beobachtbare Kulturschemata zu beschreiben. Ohne Anspruch auf Vollständigkeit unterscheidet er ein Hochkultur-, ein Trivialkultur- und ein Spannungsschema; gewissermaßen drei Schwerpunkte der kulturellen Erscheinungswelt unserer Tage[23]. Dabei kommt dem Spannungsschema insofern ein besonderer Rang zu, weil sich in ihm die Erlebnisförmigkeit überhaupt am stärksten ausprägt; es ist nicht mehr um eine – wie immer inhaltliche bestimmte – Zuordnung zu einem mehr oder weniger konstanten kulturellen Überlieferungskanon zu tun, sondern um die Wiederholung des Erlebens als solchen. Ohne daß die Dualität von Eindruck und Erlebnisverarbeitungsinstanz damit aufgegeben wäre, wird doch der innere Pol, gerade infolge der stets wechselnden äußeren Bezüge, ungeheuer verstärkt.

Nun ist es gerade dieses Kulturschema, das im Anschluß an Schulze die konstitutionstheoretische Frage abermals erheben läßt. Wenn die Ablösung von verbindlichen Kulturbeständen (hochkultureller oder trivialkultureller Art) zunimmt, dann steht die Genese von Stil überhaupt zur Debatte, genauer noch: die Frage nach der Letztinstanzlichkeit von Stil. Versucht man eine Antwort darauf zu geben, dann bewegt man sich auf dem Felde von Religion. Inwiefern?

Ich hatte auf die implizite Auffassung Schulzes hingewiesen, daß sich auch die Kategorien des Erlebens historisch-empirisch vermitteln. Diese Auffassung ist völlig zutreffend, sofern die inhaltliche Bestimmtheit dieser Kategorien gemeint ist. Wie aber steht es mit der Kategorialität der Kategorien des Erlebens; dem Umstand, daß Kategorien tatsächlich Erfahrung erschließen? Auch diese Kategorialität kann, auf der einen Seite, nur historisch vermittelt sein; sie muß aber, auf der anderen Seite, um ihrer Funktion und Geltung willen, als nichthistorisch aufgefaßt werden. Religion bezieht sich genau auf

---

[22] Ebd. 231. »Implizit enthalten die vielen situationsspezifischen Orientierungen, mit denen wir täglich unserer Arbeit nachgehen, konsumieren, Kontakte pflegen usw., eine übergreifende Auffassung darüber, wozu wir überhaupt leben.« Ebd. 232.

[23] Ebd. 142–157. Das Hochkulturschema spricht z.B. an auf »Barock, Wiener Klassik, Romantik, aber auch Ibsen, Musil, Brecht, Beckett, Beuys«, 142. Das Trivialschema reagiert auf »Blasmusik und deutsche(n) Schlager, Liebesfilm und Familienquiz, Heimatroman und Bunte Illustrierte«, 150. Zum Spannungsschema rechnen: »Rock, Funk, Soul, Reggae, Pop, Blues, Jazz«, »Diskotheken, Kneipen, Spielhallen, Kinos«, »Krimiserien, science fiction, Zeichentrickfilme«, 154.

dieses Problem. Denn Religion lehrt die Kategorialität historisch gewordener Kategorien als solche verstehen. Sie bietet elementare Zuordnungen an für die problematischen Differenzen Leib-Seele, Ego-Alter, Leben-Lebensdeutung; und sie tut dies so, daß sie diese Zuordnungen unmittelbar zugleich präsentiert. Eben darin übernimmt Religion die Funktion, letzte Gewißheit im Verständnis des Lebens und für die Unabsehbarkeit des Handelns zu vermitteln. Die Entstehung dieses Zugleich der Zuordnungen wird durch Religion als kontingent vorgestellt; die Pointe besteht gerade darin, daß es sich diskursiv nicht herleiten läßt. Die theologische Reflexion dieser Zusammenhänge kann der vorliegenden Lebenseinheit der Religion stets nur nachfolgen. Die Vermittlung von Religion geschieht im Medium von Sozialität und ist insofern auf eine immer schon vorliegende Einheit von Leben und Sprechen, von Deuten und Denken abgestellt (zu der dann durchaus auch, auf bestimmter Reflexionsstufe, die Theologie gehören kann). Insofern verlangt auch eine durchgreifende Analyse der »Erlebnisgesellschaft« nach konstruktiver Einbeziehung von Religion.

Weil Religion eine basale Deutung für die Letztinstanzlichkeit von Stil bietet, eröffnet sie, praktisch gesehen, auch eine potentielle Distanz zu den empirisch vermittelten Kulturschemata; sie macht Subjekte wahl- und veränderungsfähig, und zwar gerade darum, weil sie nicht auf ein Kulturschema festlegen will, sondern alle zu begleiten imstande ist. Die Elementarität von Religion hilft überdies auch dazu, die möglicherweise hinter der kulturellen Schemaprägung wirksamen Grunddeterminanten wirtschaftlichen Lebens deutlicher in den Blick zu fassen und, etwa durch den Aufbau kulturell neuer Sprach- und Deutewelten, solidarische Gegengewichte zu setzen.

Darum werden in diesem Buch Religion und kultureller Stil elementar aufeinander bezogen. Und zwar in dem analytischen Sinn, daß Religion zur Beschreibung und Ermittlung von Stilprägungen beiträgt, ebenso wie in dem praktischen Verständnis, daß Religion, selbst wahrgenommen, zur Pflege und Gestaltung des Stils anleitet. Insbesondere das protestantische Christentum ist, was seine kulturelle Bedeutung angeht, auf dieser Linie zu sehen und für die Gegenwart aufschlußreich. Denn in der Welt simultaner religiöser Letztvergewisserungen setzt das protestantische Christentum mit aller Entschiedenheit den Akzent auf die subjektive Rezeption der Religion, auf den Glauben, und versteht nicht nur dessen Inhalt, sondern ihn selbst als von Gott herkommend. In dieser Herkunft von Gott gründet einerseits der protestantische Individualismus; nicht weniger aber auch eine noch weiter zu gestaltende Form von Solidarität, die quer liegt zu Interessen und Bedürfnisstrukturen.

Die Grundeinsicht dieses Buches wird in drei Teilen entfaltet. Im ersten Teil geht es, am Phänomen des Verstehens dargestellt, um den Aufweis des untrennbaren Verwobenseins von Kultur und Religion. Alles Verstehen ruht auf einem religiösen Grund. Darum ist Religion auch einem kulturellen Verstehen grundsätzlich zugänglich. Das wird insbesondere an der Nähe von Ästhetik und Religion anschaulich. Der zweite Teil zeigt, daß das protestantische Christentum aufgrund seiner wesentlichen inneren Verfaßtheit dazu fähig ist, die tatsächlichen Differenzen zwischen christlichen Konfessionen, unterschiedlichen Religionen und verschiedenen Kulturgebilden aufeinander zu beziehen. Im dritten Teil schließlich geht es um die individuellen und sozialen Aufbauelemente protestantischen Christentums als gelebter Religion in der Gegenwart.

Erster Teil

Auf dem Weg zu einer religiösen Hermeneutik der Kultur

1. Kapitel

Religion und Stil

Über den religiösen Charakter einer Hermeneutik der Pluralität

1. Die Unwahrscheinlichkeit des Verstehens und der elementare Status der Hermeneutik

Warum ist überhaupt Verstehen und nicht vielmehr Nicht-Verstehen? So könnte man die Eingangsfrage der modernen Hermeneutik analog zur metaphysischen Grundfrage formulieren, warum überhaupt Sein ist und nicht vielmehr Nicht-Sein.

Die metaphysische Seinsfrage bedeutet eine Zäsur in der Geschichte der Philosophie. Denn in ihr spricht sich nicht nur die uralte Erfahrung aus, daß mir Erstaunliches begegnet, das mich zum Nachdenken und Begreifenwollen veranlaßt. Vielmehr kommt in ihr der Eindruck zur Sprache, daß das Begegnen selbst erstaunlich, unwahrscheinlich ist. So unwahrscheinlich, daß man vom Sein erst reden kann, wenn es eingetreten ist, sich ereignet hat. Eben diese Unwahrscheinlichkeit macht es dann aber nötig, sich über den Charakter des Seins (nämlich: daß es eintreten kann und auch nicht) zu verständigen. Und diese Verständigung ist die Voraussetzung dafür, daß dann auch das tatsächlich begegnende Sein (des Seienden) verstanden werden kann. In dem, was alltäglich begegnet, die Unwahrscheinlichkeit des Begegnens selbst zu begreifen: dazu fordert die metaphysische Seinsfrage heraus[1].

---

[1] Es ist hier nicht der Ort, die Voraussetzungen nachzuzeichnen, unter denen diese Frage so gestellt werden kann. Daß sie aber, in der Nachfolge der Cartesischen Philosophie, zum ersten Mal von Leibniz formuliert wurde, weist darauf hin, daß (erst) hier die Philosophie durch die Infragestellung der Welt im Gedanken eine selbständige Analogie zum jüdisch-christlichen Schöpfungsgedanken ausgebildet hat; nicht umsonst spielt der sog. ontologische Gottesbeweis im Umkreis dieser Frage eine systemtragende Rolle. Schelling ist es dann gewesen, der in seiner Spätphilosophie die Unwahrscheinlichkeit des Seins zu begreifen versucht hat, indem er die religiöse Abkunft und die philosophische Gegenwart des Seins zusammenzufügen versucht hat. Und vollends Heidegger hat den fundamentalen Charakter der Seinsfrage herausgestellt; allerdings bekam nun die Sprache überhaupt die Eigenschaft zugesprochen, »Lichtung des Seins« zu sein. Doch inwiefern kann man mit

Warum ist überhaupt Verstehen und nicht vielmehr Nicht-Verstehen? Diese Frage übersetzt das metaphysische ins hermeneutische Problem. Sie teilt die Struktur jener Seinsfrage, faßt sie aber ungleich radikaler. Das ist auf zwei Ebenen zu erläutern. Einmal: Verstehen macht selbst die Bedingung aus, nach so etwas wie »Sein« fragen zu können. Wir müssen erst einmal sprechen und hören und verstehen, um sinnvoll nach dem Begegnen des Begegnens fragen zu können. Von dieser hermeneutischen Einsicht zehrt die gesamte moderne Sprachphilosophie. Allerdings in unterschiedlich tiefgreifendem Verständnis; und dieser Unterschied markiert die zweite Ebene. Gewissermaßen harmlos ist es, um die Vorordnung der Sprache zu wissen, nun aber im Blick auf das Immer-schon-Vertrautsein der Sprache überhaupt sogleich mit einer Sprachanalyse und Sprachoptimierung zu beginnen. Sehr viel weiter reicht die Deutung des Sachverhaltes von der Vorgängigkeit der Sprache, wenn auf die Unwahrscheinlichkeit des Verstehens selbst abgehoben wird. Natürlich muß man auch hier voraussetzen, daß es etwas wie Verstehen schon gibt, wenn man danach zu fragen beginnt. Nur, daß das Fragen nach dem Schon-Vorliegen im Fall des Verstehens ja gerade nicht nach einem bloßen Vorliegen fragt; vielmehr steht im Vorgang des Fragens das Vorliegen von Verstehen selbst wieder zur Debatte. Die hermeneutische Frage, im umfassenden Sinne gestellt, ist also nicht die Frage nach Vorliegensbedingungen überhaupt, sondern nach Erörterungsbedingungen (die als solche natürlich als vorliegend, nicht spontan und allgemein selbst erzeugt zu denken sind). Damit ist eine Figur der Selbstanwendung von Hermeneutik ins Spiel gebracht, die das Verstehen als unendliche Aufgabe einsichtig macht[2]. Mag der Sinn von Sein irgendwann ermittelt sein – das Verstehen des Sinns bleibt immer neue Aufgabe. Mag die Funktion von Sprache irgendwann erläutert sein – das Verstehen dieser Funktion verlangt stets vollzogen zu werden. Die hermeneutische Selbstaufklärung ist ein fortlaufender Prozeß, und die Feststellung seiner Bedingungen macht ihn vielleicht deutlicher, kürzt ihn aber um nichts ab.

In der Geschichte der Hermeneutik hat sich diese Äquivalenz zur Seinsfrage überhaupt und die Differenz von Verstehens- und Seinsfrage insbesondere nicht immer aufgedrängt. Und sie ist auch, nachdem man von ihr wußte, nicht immer im Bewußtsein geblieben. Dafür will ich zwei Beispiele geben. Kennzeichen etwa der spätaufklärerischen Hermeneutik eines Friedrich Ast war die Annahme, daß das Verstehen von Texten möglich sei aufgrund des diesen Texten und dem Verstehenden erschlossenen gemeinsamen

---

der Seinsfrage auf die Sprache zugehen – und muß nicht den umgekehrten Weg einschlagen – von dem dann freilich gar nicht ausgemacht ist, ob er bei »dem Sein« ankommt?

[2] Wilhelm Gräb, Die unendliche Aufgabe des Verstehens, in: Dietz Lange (Hg.), Friedrich Schleiermacher 1768–1834. Theologe – Philosoph – Pädagoge, Göttingen 1985, 47–71.

Inhalts. Und der bestand bei Ast in der hervorzubringenden »Einheit des griechischen und christlichen Lebens«[3]. Es ist die gemeinsame, also im voraus verbindlich gegebene Sprach- und Denktradition, man könnte auch sagen: die Annahme eines gemeinsamen Vernunftbesitzes. Wenn sich die Sache des Verstehens so stellt, dann hat die Hermeneutik nur die Störungen eines schon vorliegenden Einverständnisses zu beheben. Die Unwahrscheinlichkeit des Verstehens ist auf diese Weise noch gar nicht zur Geltung gekommen.

Das verhält sich anders bei Hans-Georg Gadamer, also nach Heideggers Einsichten in die Abgründigkeit der Seinsfrage. Hier ist der Ausgang der je eigene Horizont des Verstehenden. Im Verstehen muß das stets unvermeidliche Bündel der Vorurteile ausgesprochen werden. Die wichtigste Weise, der Absolutsetzung dieses eigenen Horizontes zu begegnen, besteht in der Anerkenntnis, daß schon die Weise des je eigenen Fragens durch die Geschichte vermittelt ist. Damit ist aber dann auch die grundsätzliche Bereitschaft gewonnen, die zu verstehende Tradition als Element des eigenen Horizontes zu integrieren; ja, eigentlich ist es die Linie der Tradition selbst, die sich im aktuellen Verstehen gegenwärtig fortschreibt. Geht Gadamer also von einer Verschiedenheit der Horizonte aus, so ist deren Verschmelzung entschieden sein Ziel. Das heißt: Es wird erwartet, daß sich, durch alle Brüche und Schwierigkeiten des Verstehens hindurch, doch ein neues historisches Kontinuum aufbaut[4].

Gadamer wie Ast vertreten, bei aller Unterschiedenheit, doch gemeinsam das Konzept einer an den Inhalten orientierten Traditions- und Vernunfthermeneutik. Diese Hermeneutik rechnet natürlich mit unvermeidbarer Pluralität, ist aber stets bestrebt, diese in Vermittlung über die den Subjekten vorgegebenen Gehalte zu reduzieren.

Das ist in der Hermeneutik Friedrich Schleiermachers anders, und das macht sie als Pluralitätshermeneutik interessant. Zwar hat Schleiermacher die hermeneutische Variante der metaphysischen Seinsfrage nicht selbst so formuliert; daß sie in seinem Sinne liegt, ist unzweifelhaft. Denn einmal hält er als grundlegende Einsicht fest, »daß sich das Mißverstehen von selbst ergibt und das Verstehen auf jedem Punkt muß gesucht und gewollt werden«[5]. Damit notiert er die Unselbstverständlichkeit des Verstehens, die die Hermeneutik zu bearbeiten hat. Zugleich erkennt er in der Hermeneutik geradezu einen Knotenpunkt wissenschaftlicher Verfahrensweisen: »Wenn die

---

[3] Vgl. HANS-GEORG GADAMER, Wahrheit und Methode, Grundzüge einer philosophischen Hermeneutik, 2. Aufl. Tübingen 1965, 167.

[4] Ebd. 284–290. 344–360.

[5] FRIEDRICH SCHLEIERMACHER, Hermeneutik und Kritik. Mit einem Anhang sprachphilosophischer Texte Schleiermachers hg. und eingel. v. MANFRED FRANK (stw 211), Frankfurt/M. 1977 (= HF), 92.

hermeneutische Aufgabe überhaupt vollkommen gelöst werden kann durch Verbindung der Grammatik mit der Dialektik, der Kunstlehre und der speziellen Anthropologie, so ist klar, daß in der Hermeneutik ein mächtiges Motiv liegt für die Verbindung des Spekulativen mit dem Empirischen und Geschichtlichen.«[6] Beide Aspekte, die Unselbstverständlichkeit des Verstehens und die Universalität der hermeneutischen Aufgabe, verbinden sich zum epochalen Bewußtsein einer bevorstehenden Methodenwende: »Je größer daher die hermeneutische Aufgabe ist, die einer Generation vorliegt, um so mehr wird sie ein solcher Hebel.«[7]

Schleiermachers Vermutung vom Vorrang des Nicht-Verstehens läßt eine Traditions- und Vernunfthermeutik grundsätzlich hinter sich. Es ist jetzt nicht die Perspektive des Inhaltes, die eingenommen wird, sondern die Perspektive der interagierenden Personen, des Sinnproduzenten und des Sinnrezipienten, des Autors und seines Interpreten. Ob und wie zwischen ihnen Verständigung möglich ist, das muß sich erst ergeben. Nach Schleiermachers Auffassung geht diese Einsicht auf einen zwiefachen Grund zurück. Einmal ist die unaufhebbare Doppelheit von Sprache und Sprecher zu bemerken. Die Allgemeinheit der Sprache und die Besonderheiten des individuellen Sprachgebrauchs lassen sich niemals zur Deckung bringen – damit aber auch nicht die mittels der individuell gebrauchten allgemeinen Sprache gemeinte Sache. Diese grammatisch-dialektische Differenz gründet ihrerseits noch einmal in der unausweichlich individuellen Gestalt menschlichen Lebens: Es sind individuelle Menschen, die sich verstehend oder nichtverstehend begegnen; das ist die anthropologische Seite der Sache. Und diese Individualität, aller Vergemeinschaftung zum Trotz, hat ihre tiefsten Gründe in der leibseelischen Verfaßtheit humanen Existierens. Die Tatsache, daß wir als leibliche Wesen in Raum und Zeit existieren, bedingt fundamental auch alle Differenzen in der Auffassung von Geistigem. Die These von der allgemeinen Vernunft (oder, ermäßigt, von der beherrschend gemeinsamen Vorstellungstradition) mißachtet daher die elementare Konstitution des Menschseins. Umgekehrt muß man freilich sagen: Genau diese Konstitution ist auch für die unaufhebbaren Differenzen im unendlichen Prozeß des Verstehens verantwortlich.

Warum ist trotz dieser Differenzen Verstehen dann doch auch möglich? Das hat damit zu tun, daß Leib und Seele, Natürliches und Geistiges, in unserem Leben faktisch vereint sind. Wir können diese Doppelheit weder auf eine schlichte Einheit reduzieren noch auch eine Seite aus der anderen her-

---

[6] HF, 234. Hermeneutik ist, so betrachtet, der wissenschaftstheoretische Ort, an dem auf die historische Bildung von Kategorien reflektiert wird. Daß dies nicht geschehen kann, ohne von der Idee von Kategorialität überhaupt Gebrauch zu machen, also in Schleiermachers Sinn »spekulativ« zu verfahren, liegt auf der Hand.

[7] Ebd.

leiten. Was wir tun können – und auch müssen! – das ist: die Doppelheit als eine faktisch geeinte zur Darstellung bringen. Weil die anthropologische Basisdifferenz in jeder Hinsicht fundamental ist, erstreckt sich die Darstellung ihrer ineinander verschränkten Elemente auch über die ganze Spannbreite menschlichen Lebens. Nicht nur das Verstehen ist betroffen, auch die Organisation des Wissens und die Institutionen der Gesellschaft sind von dieser Darstellung gekennzeichnet. Der Pluralität der Verstehensvorgänge entspricht so die Pluralität der Wissenschaften und der Gesellschaft[8]. Daher lassen sich im Ausgang von der leibseelischen Grundverfassung des Menschen nicht nur die Bedingungen des Verstehens, sondern die Bedingungen humaner Lebensgestaltung überhaupt erklären. Aus ihnen wird die eigentümlich fundamentale Stellung der Hermeneutik sich ergeben.

Mit der leibseelischen Verfaßtheit des Menschen ist eine Einheit in Anspruch genommen, die sich nie als reine, unmittelbare Einheit darstellt, sondern immer nur in Übergängen, Verweisungen und Bezügen. Dabei ist von vornherein auf dem leibseelischen Feld eine Asymmetrie auszumachen, sofern allein der Seele Bewußtsein zukommt, also die Fähigkeit, um ihr Bezogensein zu wissen und sich damit auch potentiell vom Bezogensein unterscheiden und sich auf sich selbst beziehen zu können. Nehmen wir diese bei-

---

[8] Es ist eine der durchgehenden Thesen des vorzüglichen Buches von GUNTER SCHOLTZ, Ethik und Hermeneutik. Schleiermachers Grundlegung der Geisteswissenschaften (stw 1191), Frankfurt/M. 1995, daß die Hermeneutik in der Ethik, also in Schleiermachers Kulturphilosophie wurzelt; vgl. bes. 126–146. Das ist vollständig zutreffend. Allerdings darf man sich die Tatsache nicht verbergen, daß die Aufstellung eines Systems der Ethik oder der Entwurf einer Kulturphilosophie ihrerseits bereits den Versuch zur Verständigung im Differenten voraussetzen. Nur dieser Umstand kann ja auch erklären, inwiefern es – mit akzeptablen Gründen – unterschiedliche Ethik-Konzepte geben kann, ohne deren letztinstanzliche Vielfalt einfach für unbegreifbar zu halten; das Ungenügen einer solchen Deutung hat Scholtz selbst insbesondere im Verhältnis von Schleiermacher und Hegel herausgestellt (ebd. 35–64). Insofern sich aber die Hermeneutik auf die anthropologische Elementardifferenz und deren Darstellung in Deutungsvorgängen bezieht, besitzt sie als Wissenschaft, die mit der Genese von »spekulativen« Kategorien befaßt ist, einen gewissen kommunikativen Vorrang vor der Ethik. Danach läßt sich das Verhältnis von Hermeneutik und Dialektik m.E. genauer so bestimmen. Wenn die Dialektik die Kunstlehre des wissensorientierten Gespräches darstellt, dann ist die Hermeneutik insofern elementarer, als sie die Kunstlehre repräsentiert, die in einem statthabenden Gespräch überhaupt erst darüber entscheiden hilft, welcher Typ von Verständigung vorliegt; ob dieser von expressiv-darstellender, handlungsleitender oder eben wissenszentrierter Art ist. Es läßt sich daher die These vertreten, daß die Hermeneutik die Kunstlehre der Psychologie als des integrativen Ortes allen Wissens ist. Schleiermacher hat selbst bemerkt, daß die Zuordnung der Hermeneutik im Gesamtplan des Wissens schwierig ist (HF 75); seine an dieser Stelle getroffenen Verhältnisbestimmungen leuchten für sich genommen durchaus ein, umfassen aber nicht das Ganze. Es scheint, als habe Schleiermacher, dem ursprünglichen Einsatz der Ethik entgegenlaufend, die elementare Stellung der Hermeneutik erst in den späteren Jahren entdeckt; das wäre, wenn der Eindruck zutrifft, ein Beleg für die Übersetzung alter, aus der Antike gewonnener Grundauffassungen in moderne, pluralitätsförmige Zusammenhänge.

den Bedingungen zusammen, die Notwendigkeit der Übergänge und die Asymmetrie der übergangsweise miteinander verbundenen Seiten, dann ergibt sich, daß es einmal den Übergang Leib – Seele, einmal den Übergang Seele – Leib zu bedenken gilt. (1) Fragt man sich, wie der Übergang Leib – Seele vorzustellen ist, dann folgt: Leibhaftes kann als solches nur so in der Seele präsent sein, daß es von der Seele als solches bezeichnet wird. Diese Präsenz als Bezeichnung nennt Schleiermacher »symbolisieren«. Das ist ein treffender Ausdruck, weil damit an der Unvertauschbarkeit von Dargestelltem und Darstellung festgehalten wird, so sehr auch der Bezeichnungsfunktion Rechnung getragen wird. (2) Die Seele umgekehrt geht so in leibliche Vollzüge über, daß diese als leibliche Vollzüge gesteuert werden, und das heißt in Schleiermachers Terminologie »organisieren«. Auch das ist ein glücklich gewählter Begriff, der zugleich die animalische Organismusvorstellung gegenwärtig hält, aber auch für bewußte Steuerungsprozesse offen ist. Symbolisieren und organisieren sind also die beiden Übergangsmodi, in denen Leib und Seele immer schon miteinander agieren.

Nun legt sich die Endlichkeit des menschlichen Lebens, die sich als interne Differenzierung darstellt, extern in der Unterscheidung von Individualität und Allgemeinheit aus. Denn einerseits ist endliches menschliches Leben eines; was sich an der Steuerungsfähigkeit des Leibes durch die Seele zeigt. Auf der anderen Seite ist es ein einzelnes nur im Bezug zur Allgemeinheit menschlichen Seins außerhalb seiner; das folgt aus der raumzeitlichen Begrenzung des Leibes, der nur im Neben- und Nacheinander der körperlichen Welt existiert. Neben den beiden internen Übergangsmodi (symbolisieren und organisieren) stoßen wir also auf zwei unterschiedliche Auslegungsfelder (Individuelles und Allgemeines). Wenn man Übergangsmodi und Auslegungsfelder nun noch einmal zueinander in Beziehung setzt und sich überkreuzen läßt, dann ergibt sich ein Schema der Vierfachheit, das Schleiermacher als Gliederungsmuster unterschiedlicher Wirklichkeitsbereiche verwendet hat. Hier kam es zunächst auf den Nachweis an, daß sich dieses Muster aus dem Gedanken der leibseelischen Endlichkeit des Menschen herleiten läßt[9]. Verstehen ist auf diese Weise gar nicht von Handeln zu trennen; und die Hermeneutik kann insofern auch handlungstheoretisch interpretiert werden, als sie dauernd die Unvermeidlichkeit der leibhaften

---

[9] Bereits diese Aufstellung enthält weitreichende anthropologische Konsequenzen in sich. Sie ist – auf dem Felde miteinander konkurrierender, oft von unaufgeklärten Voraussetzungen ausgehender sogenannter Menschenbilder – das Angebot, mit einer strukturellen Dualität des Menschseins so elementar zu rechnen, daß, ausgehend von diesem Grund, unterschiedliche, aus ihr nicht ableitbare empirische Gestaltungen dieses Zusammenhangs möglich sind. Es handelt sich also um eine solche humane Struktur, die nach kultureller Gestaltung und Auslegung geradezu verlangt. Allerdings ist diese Grundlegung insofern von durchaus kritischer Art, als sie sich gegen solche »Menschenbilder« wendet, die den

Darstellung seelisch-geistiger Haltungen, Intentionen und Gehalte zu berücksichtigen hat. Ja, man muß sogar sagen, daß gerade die Darstellung der humanen Differenzeinheit im Handeln, und das heißt konkret und umfassend: im vernetzten Aufbau menschlicher Gesellschaft, dann auch wieder den Rahmen abgibt für die richtige Verortung des Wissens in ihr – und also auch für die wissenschaftstheoretische Stellung der Hermeneutik[10].

(Hermeneutik und Gesellschaft bei Schleiermacher) Um diese Zusammenhänge deutlich zu machen, sei an Schleiermachers Entwurf der Gesellschaftstheorie erinnert. Er unterscheidet mit Hilfe seines Viererschemas verschiedene, nicht aufeinander rückführbare Funktionen[11].

Die vier Typen sind schnell und schematisch hergeleitet: allgemeines (oder identisches) Symbolisieren, individuelles Symbolisieren; allgemeines (oder identisches) Organisieren, individuelles Organisieren. Damit ist gemeint: (1) Es gibt eine Tendenz, die Präsenz des Leiblichen in den Bezeichnungstätigkeiten der Seele so zu gestalten, daß ungeachtet der individuellen Beteiligung der sinn- oder symbolprägenden Subjekte die Gemeinsamkeit der umgebenden raumzeitlichen Wirklichkeit intendiert wird: Das ist das Wissen; und die zugehörige Sozialorganisation (die sich, jedenfalls auf einer gewissen Entwicklungsstufe, auch manifest ausdifferenziert) ist die Wissenschaft. (2) Es sind jedoch nicht alle Symbolisierungen von dieser Art; manche stehen auch unter dem Index des Individuellen, legen also davon Zeugnis ab, wie ein einzelner Mensch sich selbst deutet. Statt auf die Kohärenz propositionaler Ansprüche ist hier auf die Authentizität expressiver Darstellung Wert gelegt. Das ist das Feld von Religion und Kunst; und die der Religion zugehörige Sozialgestalt heißt Kirche[12]. – Entsprechendes gilt für das Organisieren. (3) Wo Menschen ihr raumzeitliches Miteinander nach allgemeinen Gesichtspunkten gestalten, kommen Recht und Staat zustande. (4) Wo es auf die individuelle Ausdrucksgestalt des Lebens ankommt, da ist der Ort von Eigentum, Freundschaft, »freier Geselligkeit«, wie Schleiermacher das nennt[13]. Das sind die Grundzüge des Sozialsystems. Es ist evident, daß diese sozialen

---

Unterschied zwischen einer allgemeinen Struktur und ihrer unterschiedlichen kulturellen Deutbarkeit nicht wahrhaben wollen. Das ist ihre antitotalitäre Ausrichtung, die aber zugleich nach dem Aufbau von zustimmungsfähigen Deutungen verlangt. Daß auch diese Unterscheidung zwischen humaner Grundverfaßtheit und kulturell vermittelter Deutung ihre historischen und religiösen Wurzeln besitzt, wird sich zeigen.

[10] Der Verbindung von Interpretation und Handeln gilt die besondere Aufmerksamkeit von HANS LENK, Interpretationskonstrukte. Zur Kritik der interpretatorischen Vernunft, Frankfurt/M. 1993, vgl. 77–84.

[11] Die Verwandtschaft mit der funktionalen Systemtheorie Niklas Luhmanns ebenso wie die tiefgreifenden Differenzen ist notiert SCHOLTZ (Anm. 8), 37. 61f. Eine Modifikation der Schleiermacherschen Systematik im Interesse einer gegenwärtigen Erschließungskraft findet sich bei EILERT HERMS, Grundzüge eines theologischen Begriffs sozialer Ordnung, in: DERS., Gesellschaft gestalten. Beiträge zur evangelischen Sozialethik, Tübingen 1991, 56–94, vgl. das Schema 78.

[12] Zu Differenz und Überlappung von Kunst und Religion vgl. SCHOLTZ (Anm. 8), 54–59 und unten Kapitel 2.

[13] Ausgehend von dieser Funktion muß versucht werden, die Wirtschaft zu begreifen. Wie das – in einer Verknüpfung von privatem Eigeninteresse und staatlichem Rechtsrah-

Ordnungsgefüge zusammenwirken müssen, wenn sich die menschliche Gesellschaft als humane realisieren soll; alle Funktionselemente müssen also besetzt und miteinander verknüpft sein.

Dieses funktionale Sozialschema ist, wie gezeigt, der Ort für das Wissen, das sich seinerseits analog strukturiert. Es ist auch nach dem Viererschema gebildet, nur stellt es sich insofern differenzierter dar, als die Übergangs- und Beziehungsmomente stärker ausgeformt sind. Alles, was jetzt zu sagen ist, steht unter dem Index, daß hier erscheinende Wirklichkeit gewußt wird. Wir haben zunächst wieder, speziell unter diesem Index, den Leib–Seele–Übergang und den Seele–Leib–Übergang zu unterscheiden (nun freilich in ihrem ganzen Reichtum verschiedenster Zuordnungen). Schleiermacher nennt die Reflexion des ersten Überganges Physik, die des zweiten Ethik. Damit sind wir aber erst auf der allgemeinen Stufe; auf der Ebene der »spekulativen« Begriffe, die gebildet werden im Ausgang von der Überzeugung der Triftigkeit und Unüberholbarkeit des leibseelisch-dualen Menschenbildes. Die Besonderheit der Erscheinungen ist von dieser Ordnung der Begriffe noch nicht erreicht. Daher stellt Schleiermacher den spekulativ-allgemeinen Disziplinen die empirischen gegenüber, nämlich empirische Naturkunde und empirische Geschichtskunde. Die Frage ist, wie sich spekulative und empirische Wissensformen aufeinander beziehen. Hier wird das Wissensschema genauer als das Sozialschema. Denn zwischen spekulatives oder Prinzipienwissen und empirische Kenntnisse treten einmal die sog. kritischen Disziplinen, die die verallgemeinernde Funktion repräsentieren, also das empirische Material auf begriffliche Schwerpunkte reduzieren (zB. Religionsphilosophie, Ästhetik, Staatslehre, Grammatik). Und es treten zweitens die sog. technischen (dh. kunstmäßigen) Disziplinen dazwischen, die die individualisierende Funktion übernehmen, indem sie das empirische Material als gestaltbar dartun. Hierher gehören Schleiermachers eigenen Aufstellungen zufolge die praktische Theologie, die Kunsttechnik, die Politik und die Hermeneutik.

Zwischen dem Wissens- und dem Sozialsystem besteht nun ein eigenartiges Verhältnis. Denn auf der einen Seite ist das Wissen selbst Teil des Sozialsystems; auf der anderen Seite ist das Schema des Sozialsystems seinerseits in der Ethik entworfen. Das kann auch gar nicht anders sein; es macht geradezu die Pointe eines in solchen Verweisungen und Übergängen sich aufbauenden Gedankenzusammenhanges wie bei Schleiermacher aus, daß sich eine Funktion in der anderen spiegelt und jede für die andere eine bestimmte Leistung erbringt. Dieses Spiegelverhältnis ist jetzt insbesondere noch einmal zu bedenken, wenn man sich darauf besinnt, für wen denn nun dieser Kosmos des Wissens entfaltet ist.

Wo stehen wir, wenn wir uns über diesen möglichen Aufbau des Wissens verständigen? Diese Fragen sind wichtig, denn sie zeigen uns, daß wir immer schon in einem Verständigungsprozeß begriffen sind. Schleiermacher selbst ist in seinen Auskünften dazu nicht immer einheitlich gewesen, auch und gerade dann, wenn er sich dieser Probleme annahm. Sie zu lösen, hat er zum Beispiel die Dialektik entwickelt als »Darlegung der Grundsätze für die

---

men – im Anschluß an Schleiermacher zu denken ist und wie sich diese Ortsbestimmung zu Hegel verhält, hat SCHOLTZ, ebd. 45–49 klargestellt.

kunstmäßige Gesprächsführung im Gebiet des reinen Denkens«[14]. Es scheint, als habe er zuletzt die Psychologie in dieser Perspektive wahrgenommen, sofern »Gegenstand der Psychologie diejenige ursprüngliche Gegebenheit für alles uns (Menschen) mögliche Wissen ist, in der alle möglichen Inhaltsgebiete und alle möglichen Formen dieses uns möglichen Wissens ursprünglich begründet sind.«[15] Dialektik und Psychologie stehen damit an einem eigentümlichen Ort, der sich in das bis jetzt entfaltete Wissensschema schlecht fügt. Man könnte sagen: Die Psychologie thematisiert die Gegebenheitsweise alles unseres Wissens; sie ist insofern zugleich empirisch wie kritisch. Die Dialektik als technische Disziplin oder Kunstlehre will zeigen, nach welchen Regeln der Diskurs über unser gesamtes Wissen zu gestalten ist. Beide nehmen also Bezug auf den Aktionsraum sich vollziehender Verständigung. Wir stoßen so auf den Sachverhalt, daß allen Konstruktionen Schleiermachers, die auf der leibseelischen Dualität aufruhen, der Prozeß von Verständigung schon vorgängig ist. Damit aber gewinnt die Hermeneutik als Beschreibung und Regulierung des Verstehensvorgangs elementaren Rang. Verstehen-als-Handeln oder Handeln-als-Verstehen ist demzufolge die erste Gegebenheit, von der wir ausgehen müssen; gewissermaßen die vorgelagerte Ebene, von der aus sich alle sonst noch erörterbaren Differenzierungen erst aufbauen. Verstehen läßt sich daher nicht übersteigen und herleiten. Alle Organisation des Wissens zehrt schon immer vom Verstehen[16].

Nun ist es die Frage, ob dieser Vorgang des Verstehens, der uns immer wieder in solche Übergänge hineinführt, selbst noch einmal verstanden werden kann. Und verstehen heißt hier: deuten. Woher ergibt sich die Notwendigkeit, grundsätzlich deutend verfahren zu müssen? Legt man sich diese Frage vor, dann zeigt sich: Der institutionelle Rahmen des Verstehens ist die

---

[14] Friedrich Schleiermacher, Dialektik. Im Auftrag der Preußischen Akademie der Wissenschaften aufgrund bisher unveröffentlichten Materials hg. v. Rudolf Odebrecht, ND Darmstadt 1976 (= DialO), § 1.

[15] Eilert Herms, Die Bedeutung der »Psychologie« für die Konzeption des Wissenschaftssystems beim späten Schleiermacher, in: Günter Meckenstock (in Verb. mit Joachim Ringleben) (Hg.), Schleiermacher und die wissenschaftliche Kultur des Christentums, Berlin/New York 1991, 393.

[16] Die Psychologie wäre dann, folgt man insoweit dem Vorschlag von Herms, die Reflexion des Ortes allen möglichen Wissens; die Hermeneutik thematisiert die Möglichkeit von Verstehen überhaupt auf diesem Feld; die Dialektik die Weisen desjenigen Verstehens, in dem es um Wahrheitsansprüche geht. Der auch in dieser Zuordnung bleibende Sonderstatus der Hermeneutik besteht freilich darin, daß die Leistung der Verständigung schon in Anspruch genommen werden muß, um überhaupt das Terrain der »Psychologie« als solches zu bestimmen. Man wird dieses abermalige Auftreten der Spiegelung des einen im anderen so zu verstehen haben, daß es gerade das beständige Übergehen selbst ist, das die Konzeption insgesamt stützt und dem Begreifenwollenden plausibel macht.

funktional differenzierte Gesellschaft; die Ordnung des Verstehens ist die Wissenschaft. Und es wird sich zeigen: Der Hintergrund des Verstehens ist die Religion.

2. Die Vertrautheit des Unwahrscheinlichen und das religiöse Fundament des Verstehens

Verstehen ist Verstehen von Deutungen. Deutungen sind Hervorbringungen von Zeichen, die aufgrund des Zusammengefügtseins von Leib und Seele erfolgen. Aus der Tatsache, daß der Leib eines jeden Menschen raumzeitlich vom Leib eines jeden anderen unterschieden ist, folgt schlüssig die Unwahrscheinlichkeit des Verstehens. Alles, was verstanden werden kann, ist individuell getönt; noch da, wo die Intention der Verständigung auf Ausschaltung des Individuellen ausgerichtet ist wie etwa in der Mathematik, kann sie nicht vollständig durchgeführt werden. Gleichwohl aber besteht das Faktum, daß wir uns verstehen (oder mindestens mit einigen uns zu verstehen scheinen). Ja, ohne ein Minimum des Verstehens könnte uns auch nicht das Unverständnis und schon gar nicht die Unwahrscheinlichkeit des Verstehens einleuchten. Diese Überlegung weist darauf hin, daß die Analyse der Bedingungen des Verstehens mit der Auskunft, die anthropologische Basisdifferenz wirke die Notwendigkeit von individuellen Deutungen, noch nicht abgeschlossen sein kann. Offensichtlich gibt es, jenseits aller Individualität, ein gemeinsam Verbindendes, das Verstehen jedenfalls grundsätzlich und durch alle Differenzen hindurch ermöglicht.

Nun ist es klar, daß man an dieser Stelle zumal nicht mit diskursiver Schlüssigkeit weiterkommt. Wir können also auch hier nur deuten, das heißt: solche Vorschläge machen, die als Plausibilisierung unseres tatsächlichen, immer bedrohten Verstehens akzeptiert werden können. Dabei lassen sich allerdings bestimmte Strukturmerkmale angeben, die eine solche plausibilisierende Deutung besitzen muß. Einmal muß diejenige Kategorie, die als Grund des Verstehens aufgeboten wird, ebenso das Merkmal unmittelbarer Einheit an sich tragen wie auf Differenz bezogen sein. Zweitens muß jede Auskunft über die Möglichkeit von Verstehen von der Art sein, daß sie zugleich mit den Differenzen der interpersonalen Verständigung auch die intrapersonale Leib-Seele-Differenz muß bearbeitbar machen. Das folgt aus dem Verflochtensein von Verstehen und Handeln. Schleiermachers Vorschlag, das Medium des Verstehens zu bezeichnen, lautet: Es ist das Gefühl als unmittelbares Selbstbewußtsein, das in gleicher Weise personale Identität wie interpersonale Verständigung ermöglicht – und beides nur miteinander. Warum? Das sei im Blick auf die beiden genannten, unerläßlichen Strukturmomente erläutert.

»Gefühl« soll, das ist seine erste Leistung, Einheit in der Differenz aussagbar machen. Um das genau zu verstehen, empfiehlt es sich, von Schleiermachers Näherbestimmung auszugehen, daß das Gefühl als unmittelbares Selbstbewußtsein zu denken ist. Damit ist zunächst negativ gesagt: Die Kategorie Gefühl meint keine so oder so bestimmte Empfindung. Gefühl ist Bewußtsein. Bewußtsein meint aber: die Möglichkeit mentaler Bezogenheit auf etwas. Selbstbewußtsein spezifiziert sich im Verhältnis zum Bewußtsein in zweifacher Hinsicht. Einmal so, daß mit jedem Bewußtsein von etwas ein Selbstbewußtsein mitlaufen kann, etwa im Sinne von Kants transzendentaler Apperzeption. Sodann so, daß ich auch das Selbstbewußtsein selbst zum intentionalen Gehalt von Bewußtsein machen kann; das ist die Selbstbeziehungsfähigkeit des Selbstbewußtseins. Schleiermachers Pointe im Begriff des unmittelbaren Selbstbewußtseins ist nun, daß er für diese selbstreflexive Variante des Selbstbewußtseins ausschließt, daß Selbstreflexion Selbstkonstitution ist, und statt dessen annimmt, daß auch noch im selbstreflexiven Selbstbewußtsein eine Syntheseleistung vorliegt, deren Funktion (etwas schief, aber vielleicht anschaulich) zu beschreiben wäre als die noch in diesem Falle immer vorauszusetzende oder in Anspruch zu nehmende transzendentale Apperzeption im kantischen Sinne. Oder: Auch noch hinter dem Selbstbewußtsein liegt eine faktische Syntheseleistung, die nicht vom Selbstbewußtsein hervorgebracht wurde. So kann man sich den Sachverhalt über den Bewußtseins-Begriff nahebringen.

Man kann auch den Weg über den Gefühlsbegriff selbst wählen. Dann, wenn man nämlich Gefühl beschreibt als die Prävalenz des Selbstbezuges in allem Fremdbezug. Denn das bedeutet: Wenn immer mir etwas so begegnet, daß es in mir ein so oder so bestimmtes Gefühl erregt, dann ist doch dieses Gefühl nicht Resultat eines äußeren Eindrucks auf ein unbeschriebenes Inneres; ich fühle nicht etwas, sondern eben: mein Gefühl. Das heißt aber: Die Bestimmtheit eines Gefühls ist nicht die Erzeugung des Gefühls. Vielmehr ist die Fähigkeit des Gefühls (nämlich der vorgängigen Selbstvertrautheit in aller Fremdbeziehung) Voraussetzung der Gefühle. Sondert man diesen Charakter des Gefühls aber ab von aller Bestimmtheit der Gefühle, dann wird man genau des Gefühls als eines unmittelbaren Selbstbewußtseins ansichtig. Das ist die erste Explikation des Gefühls, das Gefühl als Einheitsboden. Die zweite Erläuterung geht auf den Differenzbezug des Gefühls. Der Reinheit des Gefühls wird man nur inne, wenn man sie von der Bestimmtheit dieses oder jenes Gefühls unterscheidet. Man könnte auch sagen: Das unmittelbare Selbstbewußtsein erscheint als solches nur dann, wenn das Selbstbewußtsein auch differenzbestimmtes Bewußtsein ist. Im Gefühl also ist zugleich immer (freilich nur in der Weise von Gefühlen!) das andere des Gefühls.

Diese Konstellation des Gefühlsbegriffs hat nun weitreichende Folgen für das zweite eben genannte Strukturmoment, das zur Plausibilisierung des

Verstehens nötig ist, nämlich die Verbindung von intrapersonalem und inter-
personalem Verstehen. Denn es leuchtet ein, daß die Pointe des Gefühlsbegriffes gerade darin besteht, (nicht etwa gefühlt zu werden – das wäre eine
schlechte Tautologie, sondern:) daß die Unterscheidung zwischen Gefühl
und Gefühlen, zwischen unmittelbarem und gegenstandsbezogenem Selbstbewußtsein gemacht, vollzogen wird. Dieser Vollzug des Unterschiedes aber
kann nur zeichenvermittelt geschehen, und das heißt, sofern wir konstant
mit der Endlichkeit menschlichen Lebens zu rechnen haben, in einer Verflechtung von Selbstaufklärung und interpersonaler Verständigung. Gerade
weil das Gefühl als solches nicht im emotionalen Sinne zu »fühlen« ist (als solches wäre es so oder so bestimmt), ist der symbolisch-sprachliche Vollzug der
Unterscheidung die Weise seines Innewerdens. Will man sich das Verstehen
erklären, dann müssen Deutungen vorgenommen werden, die sich speziell
diesem Verhältnis von Gefühl als basalem Medium des anthropologischen
Zusammenhangs und Gefühlen als den innerlich zugänglichen Reaktions-
weisen auf die Außen- und Erlebenswelt widmen.

Um die Bedeutung des Gefühlsbegriffs noch einmal in den Zusammenhang der anthropologischen Ausgangsstellung Schleiermachers zu rücken:
Es ist gerade Ausdruck der leibseelischen Verfaßtheit des Menschen, daß das
Gefühl einerseits nur in der Gestalt von Gefühlen vorliegt, andererseits in
seiner Reinheit gerade von deren So-oder-so-Bestimmtheit zu unterscheiden ist. Auch hier wird man sagen müssen, daß der Begriff »Gefühl« trotz seiner Erläuterungsbedürftigkeit gut gewählt ist, weil er auch als Bewußtseins-
Begriff doch immer zugleich ein leibhaft konnotierter Begriff bleibt.

In dieser Struktur besitzt der Gefühlsbegriff eine eminente Bedeutung für
die Aufklärung des Verstehensvorganges. Denn man darf unterstellen, daß
die Differenzen, mittels derer sich alle Menschen ausdrücken, die sich
sprachlich, also symbolisierend-deutend betätigen, über die Instanz des Gefühls miteinander zusammenhängen. Allein dank des Gefühls zerfließen die
sprachlichen Unterschiede nicht im Unendlichen, so unendlich sie empirisch variiert werden können. Es ist das gemeinsame Vorliegen der Struktur
»Gefühl«, die das Verstehen prinzipiell ermöglicht. Allerdings setzt ein bewußt vollzogenes Verstehen dann auch ein Sich-Verstehen voraus, insofern
dem Verstehenden sein eigenes Gefühl als Mittelpunkt zugänglich geworden
sein muß. Auch diese Zugänglichkeit kann natürlich nur sprachlich erworben werden, das heißt in interpersonalen Zusammenhängen, nicht durch
private Introspektion. Wenn also das faktische Gelingen von Verstehen erklärt werden soll, muß danach gefragt werden, ob und wo solche interpersonalen Sprachzusammenhänge existieren, die die Aufmerksamkeit auf diese
Grundverfaßtheit humanen Lebens einstellen. Hier käme die Vielfalt moralischer und ästhetischer Sprachspiele in Betracht. Denn in der Sprache der
Moral geht es ja darum, die Beziehung von Handeln auf einen wie immer

vorgestellten Mittelpunkt zu lernen. Und in der Kunst geht es darum, durch die Mannigfaltigkeit von Erscheinungen ein Gemeintes oder Intendiertes wahrzunehmen und dabei sich selbst als Wahrnehmenden kennenzulernen. Dabei gilt für Moral ebenso wie für Kunst, daß es keine logisch zwingenden Herleitungen gibt; weder folgen aus einer bestimmten Selbstsicht eines Handelnden diese und genau nur diese Handlungen noch läßt sich der Sinn oder Gehalt eines Kunstwerkes aus seiner Erscheinungsseite ableiten. Immer sind Deutungen im Spiel; aber hier in beiden Fällen nun so, daß das Selbstverhältnis ins Deuten mit einbezogen wird.

Haben wir nun mit Schleiermacher das Gefühl (im Verhältnis zu den Gefühlen) als Boden sprachlicher Symbolisierung und als Medium möglichen Verstehens ermittelt, so kann die Deutungsarbeit damit noch nicht abgeschlossen sein. Vielmehr muß nun in einem weiteren Schritt das Gegebensein von Gefühl gedeutet werden[17]. Diese Deutung ist deshalb nötig, weil sonst unvermeidlich der Eindruck entsteht, das Gefühl sei nichts als Gattungsname für die Menge widerstreitender Gefühle. Es ist aber klar, daß eine solche bloße Bezeichnung das Problem gerade nicht lösen würde, um das es geht. Denn dann wäre das Gefühl doch von Gnaden der Gefühle, also gemacht, und insofern entweder dem humanen Zwiespalt unterworfen oder aber so abstrakt, daß es gar nicht auf ihn zu beziehen wäre. In beiden Fällen leistete das Gefühl nicht, wozu es ernötigt ist; im Gegenteil wäre damit zwangsläufig auch die leibseelische Duplizität des anthropologischen Ausgangspunktes aufgehoben und das ganze Vermittlungs- und Übergangsmodell würde in sich zusammenfallen. Das heißt aber: Es ist eine eigentümliche Deutung des Gefühls nötig, die dessen Herkunft als nicht selbstgemacht festhalten und die zugleich ihrer selbst als Deutung innewerden muß. Es ist also eine solche Deutung vonnöten, die gewissermaßen »hinter« das Gefühl zurückreicht, ohne darüber ihren Status als Deutung – und damit ihren Ort im Gefühl – vergessen zu dürfen. Das Gefühl als Kategorie muß also in einem nichtkausalen Sinne »hergeleitet« werden. Das kann folgendermaßen vor sich gehen.

Das Gefühl ist, so hatten wir gesehen, die Basis allen Handelns (im hier gemeinten, das Verstehen einschließenden, weiten Sinne). Es ist aber selbst nicht mehr als möglicher Gegenstand des Handelns zu verstehen, sondern muß als aller Aktivität entzogen gedeutet werden. Das legt nahe, das Gefühl als Passivitäts- oder Abhängigkeitsgefühl zu verstehen; und zwar näherhin, wenn alle beeinflussende Rückwirkung auf es ausgeschlossen sein muß, als

---

[17] Ich bediene mich in der folgenden Argumentation in freier Weise des Gedankenganges, den SCHLEIERMACHER in seiner Glaubenslehre § 4 vorgetragen hat: Der christliche Glaube nach den Grundsätzen der evangelischen Kirche im Zusammenhange dargestellt, 2. Aufl., hg. v. MARTIN REDEKER, Berlin 1960, Bd. 1, 23–30.

schlechthinniges Abhängigkeitsgefühl. Allein in dieser deutenden Näherbestimmung ist die Kategorie des Gefühls überhaupt in seiner Leistung vorzustellen, Einheit und Differenz verbunden zu haben. Nun ist der Ausdruck
»schlechthinnige Abhängigkeit« eine problematische, man könnte sagen: widersprüchliche Reflexionsbestimmung. Denn einerseits ist natürlich der Ab-
hängigkeits-Begriff nach dem Muster der Kausalität gebildet, zu der auch
immer Wechselwirkung gehört; andererseits soll genau diese Konsequenz
durch das Adjektiv »schlechthinnig« abgewendet werden. Als Reflexionsbe-
griff verstanden, fällt »schlechthinnige Abhängigkeit« hinter die erforderliche Bezeichnungsleistung zurück. Aber genau betrachtet soll es sich ja auch
gar nicht um eine Bestimmung dieser Art handeln, sondern um eine Deutung, die den Vorgang des Deutens abschließend deutet und so das Vornehmen von Deutungen vielfacher Art eröffnet. Das sieht man auch daran, daß
nach der Logik des Kausalitätsschemas konsequenterweise nach einer Ursa-
che dieses Gefühls gefragt werden muß, daß aber aufgrund der Schlechthin-
nigkeit dieses Ursache-Wirkungs-Verhältnisses keine positive Antwort mehr
gegeben werden, sondern nur von einem »Woher« dieser Abhängigkeit geredet werden kann. Diesem komplizierten Sachverhalt wird die religiöse Sprache viel besser gerecht, indem sie das Woher des Gefühls schlechthinniger
Abhängigkeit als Gott benennt. Gott, das wird in der religiösen Sprache
deutlich, ist also der alle Kausalitätsbeziehung übersteigende Grund des Gefühls. Das religiöse Sprachspiel tritt insofern präzisierend neben die Sprachspiele von Moral und Kunst, als darin nicht nur die humane Mittelpunktstel-
lung des Gefühls, sondern auch die Herkunft des Gefühls ausgesprochen und
damit die Fundamentalität des Gefühls sichergestellt wird.

   Was bei dieser notwendigen Präzisierung der Kategorie des Gefühls als Gefühl der schlechthinnigen Abhängigkeit herauskommt, ist ein Dreifaches. Erstens besitzt das Gefühl als Grundlage humaner Verständigung einen religiösen Grund; das läßt sich deutend, aber in der Weise auch alternativlos dartun,
daß man entweder die Deutung nachvollzieht und dann die Grundlagen des
Verstehens versteht – oder aber nicht nachvollzieht und sich dann mit Verstehen als kontingentem Faktum zufriedengeben muß (mit allen Konsequenzen, die sich daraus ergeben). Zweitens zeigt sich, daß gerade auch diese Deutung des Gefühls in die vollzogene (nun aber als einsichtsgeleitet interpretier-
bare) Verständigung zurückgebunden wird. Es ist die Sprache einer religiösen
Gemeinschaft oder Kirche, in der sich die Verständigung über die Grundlagen Verständigung elementar vollzieht. Die derart verständigungsorientiert geleitete religiöse Kommunikation besitzt aufgrund ihrer sprachlichen
Nähe zur Unmittelbarkeit des Sachverhaltes des Gefühls sogar eine gewisse
Priorität (wenn auch keine exklusive Zuständigkeit) gegenüber der Reflexion. Drittens kommt an den Tag, daß alle Verständigung über das Gefühl als
Basis des Verstehens sich immer im Modus der Unterscheidung von Gefühl

und Gefühlen (oder von unmittelbarem und sinnlichem Selbstbewußtsein, wie Schleiermacher auch sagen kann) bewegt. Das bedeutet: Auch Religion selbst macht nicht das Gefühl als Gefühl zum Thema (damit würde es ja auch fälschlicherweise vergegenständlicht), sondern Religion bezieht sich in ihrer Kommunikation auf die Auswirkungen des schlechthinnigen Abhängigkeitsgefühls auf den Bereich der so oder so bestimmten Gefühle. Das schließt die Möglichkeit ein, daß es verschiedene Religionen gibt, die die (im Prinzip identische) religiöse Aufgabe verschieden zu lösen suchen.

Mit diesen Überlegungen ist deutlich geworden: Das Verstehen aller notwendigerweise durch Individualität gekennzeichneter Deutungen vermittelt sich über den Boden des Gefühls. Das Gefühl aber erfüllt nur dann diese Funktion, wenn es als Gefühl der schlechthinnigen Abhängigkeit verstanden wird. Und das Woher dieses Gefühls wird am treffendsten »Gott« genannt. Das heißt: Alles Verstehen besitzt einen religiösen Grund. Deshalb wird man auch umgekehrt sagen müssen: In jeder sinnhaften Deutung scheint, mehr oder weniger deutlich (vielleicht auch: mehr oder weniger bewußt) dieser Grund durch. Denn was immer ein Individuum auf der Basis des Gefühls aufbauend zur Darstellung bringt, hat mit dem Verhältnis von Gefühl und Gefühlen zu tun und bringt so eine bestimmte Konstellation, eine Form der Beziehung zwischen beiden Aspekten, zum Ausdruck. Die eigentümliche Weise, wie Verstehen überhaupt und Religion miteinander zusammenhängen und wie man vom Verstehensvorgang selbst auf die religiöse Prägung von Darstellung kommt, wird nun erörtert werden.

3. Die Darstellung des Individuellen und die regulative Funktion einer Hermeneutik des Stils

Wir kehren also jetzt von dem deutenden Rückgang »hinter« das Gefühl, der religiösen Sprache, auf die Ebene der Sinnproduktionen überhaupt zurück, und gehen von der empirischen Basis der gesprochenen Sprache aus, die wir im Blick auf die ermittelte Möglichkeitsbedingung von Verstehen reflektieren.

Dabei zeigt sich, daß sich das Verhältnis von Gefühl und Gefühlen, von Einheit in der Differenz, im Schema des Ganzen in seinen Teilen wiederholt. Es wird nämlich die gesprochene Sprache in ihrer bestimmten Form als Text oder Rede nie mit dem Sinn schlechthin identisch, befindet sich aber mit ihm in einer solchen Übereinstimmung, die sich im Nachvollzug herstellt. Dieser Nachvollzug aber bewegt sich zwischen den Polen der Allgemeinheit der Sprache und dem in ihr intendierten besonderen Sinn einerseits sowie der Allgemeinheit der Sprache und der Individualität des jeweiligen Verfassers (oder Redners) andererseits. Aus dieser Grundkonstellation läßt sich das

Muster von Schleiermachers Hermeneutik als Kunstlehre des Verstehens rekonstruieren.

(Schleiermachers Hermeneutik als Stilhermeneutik) 1. Texte sind Sinnträger. Aber der Sinn geht nie im Text auf. Daraus folgt zweierlei. Einmal: Der Text als Text besitzt eine natürliche Tendenz zur Bruckstückhaftigkeit. Wenn nämlich seine Sinnmitte, die ihn als so bestimmten Text zusammenhält, nicht in ihm selbst liegt, dann muß damit gerechnet werden, daß nicht nur im Falle der Textübermittlung (wie im Falle unserer klassischen antiken, auch biblischen Überlieferung) Fehler eintreten, die eine Rekonstruktion des Textes als Text erforderlich machen. Dann muß darüber hinaus auch dies unterstellt werden, daß der Text bereits in seiner ursprünglichen Form den gemeinten Sinn nicht voll zur Geltung bringt. Diese beiden nicht auszuschließenden Möglichkeiten geben begründeten Anlaß zu textkritischen bzw. sinnkritischen Emendationen; und wir kennen ja beides aus der philologischen Praxis. Fragt man nun, mittels welcher Schritte diese Konjekturen vorzunehmen sind, dann zeigt sich das Grundverfahren der Hermeneutik: Einzelnes, das als solches fraglich ist, wird in den Zusammenhang eines Ganzen gestellt. Das heißt in diesem Falle, daß es der Vergleich des Textes mit der relevanten (also geschichtlich mit ihm in Zusammenhang zu bringenden) Gesamtheit der ihn umgebenden Texte ist, der hier bemüht wird. Dahinter steckt die Vermutung, daß ein solcher Vergleich dem einzelnen Text gerade als Träger von kommunizierbarem (also nicht schlechthin individuellem, anderen unverständlichem) Sinn zur Erfüllung des intendierten Zweckes dienlich ist.

Um die Erfassung und Zuordnung von Einzelnem und Ganzem methodisch zu ordnen, schlägt Schleiermacher vor, zwei verschiedene Arbeitsweisen in Anspruch zu nehmen. Einmal folgt man einem komparativen Verfahren, das Texte vergleichbarer Art untereinander in Beziehung setzt, jeden einzelnen Text also in seine Textwelt, zu der er gehört, einordnet; dafür ist eine möglichst breite Textkenntnis des Interpreten nötig. Das ist, auf der Ebene der Texte, der Weg vom Einzelnen zum Ganzen. Dieser Weg ist die Voraussetzung für das zweite, ein divinatorisch genanntes Verfahren, das aus der Erfahrung des Interpreten mit Texten als Sinnträgern erwachsen ist. Damit wird ein Text als Sinnträger festgestellt. Das alles kann natürlich überhaupt nicht funktionieren, wenn nicht ein Minimum von Verstehen schon vor aller methodischen Bemühung gegeben ist; und dieses Minimum muß jedesmal von der Art sein, daß dabei schon ein möglichst umfassender Erwartungshorizont sich aufbaut, in den mittels eines falsifikatorischen Verfahrens einzelne Züge des Textes eingebaut werden[18]. Es zeigt sich hier deutlich das Verfahren des hermeneutischen Zirkels, in dem

---

[18] Natürlich laufen beide Arbeitsweisen im Verstehen gleichzeitig ab. Denn evidentermaßen setzt eine komparative Zuordnung von Texten untereinander ein Erfassen von Sinn voraus, also eine Divination. Und ebenso baut sich eine Divination nur über das Zusammenfassen von Texteinzelheiten auf. Entscheidend ist, daß die beiden unterschiedlichen Funktionen sich nicht durcheinander ersetzen lassen. – Wollte man die durch Schleiermachers Kategorien veranlaßte Analyse über diese immer nur einigermaßen grobe Zuordnung von Syntax und Semantik hinaus noch weiter verfeinern, dann könnte man sie auch noch einmal jeweils auf der syntaktischen wie der semantischen Ebene wiederholen. Es bestätigte sich dann nur abermals der Eindruck der notwendigen Doppelheit der Funktionen.

Vorverständnis und Verständnis miteinander korrelieren. Allerdings wird durch Schleiermachers Kategorien auch klar, welches die anthropologische Grundlage dieses verstehenstheoretischen Grundsatzes ist.

In der Analyse des Verstehensvorgangs befinden wir uns bis jetzt noch immer auf der Stufe, auf der wir mit Texten als Texten (und insofern: als Sinnträgern) zu tun haben. Wir tun noch nichts anderes, als Texte mit Texten zu vergleichen – unter der Voraussetzung, daß sie Sinn repräsentieren. Dieses Verfahren nennt Schleiermacher »grammatische« Interpretation; ein Name, der sich am besten als von »gramma« (Buchstabe, Schrift, »Text«) hergeleitet versteht.

2. Von dieser grammatischen Interpretation unterscheidet Schleiermacher die psychologische (oder technische, von »techne« also: kunstmäßige) Interpretation. Waren wir vorher von der Einsicht ausgegangen, daß Text und Sinn differieren, dann legen wir jetzt die Beobachtung zu Grunde, daß Text und Sinn als Einheit gemeint sind und verstanden werden wollen. Gab uns die erste Hinsicht Anlaß, Text- und Sinnkritik auf der Ebene der Texte selbst zu üben, so kommen wir jetzt vor das Problem, die Texte als solche zu verstehen, die als Sinnträger generiert wurden. Bewegten wir uns vorher auf dem Feld von Sprache und Sinn, dann lassen wir uns jetzt ein auf das Beziehungsgeflecht von Sprecher und Sprache. Wir folgen auch jetzt wieder den unterschiedlichen Betrachtungshinsichten, einmal aufs Ganze, einmal aufs Einzelne zu reflektieren, also komparativ und divinatorisch zu arbeiten; dabei ergibt sich folgendes Bild:

In dem Beziehungsgefüge von Sprache und Sprecher müssen wir unterschiedlich akzentuieren. Einmal gilt es, die *Sprache* des Sprechers zu beachten. Damit wird die Wahrnehmung auf den Umstand eingestellt, daß der individuelle Sprecher am Allgemeinen der Sprache teilhat. Diese Teilhabe aber ist immer von spezifischer Art, sie wird sich also immer auch darin ausdrücken, daß sich im Rahmen des allgemein Möglichen bestimmte individuelle Abtönungen, Veränderungen, Varianten beobachten lassen, die gerade dafür Zeugnis geben, daß hier ein einzelner Mensch sich am Allgemeinen beteiligt. Wir beobachten, so gesehen, jetzt nicht den Text als Text im Zusammenhang der Texte, sondern den Text als hervorgebracht im Zusammenhang einer Sprechergemeinschaft, wobei der Verstehende natürlich unterstellen muß, daß er selbst (wie vermittelt auch immer) zu dieser gehört. Das ist die komparative Seite der psychologisch-technischen Interpretation.

Die andere Seite legt das Gewicht auf den *Sprecher* der Sprache. Das ist das divinatorische Verfahren; und das ist nun etwas komplizierter vorzustellen. Hier ist es nicht nur darum zu tun, den Text als hervorgebracht zu verstehen, sondern die (individuelle) Genese des Textes selbst nachzuvollziehen. Auch dafür ist natürlich eine Voraussetzung auf seiten des Interpreten anzunehmen: daß er nämlich selbst (virtuell und aktuell) Produzent von sinnhaften Texten ist. Ja, man könnte sagen, daß auch sein Verstehen selbst ein spezifisches Textproduzieren ist. Denn soviel haben wir ja am Gefühlsbegriff schon gesehen, daß damit nicht ein vorsprachliches »Einfühlen« gemeint ist, sondern die Fähigkeit, durch die unaufhebbaren Differenzen der Darstellung hindurch gleichwohl so etwas wie Einheit zum Vorschein zu bringen. Der Sprecher der Sprache oder der Verfasser von Text kommt also auch in dieser Perspektive immer nur als »Text«- oder »Sprach«-Wesen in den Blick. Er ist stets als Generator von Text zu begreifen. Um dieses Hervorbringungsverhältnis möglichst genau zu beschreiben, führt Schleiermacher noch einmal eine Differenzierung ein, die er als die zwischen einer psychologischen Interpretation im engeren Sinne und einer näherhin technischen Interpretation benennt. Was ist damit gemeint?

Die im engeren Sinne psychologische Interpretation geht von der Annahme aus, daß in jedem Text so etwas wie eine Grundidee oder ein Grundeinfall vorliegt. Dieser Grundeinfall, so sehr er immer auch sach- und das heißt sprach- und sinnbezogen ist, besitzt doch eine eigentümliche Nähe zu der ihn hervorbringenden Person. Es gibt daher in diesem Verhältnis einen nicht unbedeutenden Teil von »Selbstmanifestation« (HF 194). Damit wird auf den Umstand geachtet, daß keine Sachaussage getroffen wird ohne einen persönlichen Lebensbezug zu dem, der sie aussagt. Dieses Moment erlaubt dann weitergehend die Frage nach der Bedeutung des Grundeinfalles für das Leben der Person; also den Versuch einer deutenden Rekonstruktion von elementaren Selbstdeutungsakten und ihrer lebensgeschichtlichen Reihung.

Nun besitzt dieser den Text in seiner Einheit bestimmende Grundeinfall aber nicht allein eine solche personzugewandte Seite. Er existiert immer nur in der Ausprägung als bestimmter Text; das ist der speziell-technische Gesichtspunkt. Daher ist die Frage zu stellen, wie denn das Darstellungsverhältnis zwischen Grundeinfall und Text aussieht, wenn unterstellt werden muß, daß auch für die endgültige Textgestalt die Maxime gilt, individuell generiert zu sein. Ich verstehe Schleiermacher so, daß er sagt: Was zur Darstellung führt, ist ein generatives Programm, dessen sich der Texterzeuger bedient. »Programm« deshalb, weil ein Verfahren gesucht werden muß, das verschiedene Inhalte analog zu strukturieren erlaubt. Die Programmerzeugung denkt sich Schleiermacher abermals gedoppelt, nämlich als Meditation und als Komposition. Meditation heißt dabei die individuelle Einstellung auf das Sachthema des Grundeinfalls; gewissermaßen die subjektive Erschließung des Textinhaltes. Was auf diese Art meditiert wurde, ist dann auch darzubieten; und die Weise der Darbietung ist bestimmt von der Komposition, also der Auswahl bestimmter Möglichkeiten der Textpräsentation (vgl. HF 214). Es ist deutlich zu sehen: Je näher die Optik auf das individuelle Subjekt eingestellt wird, das den Text erzeugt, um so differenzierter werden die Unterscheidungen[19].

Dabei läßt sich die Pointe des psychologischen Interpretierens überhaupt auch ganz einfach ausdrücken: Es geht um das Verstehen des Stils. Im Begriff des Stils lassen sich sowohl die sprachlichen Eigentümlichkeiten, die sich in der Teilhabe an der allgemein gesprochenen Sprache zeigen, als auch die Einheit von Grundeinsichten und generativem Textprogramm, die hinter ihnen liegt, zusammenfassen. Dieser Begriff des Stils erlaubt, das Verstehen von der Textoberfläche auf das in ihr wirksame Programm, auf die in ihr bemerkbaren stoffprägenden Regularitäten hin anzusehen. Dabei ist es das Eigentümliche, daß sich von keinem Stil ein Begriff geben läßt (HF 172). Ein Stil ist also auch nur so zu finden, daß der eigene Stil des Interpreten mit zum Thema wird. Verstehen wäre dann in seiner tieferen Auffassungsvariante eine Stilverknüpfung, oder besser: eine Akkommodation von Stilen. Eine solche würde die Verschiedenheit von Texten stehenlassen können, nicht auf die Gemeinsamkeit be-

---

[19] Meditation und Komposition können als Ausgangspunkte zur Erörterung der Rhetorik im Zusammenhang von Schleiermachers Hermeneutik angesehen werden.

stimmter Äußerungen abheben müssen und trotzdem (oder gerade darin) verstehen[20].

Schleiermachers Hermeneutik ist, so könnte man sagen, in ausgezeichneter Weise eine Hermeneutik des Stils[21]. Sie schlägt Regeln vor, wie in Anbetracht der individuellen Gestalt von sinnhafter Darstellung überhaupt, von Aussagen und Mitteilungen – und ohne dieselbe einem Allgemeinen zu subsumieren – Verstehen möglich ist. Die Grundzüge dieser Auffassung seien hier noch einmal in systematischer Übersicht zusammengestellt.

Die Ausgangseinsicht ist die in die zwiespältige Verfaßtheit menschlichen Lebens als Seele und Leib. Die Raumzeitlichkeit des Leibes ist die empirische Bedingung von Vereinzelung; damit ein Mensch sich als einer erleben kann, muß er sich diese Vereinzelung deutend aneignen und darin zum Individuum werden. Anders gesagt: Die Einheit eines menschlichen Lebens verlangt, auf der Basis seiner Zwiefältigkeit, dargestellt zu werden – und sie ist nur in der Form von Darstellung zu »haben«.

Diese unersetzbare individuelle Darstellung ist aber nur insofern Selbst-Darstellung und also Medium des Sich-Begreifens, als ein Mensch immer schon in sozialen Sprach- und Deutungszusammenhängen heranwächst und lebt. Deren für den Darstellungsgedanken elementare Funktion besteht darin, daß ein Mensch überhaupt als einer anerkannt wird; nur wer sozial als Einzelner betrachtet wird, kann sich aufgefordert sehen, diese Einheit für sich selbst und vor anderen zur Darstellung zu bringen. Individualität, das ist daraus leicht zu erkennen, baut sich somit aus mindestens drei Faktoren auf: körperliche Einzelheit; soziale Anerkennung (also: die Zumutung, ein Einzelner zu sein); eigene Wahrnehmung dieser Zumutung in (für die Selbstreflexion offenen) Darstellungsakten, die diese Einheit symbolisieren.

Fragt man nach den Formen, in denen sich solche dem eigenen (sozialen) Selbstsein offene Darstellung vollzieht, so wird man auf alle Fälle die folgenden drei Dimensionen zu berücksichtigen haben. Erstens baut sich Individualität in der Wahrnehmung auf; ich bringe deutend zum Ausdruck, wie ich die Wirkung der natürlichen und sozialen Welt um mich herum leibvermittelt empfinde. Zweitens erlebe ich mich als einen einzelnen Menschen dadurch, daß ich die Steuerung meines Leibes im Verhältnis zur sozialen und

---

[20] An dieser Stelle könnte sich eine Erörterung tatsächlicher Verstehensvollzüge anschließen. Dabei würde sich zeigen lassen, daß – in situativ unterschiedlicher Deutlichkeit und Trennschärfe – wir tatsächlich von diesen Kategorien Gebrauch machen, die Schleiermacher vorschlägt. Auf eine solche Exposition wird hier zugunsten des eigenen Experiments des Lesers verzichtet.

[21] Und könnte als solche auch in den gegenwärtigen philosophischen und literaturwissenschaftlichen Stildebatten fruchtbringend genutzt werden. Ein Ansatz dazu liegt vor bei MANFRED FRANK, Stil in der Philosophie, Stuttgart 1992.

natürlichen Umwelt mir selbst zurechne; darin weiß ich mich als mit mir selbst identisches Handlungswesen. Drittens gehört zu meinem Bewußtsein als Individuum, daß ich mich auch schon durch das Besinnen auf die Deutungstätigkeit überhaupt auf mich selbst verwiesen finde; ich deute mich selbst so, daß ich deute und nicht nur mechanisch auf Umweltreize reagiere. Dadurch entsteht eine innere Welt, die selbst wiederum der Deutung zugänglich ist; der Bezugsbereich dieser inneren Deutungen ist der Modus, nach dem ich diese Aktivität von Deutung überhaupt (oder: mich als deutend zu wissen) auf die akuten Deutungen meines Wahrnehmens oder Handelns beziehe.

Nun geschehen alle diese (Selbst-)Deutungsprozesse unter drei allgemeinen Maßgaben. Einmal unter der Bedingung, daß mir das Medium meiner Deutungen, die Sprache, sozial vorgegeben ist; schon aus diesem Grund gibt es keine abstrakte Allgemeinheit oder unmittelbare Universalität, derer ich mich bedienen könnte, sondern immer nur konkrete sozial vermittelte Sprachspiele. Sodann, daß ich selbst in diesem Ensemble möglicher Deutung Selektionen vornehme, also eigene – und damit notwendigerweise abermals beschränkte – Deutungen gebe, die ich mir selbst als deutendem Subjekt zurechne. Schließlich erstreckt sich diese doppelte Einschränkung (des objektiven Zeichenreservoirs der Sprache und der subjektiven Kohärenzerfordernis meines eigenen Lebens) auch auf den Bereich der Deutungen der inneren Welt; nicht einmal in dieser Reflexionsform komme ich aus der Kontingenz der Umwelt heraus; ich muß es freilich auch nicht, denn die begrenzten Möglichkeiten reichen durchaus zu, diese innere Welt auszustaffieren. Anders gesagt: Auch die Religion als Kultur der eigenen inneren Welt ist durch und durch historisch und sozial vermittelt, ohne darum im mindesten die Rolle zu verlieren, nun auch eben meine innere Welt zu sein.

Diese doppelte (nämlich äußere und innere) Kontingenz, die sich in der materialen Beschränkung meiner Deutungsmöglichkeiten zeigt, ist nun aber eine wichtige Eingangseinsicht in den Begriff des Stils. Und zwar wiederum auf doppelte Weise. Einmal nämlich ist aufgrund der Kontingenz der im sozialen Leben verankerten Sprache schon in ihr nicht alles der Thematisierung fähig. Jede Sprache (als notwendigerweise endliche) nimmt bestimmte Restkontingenzen in Kauf. Diese werden in der Regel so verarbeitet, daß sie jener Kultur der inneren Welt oder der Religion zugerechnet werden. Aus der Deutung der Deutungsmöglichkeiten von Wissen und Handeln resultieren auch die tatsächlich vorgenommenen Deutungen. Historisch kann man sich das am Zusammenhang von religiöser Mythologie und wissenschaftlicher Erkenntnis verdeutlichen. Das heißt: Indem ich die Voraussetzungen erwerbe, mich als Individuum zu verstehen, wachse ich in eine Welt (notwendigerweise) unbefragter Kontingenzen hinein. Ich finde mich, schon wenn ich sprachlich agiere, d.h. deuten lerne, in einer (mehr oder weniger expliziten) religiösen Welt vor; ich finde mich von einem überindividuellen religiösen Stil geprägt.

Dem zwanglosen Zwang zum Stil bin ich nun aber auch aus subjektiven Gründen unterworfen. Soll ich mich als einheitlich, als Individuum sehen können, dann darf ich nicht in der Mannigfaltigkeit meiner Wahrnehmungen und Handlungen untergehen. Da ich mich aber nicht erfolgreich abstrakt auf mich selbst beziehen kann (weil ich darin die Notwendigkeit, deutend immer schon von anderem Gebrauch zu machen, unterschlagen würde), kann ich nur eine Reihung von Deutungen entwickeln, die gewissermaßen das Grundgerüst meines Erlebens, Handelns und Deutens ausmacht[22]. Und dieses Grundgerüst besitzt eine eigene Kohärenz, die dann »mein« Stil ist (aber natürlich nur mit der mir zugänglichen sozial aufgebauten Sprache artikuliert werden kann). Dieser Individualstil freilich trägt wieder zwei Komponenten in sich. Denn ich muß mir, dank seiner Hilfe, zwei Umstände zum Bewußtsein bringen: daß ich einer bin, ohne mich selbst dazu gemacht zu haben; und daß ich als dieser eine aktionsfähig bin im Verhältnis zu anderem und anderen. In der ersten Dimension des individuellen Stils nehme ich in meine Selbstdeutung das Problem auf, das die Sprache der Religion in der sozialen Welt bearbeitet: diejenigen Kontingenzen, die ich, aus gesellschaftlich-objektiven oder aus privat-subjektiven Motiven hinzunehmen bereit bin. Es ist klar, daß es hier um ein Verhältnis zwischen gesellschaftlich-objektiver Religion und eigener Religiosität geht; und es folgt aus dieser Einsicht, daß es (in der Regel) zu Divergenzen zwischen beiden kommt; das ist freilich dann auch der Grund nicht nur dafür, daß sich objektive Religion durch subjektive Neuinterpretation verändert (oder zugunsten anderer Vorstellungswelten abgelehnt wird), sondern daß sie in dieser Veränderung auch wieder gesellschaftlich zum Tragen kommen kann. Ich folge also, einerseits, einem religiösen Stil in der irgendwie zu deutenden Konstellation von öffentlicher Religion und privater Religiosität.

Die andere Seite des Individualstils ist von der Einsicht bestimmt, daß ich mich als Subjekt in der Welt zu behaupten weiß. Ich sehe mich selbst als einen solchen Menschen, der mehr oder weniger regelmäßig mit seiner Umwelt so oder so umgeht. Und die Strukturbestimmtheit dieser Umgangsweisen kann ich mir verdeutlichen, indem ich deute, wie ich geworden bin, was ich bin; also so, daß ich, wenn ich diese Besinnung methodisch angeleitet betreibe, möglicherweise auf prägende Ereignisse (genauer: Ereignis-Deutungs-Einheiten) stoße, die sich als für späteres Erleben schlüsselhaft heraus-

---

[22] Das ist die Wahrheit des story-Konzeptes bei DIETRICH RITSCHL, Zur Logik der Theologie. Kurze Darstellung der Zusammenhänge theologischer Grundgedanken, München 1984.

stellen[23]. Bei geringerer Selbstdurchsichtigkeit, die der Regelfall im Alltag ist, pflegen wir zu sagen: So bin ich nun einmal – und meinen eben dies.

Nun ist es interessant, nach der Verknüpfung jener religiösen mit dieser wahrnehmungs- und handlungstheoretischen Dimension zu fragen. Zweifellos gibt es insoweit einen Zusammenhang, als auch der religiöse Stil sich über lebensgeschichtliche Erlebnis-Deutungs-Einheiten aufbaut und sich nicht unmittelbar erzeugt; umgekehrt aber bleiben auch die alltäglichen Umgangsweisen mit der Art, geworden zu sein, von der religiösen Tiefendeutung nicht unbeeinflußt. Die Beobachtung dieses Zusammenhanges zeigt zugleich, daß es keine Überführbarkeit der einen Seite in die andere gibt; so wenig wie eine Herleitung der einen aus der anderen[24].

Diese Übersicht mag als erste systematische Skizze zur Komplexität, aber auch zur Erschließungskraft des Stilbegriffes hinreichen. Es ist nun relativ leicht zu sehen, wie sich dieses – hier in eher genetischer Perspektive dargestellte – Konzept von Stil analytisch-hermeneutisch verwenden läßt. Die grundsätzliche Einsicht dabei ist, hinter die Vielfalt von Äußerungen zurückzugehen und nach prägenden Merkmalen zu fragen. Dafür ist es einmal erforderlich, objektive Stilprägungen in Rechnung zu stellen. Zum andern ist in der Beobachtung des Individualstils auf die Interferenzen von objektiver Vorgabe und individueller Aneignung zu achten. Und schließlich ist nach den beiden inneren Dimensionen des Individualstils zu fragen.

Das alles ist schematisch schnell gesagt. Praktisch wird die hermeneutische Aufgabe jedoch dadurch überaus kompliziert, weil wir ja auch als Interpreten denselben Grundsätzen der Stilbildung unterliegen – und das heißt, alle von individuellem Stil bestimmt sind. Daher wird man sagen müssen: Das Konzept einer Hermeneutik des Stils ist, so sehr es bei Schleiermacher selbst (und in dessen Rekonstruktion auch hier) am Modell des Textverstehens eingeführt wurde, eigentlich ein Konzept des Personverstehens und setzt, um auch nur annäherungsweise realisiert werden zu können, Rede und Widerrede voraus, oder: den lebendigen Wechsel von Interpret und Interpretandum. Im Vollzug der Stilhermeneutik ist es sinnvoll, methodische Unterscheidungen von Interpretationsebenen vorzunehmen, um das Medium, das Interesse und die Gegenstände des gerade intendierten Verstehens einzugrenzen[25].

---

[23] Das ist die (einer hermeneutischen Version) der Psychoanalyse zugrundeliegende Einsicht.

[24] Aufschlußreich wäre eine genauere Erkenntnis der gemeinsamen Pflege dieses Zusammenhanges; dazu wären, näher betrachtet, homiletische und pastoralpsychologische Untersuchungen nötig.

[25] Das ist die Absicht der Einführung von »Stufen der Interpretation«, die Hans Lenk im Gespräch mit Günter Abel vorschlägt: HANS LENK, Philosophie und Interpretation.

Die Realisierung des Verstehens kann man sich nach diesem Muster dadurch plausibel machen, daß man davon ausgeht, bei allen, die sich am Verstehensprozeß beteiligen, finde eine Ingebrauchnahme derselben Aufbaumechanismen von Deutung, Mitteilung und Äußerung statt. Das ist, auf der einen Seite, entlastend und ermutigend. Auf der anderen Seite erhebt sich die Frage, mit welchem Recht man diese anfängliche Unterstellung von der für alle geltenden Deutungsnotwendigkeit machen darf. Anders gesagt: Wenn es für Letztannahmen keine unmittelbare, sondern immer nur eine historisch-sprachlich vermittelte Plausibilität geben kann – welches sind dann die Bedingungen, unter denen dieses Schleiermacher folgende Konzept überhaupt zugemutet werden kann? Das ist die Frage nach dem Zusammenhang zwischen der Hermeneutik des Stils und dem religiösen Grund des Verstehens.

4. Stilhermeneutik und Christentum

Wir haben gesehen, daß die Ausformung des Stilbegriffs fortgesetzt von der Unterscheidung Gebrauch machte, die oben als die zwischen dem Gefühl als Kategorie und den so oder so bestimmten Gefühlen kenntlich gemacht wurde. Ja, der hier vorgetragene Stilbegriff ist eigentlich gar nichts anderes als diese im menschlichen Leben sich entfaltende Einsicht. Welche Rolle spielt nun für dieses Konzept die religiöse Deutung des Gefühls als Gefühl der schlechthinnigen Abhängigkeit und welche Funktion nimmt die Gottesbezeichnung in ihm ein?

Wenn man so fragt, dann kann man sehen: Es ist nicht zufällig, daß Schleiermachers Stilhermeneutik auf christlichem Boden erwachsen ist. Denn die Unterscheidung von Gefühl und Gefühlen oder von reinem und sinnlichem Selbstbewußtsein ruht auf zwei Voraussetzungen. Die erste Voraussetzung ist die Annahme einer fundamentalen Unterschiedenheit von Gott und Welt. Solange Gott und Welt auch nur teilweise miteinander vermischt werden, bleibt der Anschein unwiderleglich, daß das reine Selbstbewußtsein bestenfalls die Abstraktionsform des sinnlichen Selbstbewußtseins darstellt. Der Monotheismus und der Schöpfungsgedanke sind nötig, um diese Unabhängigkeit zu statuieren[26]. Das läßt sich übrigens auch religionsgeschichtlich belegen.

Vorlesungen zur Entwicklung konstruktionistischer Interpretationsansätze. Überarb. unter Mitwirkung von EKATERINI KALERI (stw 1060), Frankfurt/M. 1993, 255–264.

[26] Dabei verlangt »Schöpfung« als nichtkausale Hervorbringung verstanden zu werden; hier liegen nicht nur bei Schleiermacher Unklarheiten vor, die jedoch auf das Sachproblem zurückweisen, wie eine solche Hervorbringung der Welt überhaupt zu denken ist.

Die andere Voraussetzung reicht freilich noch tiefer. Es ist nämlich nicht allein mit der Unterscheidung von Gott und Welt (und entsprechend von reinem und sinnlichem Selbstbewußtsein) zu rechnen, sondern dann auch wieder mit der Möglichkeit, beide so aufeinander beziehen zu können, daß tatsächlich eine einvernehmliche, zusammenstimmende Bearbeitung der innerweltlichen Gegensätze und Mannigfaltigkeiten erfolgt. Und hierin liegt bekanntlich die eigentümliche Leistung des Christentums nach Schleiermacher, daß es infolge des Gottesbewußtseins Jesu und seiner wirkmächtigen Geschichte in der Welt die gestalterische Zusammenfassung des Differenten zu einem sich gegenseitig tragenden Weltmodell bewirkt. Es ist, auch wenn man sich die Bedeutung des Christentums anders vorstellt, als es Schleiermacher selbst tat, klar, daß erst die einwirkende Rückbeziehung des kategorial von der Welt unterschiedenen Gottes auf diese die anfängliche Unterscheidung so stabilisiert, daß sie Bestand hat. Es kann daher auch die Unterscheidung von Gefühl und Gefühlen, von reinem und sinnlichem Selbstbewußtsein schlüssig erst unter diesen beiden Voraussetzungen vorgenommen werden.

Allerdings ist durch diese Einsicht in die religionsgeschichtlich bedingte Aufstellung der Grundlagen einer Hermeneutik des Stils keineswegs schon deren Plausibilität überhaupt dementiert. Denn man wird sagen können, daß alle religiösen Weltbilder von irgendeiner Unterscheidung leben zwischen dem, was in der Welt der Fall ist, und dem, woher man diese Fälle deuten soll. Auch in anderen religiösen Kontexten gibt es mindestens so etwas wie eine Entsprechung zu der Differenz von basaler Letztvergewisserung und Wahrnehmungs-und Handlungsmotivationen. Ja, diese Unterscheidung ist nicht allein in religiösen Zusammenhängen anzutreffen, schon unsere Moral arbeitet mit dem Unterschied zwischen dem Gewissen als Verantwortungsinstanz und den vor ihr je zu verantwortenden Handlungen. Man kann deshalb sagen: Im Christentum ist eine Struktur zur grundsätzlichen Entfaltung gekommen, die für die Erschließung humaner Wirklichkeit überhaupt bedeutsam ist. Und wenn man mit dieser Unterscheidung kulturhermeneutisch umgeht, wie es in diesem Buch versucht wird, dann ist das auch insofern keine neue Variante alter Hegemonieansprüche des Christentums, weil ihre Sinnhaftigkeit von jedem Zeitgenossen, der sich an solchen Deutungsprozessen beteiligt, selbst eingesehen werden muß. Das Zutrauen allerdings, mit dieser Form der Hermeneutik tatsächlich ein Verstehen fördern zu können, das speist sich aus der (partiell schon bewährten) Erfahrung, daß im christlichen Horizont eine Verständigung möglich ist, die Vielfalt konstruktiv miteinander verbindet, ohne Individualität zu beschneiden. Wie diese Vermittlung von kultureller Deutung und christlicher Erfahrung zu denken ist, dem widmen sich die folgenden Kapitel dieses Buches.

2. Kapitel

Ästhetik und Religion.

Über die kulturelle Bedeutung kultischer Wirklichkeit

1. Die Darstellung von Kunst und Religion

Die unaufhebbare Grunddualität in der Verfaßtheit menschlichen Lebens, wie sie sich etwa in der Unterscheidung von Leib und Seele zum Ausdruck bringt, stellt vor die Notwendigkeit, diese Struktur zu deuten. Deuten heißt hier: die Einheit des Unvermittelbaren zum Ausdruck zu bringen. Deuten ist, so betrachtet, das elementare Verhalten menschlicher Subjektivität angesichts ihres eigenen inneren Aufbaus, nämlich stets leibbezogen zu existieren.

Betrachtet man diese Notwendigkeit von Deutung näher, dann zeigt sich, daß sie selbst dialektisch strukturiert ist. Denn einerseits muß, wenn Deutung überhaupt möglich sein soll, eine Sphäre von Bezeichnungen oder Benennungen vorhanden sein, die Verknüpfungen vorzunehmen erlaubt, sozusagen eine virtuelle Einheit des Unvereinbaren; der klassische Fall dafür ist die Sprache, die Unterschiede zusammenbringt, ohne sie aufzuheben. Dieser Einheit des Bezeichnungsreservoirs steht das Erfordernis gegenüber, Deutungen immer wieder zu variieren; das ist deshalb nötig, weil ja keine Deutung den ganzen Sektor möglicher Bezeichnung ausschöpft. Dieser Gedanke ergibt sich einmal daraus, daß die Deutungen sich auf verschiedene Konstellationen des zu deutenden Grundsachverhaltes beziehen; zum anderen daraus, daß auch die unter dem jeweiligen Gesichtspunkt vorgenommenen Deutungen nicht abschließend sein können. Es ist also mit dem Gedanken von Deutung sofort die Pluralisierung in eine Mehrzahl von Deutungen gegeben. Die Einheit der Sprache als Ort von Deutung findet ihre konkrete Erscheinungsform in der strukturellen Ausdifferenzierung unterschiedlicher Deutungsperspektiven ebenso wie im Gespräch verschiedener Deutungen miteinander.

Weil die Notwendigkeit von Deutung sich sogleich in die Vielfalt von Deutungen übersetzt, besteht Deutung nur als Darstellung. Nur in sinnlicher Gestalt erschließt sich Deutung für andere; ja, nur durch den Weg in die Sinnlichkeit werden Deutungen auch für mich selbst konstant, beziehbar und kritisierbar. Deutungen brauchen daher Veranschaulichung; und als Kanäle derselben kommen vornehmlich Gesicht und Gehör in Betracht, weil die räumlich organisierte Sichtbarkeit und die zeitlich aufgebaute Lautabfolge am ehesten symbolische Fixierungen erlaubt (im Unterschied zum nahezu völlig individuellen Geschmacks-, Geruchs- und Tastsinn). Darstellung also ist deutungsgeprägte und insofern bedeutungsvolle sinnliche Erscheinung. Dabei ist es offenkundig, daß die unterschiedlichen Deutungstypen (als welche Schleiermacher Staat, Wissenschaft, freie Geselligkeit, fromme Gemeinschaft funktional differenziert) auch unterschiedliche Darstellungen erfordern; ebenso wie es auf der Hand liegt, daß die aus Deutung entsprungenen Darstellungen in jedem dieser Funktionsbereiche wieder vielfältig (und also miteinander zu verknüpfen) sind.

Dieser Zusammenhang von Deutung und Darstellung stellt nun vor die Frage der Rezeption solcher Darstellung. Dafür sind zwei Bedingungen anzunehmen, und die führen auf die grundlegende Bedeutung der Ästhetik für die Darstellungs- und Deutungskultur. Die erste Bedingung ist die ausschließliche Erscheinungsvermitteltheit jeglicher Darstellung. Nur das, was uns sinnlich präsentiert wird, kann als Deutung verstanden werden. Ästhetik in diesem allgemeinen und nicht nur kunsttheoretischen Sinne heißt also: Wahrnehmungslehre. Die zweite Bedingung ist allerdings, daß wir in der Lage sind, solche uns begegnende empirische Wirklichkeit als deutungshaltige Darstellung zu entziffern. Das setzt Vertrautheit mit dem Phänomen von Deutung voraus. Wir müssen uns selbst als deutende Wesen kennen, um dargestellte Deutung verstehen zu können[1]. Für den Aufbau des Verstehensvermögens sind nun aber wiederum zwei Annahmen vorauszusetzen. Einmal, daß wir das Verstehen insofern kulturell vermittelt gelernt haben, als wir mit den überkommenen Symbolisierungen vertraut gemacht wurden, die in unserer Kultur bereits vorliegen; es ist leicht zu sehen, daß hier an den Prozeß der Bildung zu denken ist, der vom elementaren Spracherwerb bis in die Erschließung hochgestufter Symbolkonstellationen reicht. Das ist gewissermaßen die objektive Seite des Verstehenkönnens. Sodann muß aber auch angenommen werden, daß wir selbst in der Lage sind, uns mit Hilfe dieser Symbolwelt auszudrücken; wir müssen die Sprache und bestimmte in kulturellen Errungenschaften sedimentierte Codierungen beherrschen, mit ihnen selbständig umgehen können. Dies ist der subjektive Aspekt im Verstehen. Es liegt auf der Hand, daß im Spracherlernen beide Seiten gemeinsam gebildet werden; allerdings wird man nicht sagen können, daß bereits durch die Vermittlung von Kenntnis überhaupt die Befähigung zum Umgang mit der

---

[1] Aus diesem Grunde muß die Erörterung des Verstehens (im ersten Kapitel) der hier bedachten Theorie über die Erzeugung des Verstehbaren diskursiv vorangehen; der Sache nach liegen beide Aspekte natürlich ineinander. Man könnte auch sagen: Der Einstieg in den hermeneutischen Zirkel erfolgt zwangsläufig aus der subjektiven Verstehensperspektive; nur von dort aus erklärt sich das zu Verstehende.

Sprache erworben wird; an dieser Stelle ist eine nicht herleitbare Eigenheit individueller Subjektivität festzuhalten[2]. Mit diesem Bündel von Bedingungen läßt sich erklären, daß und inwiefern Ästhetik im weiteren Sinne eine Basisdimension für Deutungskultur darstellt.

Es ergibt sich daraus weiter die Rolle des Werkes als einer gebildeten Erscheinung für den Vorgang der Darstellung. Wenn von Ästhetik in einem umfassenderen Sinne die Rede ist, dann ist damit ja nicht die Lehre von Erscheinungen überhaupt gemeint, sondern die Reflexion auf so oder so, aus diesem oder aus jenem Gesichtspunkt gestaltete Erscheinung. Dafür ist es nun aber wesentlich, daß solche Erscheinung umgrenzt ist, von bestimmter endlicher Gestalt. Denn gerade (und nur) in den gebildeten Grenzen wird eine Erscheinung als Darstellung begreifbar. Bedenkt man diesen Werk-Begriff, dann wird leicht deutlich, daß er nicht nur auf Kunst-Werke im engeren Sinn zu beziehen ist. Vielmehr sind gestaltgeprägte Erscheinungen unserer kulturellen Lebenswelt insgesamt von dieser Art der Werke. An der ästhetischen Verfaßtheit der deutungshaltigen Darstellungswelt haben daher nicht nur Kunst und Religion, sondern durchaus auch Staat und Wissenschaft und freie Geselligkeit Anteil, um im Viererschema Schleiermachers zu bleiben. Natürlich stellen »Werke« in diesen anderen Vergesellschaftungsmodi sich stets so dar, daß sie zugleich anderen Maximen unterworfen und auf andere Ziele ausgerichtet sind. So ist eine staatliche Institution vornehmlich auf das Gelingen einer Regelung von Macht und Zuständigkeit ausgerichtet; gleichwohl spricht aus jedem Gesetz, so spröde es formuliert sein mag, ein bestimmter Gestaltungswille, der sich eben auch anders zum Ausdruck hätte bringen lassen. Unter den wissenschaftlichen Werken gibt es immer wieder auch solche, die nicht nur intersubjektiv belangvolle Kenntnisse transportieren, sondern die an sich selbst eine Formgestalt tragen, die als gebildeter Ausdruck von Humanität gesehen werden kann. Und schließlich gibt es im geselligen Verkehr solche Normen und Umgangsweisen, die nicht allein der harmonischen Integration unterschiedlicher Personen dienen wollen, sondern einen Überschuß an Gestaltung repräsentieren, worin sie offen sind für künftige Erweiterungen. Diese Beobachtung, daß der Charakter eines ästhetischen Werkes (im Sinne deutungsvermittelnder Darstellung) allen humanen Hervorbringungen in mehr oder weniger stark ausgeprägtem Maße eignet, führt nun freilich auf die Frage, worin denn das Spezifikum von Kunst und Religion und ihr Unterschied voneinander zu sehen sind.

Die Tatsache, daß alle soziale Gestaltung an Darstellung überhaupt teilhat, lenkt die Aufmerksamkeit darauf, daß gerade der Funktionsbereich individuellen Symbolisierens, wie Schleiermacher sich ausdrückt, durch eine be-

---

[2] In der Sprachwissenschaft dieses Jahrhunderts reflektiert sich die hier vorgestellte Unterscheidung in der Differenz zwischen langue und parole.

sondere Stellung ausgezeichnet ist. Wenn nämlich die Veranlassung zu deutender Darstellung von dem stets individuell wahrzunehmenden Leib-Seele-Verhältnis ausgeht, dann kommt auch der individuellen Symbolisierung eine elementare Rolle zu. Das heißt: Im Wechselverhältnis von vorgegebener Symbolwelt und eigengestalteten Symbolen (oder: von langue und parole) gibt es eine genetische Priorität des selbstgestalteten Ausdrucks. Oder noch einmal anders gesagt: Alle Symbole gehen auf aktive Symbolbildung zurück; auch die gesellschaftlichen Codes sind als solche erzeugt. Das gilt auch dann, wenn man annehmen muß, daß im Erzeugen von Deutungen zugleich auch schon der aus dem Hervorgebrachtsein nicht ableitbare Geltungsaspekt präsent ist. Dieses hier beschriebene Verhältnis ist nichts anderes als der Reflex der Grundtatsache, daß in der subjektiv-individuell vermittelten Deutung stets das Vorliegen des deutungsbedürftigen Dualismus humanen Seins gedeutet wird; Deutungen sind also in diesem Sinne von beliebigen Hervorbringungen genau unterschieden.

Wenn es sich demnach so verhält, daß eine erkennbare Nähe besteht zwischen dem anthropologischen Sachverhalt, der Deutung nötig macht, und dem Vorgang individuellen Symbolisierens, dann läßt sich von hier aus für die für Kunst und Religion (als die Erscheinungsweisen dieser Deutungsform) maßgebliche Funktion folgendes festhalten. Sowohl Kunst als auch Religion machen die Bedingungen selbst zum Thema, die mit der Notwendigkeit von Deutung des Differenten als Einheit erforderlich sind. Insofern besitzen beide in ausgeprägtem Maße eine aufs humane Subjekt selbst bezügliche Tendenz. Sowohl Kunst als auch Religion bringen in ihren Deutungen zum Vorschein, daß die Einheit menschlichen Wesens in solchen Deutungen besteht, die auf eine unhintergehbare, aber auch unergründliche Einheit bezugnehmen. Dasselbe kann man auch mit Hilfe des im ersten Kapitel entwickelten Gefühlsbegriffes so zum Ausdruck bringen: Sowohl in der Kunst als auch in der Religion wird diejenige Einheit menschlichen Wesens zum Thema gemacht, die »Gefühl« heißt. Also: das unthematische Beisichbleiben menschlichen Wesens im sich selbst veräußerlichenden und zur Verinnerlichung angeregten Deuten. Oder: die Koexistenz von Insichbleiben und Aussichherausgehen von Menschen und die inneren Resonanzen dieses Miteinanders. Die Eröffnung von Selbstbezüglichkeit im Bezogensein auf Anderes – das ist das Thema von Kunst und Religion.

Auf der Basis dieser gemeinsamen Bestimmung ist nun nach den Differenzen zwischen Kunst und Religion zu fragen. Es ist klar, daß die Erfassung des Unterschiedes nicht über material differente Werke laufen kann; denn in der Haltung der Selbstbezüglichkeit unterscheiden sich Kunstwerke und Darstellungen von Religion gerade nicht[3]. Kunst, so schlage ich vor zu bestim-

---

[3] Daß vielmehr über die Unterscheidung von ästhetischer (hier gleich Kunst-) Erfah-

men, intendiert die Zusammenstimmung des Verschiedenen im Hinblick auf die Einheit des Gefühls. In Kunstwerken liegt erscheinende Wirklichkeit so gestaltet vor, daß deren Differenzen sich zwanglos vereint finden; und dieses zwanglose Vereintsein bildet den Anlaß, sich seiner selbst trotz aller Unterschiede als einheitliches Gefühlswesen inne zu werden. Religion, so lautet der andere Vorschlag, vermittelt aufgrund von gestalteten Darstellungen die Gewißheit, daß diese Einheit des Gefühls ihrerseits auf einem Grund aufruht, der mit der Gefühlseinheit nicht identisch ist. Dieses Verhältnis von subjektiver Gefühlseinheit und transzendentem Grund ist nun allerdings wiederum als ein Verhältnis von Differenz und Einheit vorzustellen. Denn gerade im Innewerden des Grundes der Einheit des Gefühls wird bewußt, daß dieser Grund so gewiß in ihr nicht aufgeht wie er sich in dem Vereintsein des Differenten im Gefühl – und nur hier als dieser Grund – zur Geltung bringt. Diese Differenzeinheit zwischen dem Gefühl und seinem Grund ist nun freilich die Ermöglichung dafür, daß die Einheit des Gefühls auch wiederum auf die Mehrzahl der – so oder so – sinnlich bestimmten Gefühle zurückbezogen werden kann. Die Religion selbst verfolgt daher unmittelbar keinen anderen Zweck als das Innewerden des Gefühls selbst nach der Vollständigkeit der darin inbegriffenen Verhältnisse. Gleichwohl (oder: eben darum) ist sie dann auch wieder für einen Rückbezug auf die das empirische Leben bestimmenden Gegensätze offen. Diese Verhältnisbestimmung zwischen Kunst und Religion zeigt an, daß in der Tat das Medium für die Darstellung identisch ist; daher können Kunstwerke auch über sich hinausweisen und – so unbeabsichtigt wie unerzwingbar – religiöse Funktion übernehmen. Schleiermacher deutet diese Zwischenstellung an, indem er zwischen einem religiösen oder heiligen und einem geselligen Stil der Kunst unterscheidet[4]. Und umgekehrt besitzt jede Darstellung von Religion eine künstlerische Vorder- oder Außenseite; es ist die Kunst Sprache der Religion, um noch einmal eine Wendung Schleiermachers zu gebrauchen; darum ist es auch nicht grundsätzlich zu vermeiden, daß jemand in der Rezeption von Religion bei dieser künstlerischen Erscheinungsseite stehenbleibt. Die Darstellung von Religion kann durchaus in dem Eindruck enden, daß hier nichts anderes dargestellt sei als die Einheit des Gefühls – eine in der Gegenwart nicht unbekannte Auffassungsweise von Religion.

Inwiefern eine derartige Bestimmung der Zuordnung von Kunst und Religion nun auch für die jeweilige innere Ausdifferenzierung beider Funk-

---

rung und religiöser Erfahrung – also: über die Modi des Selbstbezuges – die Bestimmung der Differenz von Kunst und Religion vorzunehmen ist, hat mit durchschlagenden Gründen WILHELM GRÄB gezeigt: Kunst und Religion – oder über ästhetische und religiöse Erfahrung (Ms.)

[4] FRIEDRICH SCHLEIERMACHER, Ästhetik (1819/25). Über den Begriff der Kunst (1831/ 32), hg. v. THOMAS LEHNERER (PhB 365), Hamburg 1984 (=ÄL), 22.

tionsbereiche ertragreich ist, will ich in den folgenden Gedankengängen dartun.

(Typen der Kunst – Typen der Religion) Aus der beschriebenen Eigenart der Kunst läßt sich eine Typenlehre der Kunstwerke entwickeln. Schleiermacher hat das in seiner Ästhetik ausgeführt[5]. Er geht in der Rekonstruktion der Erscheinungsweisen der Kunst von der zunächst noch unmittelbaren »Identität der Erregung und Aeußerung« aus[6]. Kunst entsteht erst dann, wenn diese unmittelbare Einheit organischen Lebens unterbrochen und in einen gestalteten Ausdruck überführt wird. Das geschieht, den ursprünglichen Äußerungsformen noch am nächsten stehend, in der Mimik und der Musik. Es ist klar, daß der mimische Körperausdruck sich auf die Fähigkeit zu sehen bezieht und sich des Darstellungsmediums des Raumes bedient, wogegen der Tonausdruck aufs Hören zielt und sich im Medium der Zeit bewegt. Daß in Mimik und Musik stets aber schon Gestaltung vorliegt, das wird nach Schleiermacher in der bildenden Kunst (in Malerei und Skulptur) anschaulich; hier hat sich die Darstellung schon von der Unmittelbarkeit des Körperausdrucks gelöst und findet an sich selbst zur abgelösten, für sich stehenden Gestalt. Höher als die bildende Kunst stuft Schleiermacher, darin ganz in der romantischen Tradition stehend, die Poesie ein; denn sie faßt, was noch anschauliche Gestalt war, ins reine, nur noch dem Verstehen selbst sich eröffnende Bild. Die Poesie bringt also die genaueste Form des im symbolischen Akt Gemeinten zur Vorstellung[7]. Es geht hier nicht darum, ob man sich nicht auch eine andere Typologie der Genera der Kunst denken kann; es liegt aber auf der Hand, daß Schleiermachers Zuordnung aus dem angenommenen Grundproblem der Deutungsbedürftigkeit menschlichen Lebens konsequent ist. Und die Rangordnung, die er vornimmt, weist ihrerseits noch einmal darauf hin, daß dem individuellen Symbolisieren mit dem Mittel der Sprache in der Tat eine Schlüsselfunktion für das allgemeine Problem der Darstellung überhaupt zukommt.

Über Schleiermachers eigene Ausführungen hinaus läßt sich aber auch eine Vorstellung davon entwickeln, wie Kunstwerke in der Rezeption wirken. Kunst, so hatte ich gesagt, intendiert die Zusammenstimmung des Verschiedenen im Hinblick auf die Einheit des Gefühls[8]. Und das Erleben dieses Zusammenstimmens vermittelt den Eindruck, etwas sei schön[9]. Nur probeweise sei im folgenden gezeigt, inwiefern unterschiedliche ästhetische Eindrücke von Kunstwerken mit Hilfe dieser an Schleiermacher sich orientierenden Überlegungen plausibel gemacht werden können. Dabei ist jeweils maßgebend, daß die sich im Kunstwerk gestaltende Einheit als eine unge-

---

[5] Zu Schleiermachers Ästhetik im Verhältnis zur Hermeneutik vgl. THOMAS LEHNERER, Die Kunsttheorie Friedrich Schleiermachers, Stuttgart 1987, sowie, kritisch dazu, GUNTER SCHOLTZ, Hermeneutik, Kunst und Wissenschaft, in: DERS., Ethik und Hermeneutik. Schleiermachers Grundlegung der Geisteswissenschaften (stw 1191), Frankfurt/M. 1995, 93–125.

[6] Ästhetik, ÄL 11.

[7] Über den Begriff der Kunst, ÄL 176f.

[8] »... das Urbild eines Kunstwerkes ist Spannung des Gegensazes«, sagt SCHLEIERMACHER, Ästhetik, ÄL 31.

[9] Über das Verhältnis des Schönen zum Wahren und Guten vgl. SCHLEIERMACHER, Ästhetik, ÄL 40f und GRÄB (Anm. 3), 7.

zwungene, überraschende sich darstellt. Insoweit gilt, daß die Wirkung eines Werkes nicht nach geplanter Absicht des Künstlers erzielt werden kann; so wie umgekehrt die ästhetische Erfahrung nicht gesucht und gewollt werden kann[10]. Das Gefühl der Anmut beispielsweise, das sich beim Erleben eines Kunstwerks einstellt, kann aufgefaßt werden als ausgelöst durch die Leichtigkeit der dort vorliegenden Einigung von Leib und Seele. Erhabenheit läßt sich verstehen als Eindruck der objektiven Überlegenheit des Geeinten über alle Versuche hinaus, Einheit herzustellen. Auch der Schrecken gehört in die Klasse möglicher ästhetischer Erfahrungen; dann nämlich, wenn sich Einheit gerade gegen die manifeste Differenz aufdrängt, sozusagen als deren Negation. Aber auch das Komische kann von hier aus verstanden werden: als die unwillentlich-zufällige Einheit gegen Absicht und Vermögen; oder als in der individuellen Unfähigkeit gegründetes Zerfallen einer dennoch vorgestellten Einheit. Nur anmerkungsweise sei erwähnt, daß sich von da aus auch ein Weg zum Naturschönen erschließt: Es wird erlebt, als sei es Ausdruck eines höheren, nichtmenschlichen Geistes. Darin steckt einmal die Analogie zum bildenden menschlichen Geist; dann aber auch die Differenz des Nicht-Hervorgebrachtseins.

Aus der Ortsbestimmung der Religion läßt sich auch eine Typologie der Religionen entwickeln. Religion, so hieß es, vermittelt aufgrund von gestalteten Darstellungen die Gewißheit, daß die von der Kunst angesprochene Einheit des Gefühls ihrerseits auf einem Grund aufruht, der mit dieser Gefühlseinheit nicht identisch ist; darum ist dann auch die Möglichkeit einer das erfahrbar-alltägliche Leben strukturierenden, also sich ethisch auslegenden Rückbeziehung gegeben. Im Blick auf diese Beschreibung kann man sich Schleiermachers religionsphilosophisch genannte Aufgliederung der empirischen monotheistischen Religionen näherbringen[11]. Der Funktion der Kunst am nächsten steht ein Monotheismus, dem es vor allem darauf ankommt, die feste Gegründetheit des Gefühls im Modus schlechthinniger Abhängigkeit einzuschärfen; hier ist es vor allem darum zu tun, die Vielheit des empirischen Lebens durch bestimmte Regeln an den göttlichen Grund zurückzubinden. Damit wird gewissermaßen die vereinheitlichend-versammelnde Funktion der Kunst auf kategorial anderem Feld, nämlich dem der Religion, fortgesetzt. Schleiermacher hat religionshistorisch den Islam auf dieser Stufe eingeordnet. Über diese bloß einheitsvermittelnde Rolle sind die als teleologisch bezeichneten Religionen hinaus; denn in ihnen geht es eben darum, aus dem schlechthinnigen Gegründetsein Impulse zur Gestaltung der diesseitigen Vielheit entspringen zu lassen. Innerhalb dieser Stufe unterscheidet Schleiermacher noch einmal eine solche monotheistische Religion, die unter dem Gebot des Sollens steht (religionsgeschichtlich: das Judentum), und eine solche, bei der das Sollen sich in ein sittlich verantwortetes und gestaltetes Sein übersetzt hat, indem die Einheit unmittelbaren und sinnlichen Selbstbewußtseins sich im subjektiv-sozialen Leben so geltend gemacht hat, daß die verbindende Kraft des reinen Selbstbewußtseins sich durch eine fortgesetzte Koordination der widerstrebenden Anteile des sinnlichen Selbstbewußtseins als kräftig erweist (das Christentum). Dabei ist nun auf den eigentümlichen Modus zu achten, in dem sich diese durch den göttli-

---

[10] Vgl. GRÄB (Anm. 3), 3.5f.

[11] Sie findet sich im § 9 seiner Dogmatik: FRIEDRICH SCHLEIERMACHER, Der christliche Glaube, 2. Aufl 1831/32, hg. v. MARTIN REDEKER, Berlin 1960, 59–64.

chen Grund bekräftigte Durchgestaltung sinnlichen Lebens vollzieht. Es ist nämlich die in dem menschlichen Individuum Jesus von Nazareth rein dargestellte Präsenz des Gefühls schlechthinniger Abhängigkeit, die in seiner Nachfolge Menschen dazu in die Lage versetzt, nun ihrerseits solche Darstellungen ihres dual-brüchigen Lebens vorzunehmen, die die unergreifbare und unerschöpfliche Einheit desselben anzeigen. Die empirische Einzelheit Jesu ist dafür die geradezu notwendige Erscheinungsgestalt; analog zur Einheit des Werkes in der Kunst. Und es macht die tiefe Einsicht des Christentums aus, daß diese reine Präsenz des ungetrübten Gottesbewußtseins in der Gestalt Jesu nicht unmittelbar allen Menschen eigen ist, sondern daß die Erlösung (nämlich: die Einstimmung in die Lebensform Jesu) genau und allein durch dessen empirisch-historische Erscheinung vermittelt ist. Aus dieser religiösen Typologie erhellt nun die Rolle, die der Darstellung des Christentums zugemessen werden muß.

In den religiösen Darstellungen christlich-frommen Lebens muß ein doppeltes Moment zur Geltung kommen. Einmal muß die dem ästhetischen Muster folgende Selbstwahrnehmung auf den Grund des die humane Einheit verbürgenden Gefühls ermöglicht werden, also die reine Deutung des schlechthinnigen Abhängigkeitsgefühls als Gottesbewußtsein. Zum anderen muß die Unselbstverständlichkeit des Übergangs aus der Vertrautheit des gebrochenen Selbstverhältnisses, das seine Erfüllung allenfalls in gelungenen Kunstwerken temporär ahnen läßt, in die Neuheit des auf Einklang ausgerichteten Selbstbewußtseins dargestellt werden, also die Erlösung.

Damit sind die bis jetzt nötigen Kategorien bereitgestellt, um die Darstellung christlicher Religion verstehen zu können. Dieser kategorialen Erörterung gegenläufig soll aber nun bei einer aktuellen Erfahrung christlich-religiöser Darstellung angesetzt werden, um von ihr aus zu prüfen, ob und inwiefern sich die begriffliche Strukturierung derselben als möglich erweist; es steht gewissermaßen die empirische Probe auf die Erschließungskraft der bisher vorgenommenen Aufstellungen an. Dabei gilt es insbesondere, die Veränderungen ästhetischer Wahrnehmung zu berücksichtigen, die im Unterschied zur Zeit Schleiermachers eingetreten sind. Diese sind, ohne den Gedanken der Darstellungsgebundenheit von Deutung aufzuheben, weitreichend.

2. Die Ästhetik des Kultes und ihre Krise

Wie Religion sich darstellt, ist am genauesten am Kult abzulesen. Denn das kultische Begängnis, das heißt in unserem Falle: der christliche Gottesdienst, ist die zugleich traditionsgesättigte wie reflektierte und insofern aktuellen Bedürfnissen angepasste, öffentliche und auftragsgemäße Darstellung christlicher Religion. Der evangelische Gottesdienst zumal gibt sich als eine Interpretationen anbietende, aber auch fordernde praktische Vollzugsgestalt gelebter Religion. Damit ist nicht gesagt, daß nicht auch in anderen Lebens-

vorgängen Religion zur Darstellung kommt, etwa im gemeinsamen Gebet
in der Familie oder in seelsorgerlichen Gesprächen, in kirchlichen Verlautba-
rungen und kirchenrechtlichen Bestimmungen. Aber allen diesen Situatio-
nen mangelt die vergemeinschaftende Öffentlichkeit und die auftragsgemäße, traditionsgeleitete Gestaltung. Darum ist es sachgemäß, den grundsätzlichen Sinn und die aktuelle Reichweite religiöser Darstellung am Gottesdienst zu erproben; nicht zuletzt auch aus dem Grund, daß sich gerade diese
zentrale Darstellungsform von Religion in der Gegenwart massiver Kritik
ausgesetzt sieht. Ich schildere eine paradigmatische Szene, die jedem Gottes-
dienstbesucher auf seine Weise vertraut sein wird.

Im Sonntagsgottesdienst der evangelisch-lutherischen St.-Marien-Kirche
in Göttingen wird ein Kind getauft. Die nicht allzu große Kirche ist erkennbar besser besucht als an anderen Sonntagen. Die Taufgesellschaft unterscheidet sich von den übrigen Gottesdienstteilnehmern. Sie sitzt in den vor-
deren Bänken. Sie sitzt enger zusammen. Sie ist auffallend festlich gekleidet.
Nach der Verlesung des Sonntagsevangeliums beginnt der Taufritus. Er ist
durch drei symbolische Handlungen strukturiert: die Segnung des Kindes
mit dem Kreuzzeichen, die Taufe mit Wasser (das symbolische Untertau-
chen) sowie das Überreichen der Taufkerze, die an der Osterkerze entzündet
wurde. Zu diesen Handlungen treten verschiedene Sprachhandlungen: deutende Worte des Pfarrers, die das begleiten, was er tut; die Frage an Eltern
und Paten, ob sie ihre christliche Verantwortung an diesem Kind wahrnehmen wollen; das Glaubensbekenntnis der ganzen hier versammelten Gemeinde. Nach dem Taufritus kehrt der Gottesdienst in seinen gewohnten
Verlauf zurück. Die im Ritus hervorgehobene Tauffamilie tritt mit den anderen Gottesdienstbesuchern in die Rolle der Predigthörer ein. Fürbittenge-
bet, Vaterunser und Segen schließen den Gottesdienst.

Fragt man danach, was in dieser Darstellung von Religion geschieht, dann
fällt die Antwort verschieden aus – je nachdem, welche Position man im Geschehen oder zum Geschehen einnimmt. Das kann jeder aufmerksame
Kirchgänger in der Situation selbst empfinden.

Der Pfarrer vollzieht nicht nur den Ritus, er deutet ihn auch explizit theologisch. Er spricht, die Worte des Apostels Paulus aus dem sechsten Kapitel
des Römerbriefes auslegend, vom Neugeborenwerden durch Gott in der
Taufe kraft der Teilhabe an Christi Tod und seiner Auferstehung. Er spricht
vom Lebenslauf, der dem Täufling bevorsteht und vom Segen Gottes, der
auf diesem Kind ruht. Er spricht vom Aufgenommenwerden in die Gemeinde. Er weiß, daß seine Deutung nicht selbstverständlich schon die der Familie ist, und fragt sich, das Taufgespräch in der Woche zuvor erinnernd, ob seine Worte wohl Gehör finden. Er weiß, daß die Aufnahme in die Gemeinde,
aus dem Blickwinkel des empirischen Lebensvollzuges, vermutlich eine Fik-
tion ist; eine erkennbare Verantwortung der Gesamtgemeinde für den Täuf-

ling gibt es ebensowenig wie dessen Hineinwachsen in die Ortsgemeinde selbstverständlich ist. Dennoch bemüht sich der Pfarrer, diese verschiedenen Perspektiven zusammenzuhalten. Ob es ihm gelingt?

Die Familie begeht die Aufnahme des Kindes in den Familienverband. Sie ist, zum ersten Mal seit der Geburt, vollständig und offiziell versammelt. Sie tritt in dieser Form im Gottesdienst an die Öffentlichkeit. Welche Vorstellungen sie mit der Taufe verbindet, kann sie und braucht sie im Gottesdienst nicht zu artikulieren; sie muß hier nicht als aktiv deutend erkennbar werden. Dieser Rahmen ist ihr, das kann man spüren, ohnehin unvertraut. Vielleicht, daß am Nachmittag an der Kaffeetafel die Erinnerungen an die eigene Kindheit und die Wünsche für die Zukunft des Kindes sich zu einer privaten Mythologie verdichten und ins Wort gefaßt werden. Ob die darstellende Funktion des Ritus und die Deutungen des Pfarrers dabei mit vorkommen werden?

Die übrige Gottesdienstgemeinde nimmt die Differenzen wahr, die da im Raum schweben. Sie empfindet die Taufgesellschaft als teils erfreulichen, teils irritierenden Fremdkörper im gewohnten Gottesdienst. Eigentümlich – auf einmal fühlt sie sich stärker auf der Seite des Pfarrers stehen als ihm gegenüber, wie sonst. Ob sie für diese eigentümliche Ambivalenz von Nähe und Ferne eine Deutung findet?

Der religionstheoretisch geschulte Beobachter im Kopf des anwesenden Theologen bewältigt alle Differenzen – durch Abstraktion. Die Formeln dafür stehen ihm zur Verfügung. Er weiß etwas von Religion als Kontingenzbewältigung. Er ist informiert über die Gesetzmäßigkeit der Übergangsriten. Er kennt die Probleme der Berufsrolle, die der Pfarrer vor ihm anschaulich agiert. Er kann die unterschiedlichen Grade der Teilnahme am Religionssystem einander zuordnen. Es ist ihm vertraut, daß alle Ambivalenzen, die er wahrnimmt, zur Wirklichkeit der Volkskirche gehören. Ob er aber mit seinen Kategorien trifft, was die Beteiligten erleben?

Wie Religion sich darstellt – die Perspektiven ihrer Wahrnehmung sind verschieden. Und sie passen schlecht zusammen. Die unvermittelte Vielfalt der Perspektiven geht zurück auf eine Grunddifferenz: daß Selbstdeutung und Fremddeutung der Religion nicht übereinstimmen. Anders gesagt: daß die Darstellung der Religion, ihre Außenseite, nicht mehr konsequent als Darstellung von Religion, als ihr inneres Leben, aufgefaßt und angeeignet wird. Und dieser Unterschied ist nicht temporär und akzidentiell, sondern gehört zu den ausgesprochenen Grundzügen des gegenwärtigen Bewußtseins.

Diese elementare Differenz ist nun freilich ihrerseits Resultat einer komplizierteren historischen Entwicklung, in deren Verlauf die in der kirchlichen Institution fest organisierte und von dieser offiziell gedeutete Religion immer weniger für den Zusammenhalt des gesellschaftlichen Ganzen verantwortlich ist. Man kann nach den Gründen dieses geschichtlichen Prozesses fragen. Dabei wird man auf die eigentümliche, untergründige und widersprüchliche Kooperation stoßen zwischen einer gesellschaftlichen Spätfolge des Christentums, das das diesseitige, äußere und innere Leben in den Rang einer höchsten Kategorie gebracht hat, und einer autonomen Selbstbezüglichkeit des Wirtschaftens, das sich gegenüber jeder Außensteuerung zu immunisieren trachtet. Das weiter zu verfolgen, ist hier nicht der Ort. Nur dies ist festzuhalten:

Die beschriebene Entwicklung hat die Religion in einen Zwiespalt gebracht. Auf der einen Seite sieht sie sich entlastet von der Aufgabe einer unmittelbaren Rechtfertigung der Grundlagen gesellschaftlicher Integration. Auf der anderen Seite bedrückt sie die Bürde, den historischen Funktionsverlust von einem prinzipiellen Wesensverlust zu unterscheiden. Lassen sich Wesentlichkeit und Wirklichkeitsnähe der Religion überhaupt ohne Rekurs auf ein übergeordnetes Rekonstruktionsprinzip humanen Lebens im Ganzen dartun? Wenn aber der Religion ein solcher Rückgriff auf Prinzipien, die sie selbst begründen könnten, versagt ist, dann kann man Aussagen über ihr Wesen und ihre veränderte Funktion nur treffen, wenn man von ihrer Darstellung ausgeht. Damit steht die Religion in unmittelbarer Nähe zur Kunst. Diese ist, statt der gesellschaftlichen Moral, die neue Bezugsgröße für die Religion geworden. Allerdings wird sie dann ebenfalls von dem eigentümlichen Funktionswandel mitbetroffen, den auch die Kunst in der Moderne durchgemacht hat. Diese Beobachtung verschärft die problematische Lage der Religion eher, als daß sie zur Lösung derselben verhilft: Die Entlastung von der Aufgabe unmittelbarer gesellschaftlicher Integration bringt in die Nähe zur Kunst; die Kunst aber hat inzwischen auch ihre Rolle in der bürgerlichen Gesellschaft verändert. Erst, wenn man die Darstellung von Religion auf diesen Funktionswandel bezieht, kommt man auf die entscheidenden, harten Fragen einer gegenwärtigen Wahrnehmung von Religion zu sprechen.

(Hegels Ästhetik und die bürgerliche Gesellschaft) Der moderne Funktionswandel der Kunst läßt sich paradigmatisch an den Veränderungen beobachten, die Hegels Auffassung des Ästhetischen durchgemacht hat. Denn im Unterschied zur gesellschaftlichen Strukturlehre Schleiermachers, die aufgrund einer erwünschten Ausgewogenheit im Verhältnis der sozialen Potenzen die Sonderstellung der Kunst begrifflich leicht zu rekonstruieren erlaubt, hat Hegels Philosophie sehr viel stärker die widersprüchlichen Entwicklungsbedingungen der bürgerlichen Gesellschaft innerviert, die sich in einer krisenhaften Verlaufsgeschichte niedergeschlagen haben.

In der Handschrift Hegels, damals Hauslehrer in Frankfurt, ist das sogenannte Älteste Systemprogramm des Deutschen Idealismus überliefert[12]. Es ist etwa auf die Jahreswende 1796/97 zu datieren und ganz aus dem Geist seiner Zusammenarbeit mit Hölderlin und dem gemeinsamen Freund Schelling geboren. Der kurze, nur zwei Seiten umfassende Text spricht das Bewußtsein der jungen nachkantischen Philosophen aus, die kantischen Dualismen von Sinnlichkeit und Verstand sowie von theoretischer und praktischer Philosophie zu überwinden; und zwar durchaus auf dem Wege, auf den insgeheim schon Kants dritte Kritik verwiesen hatte, dadurch nämlich, daß der Kunst eine systemtragende Bedeutung beigemessen wird.

Allerdings kommt für die hinter dem Systemprogramm stehende Überzeugung einer neuen Einheit der Philosophie ein starkes nichttheoretisches Motiv hinzu: die gesellschaftlich-politische Verwirklichung der allgemeinen »Freiheit und Gleichheit der Geister«; unverkennbar ein Erbe der französischen Revolution, das jedoch, gerade durch seine umfassende gedankliche Verantwortung, seiner terroristischen Vereinseitigung entrissen werden soll[13].

Im Ausgang vom Freiheitsbewußtsein wird darum im Systemprogramm ein Konzept der Welt entworfen, in dem eine entwickelte Naturphilosophie und eine menschheitlich umfassende Geschichtsphilosophie einander stützen. In der Naturphilosophie soll das zusammenhanglose Gegenüber von Mensch und Natur so durchgearbeitet werden, daß die Welt als Lebensraum eines moralischen Wesens erkennbar wird. Die Geschichtsphilosophie soll eine neue Verbundenheit der Menschen miteinander entwickeln, in der sichergestellt ist, daß der Mensch nicht mehr zum Objekt gemacht wird – jenseits des als mechanisch gebrandmarkten Staates. Denn die wahre Vergesellschaftung verläuft eben nicht auf dessen Bahnen, sondern nach den Maximen der Moral. Aber erst in der Schönheit sind alle Gegensätze wirklich überwunden. Die Ästhetik ist darum die dritte und höchste Stufe der neuen Philosophie. Im poetischen Ausdruck und im Verstehen der Poesie spielt das Unterschiedene frei miteinander. Nur so sind alle Oppositionen miteinander versöhnt. Der »höchste Akt der Vernunft« ist »ein ästhetischer Akt«; Erkennen und Schaffen finden sich in der Weise des Kunstwerkes miteinander vereint.

Das Tableau der Ideen ist damit vollständig. Doch das Systemprogramm will noch mehr, es will Verwirklichung. Diese kann nun nicht mehr allein durch Einsicht, schon gar nicht durch Handeln erlangt werden. Zur Vollendung dieses in der Ästhetik gipfelnden Programms ist Religion nötig. Denn die ästhetisch-philosophische Produktions- und Genußfähigkeit, das intellektuell-sinnliche Erschlossensein der Ideen, ist nur wenigen zugänglich. Ihre Allgemeinheit findet die Zielvorstellung der Verwirklichung erst in einer Mythologie der Vernunft, in der allgemeines Hervorgebrachtsein und allgemeines Verstehen einander überindividuell entsprechen: »die Mythologie muß philosophisch werden, und das Volk vernünftig, und die Philosophie muß mythologisch werden, um die Philosophen sinnlich zu machen. Dann herrscht ewige Einheit unter uns. (…) Dann herrscht allgemeine Freiheit und Gleichheit der Geister.« Diese Mythologie der Vernunft ist eine neue Religion jenseits des traditionellen Christentums. Sie ist das Medium der Versöhnung nicht nur

---

[12] CHRISTOPH JAMME/HELMUT SCHNEIDER (Hg.), Mythologie der Vernunft. Hegels »ältestes Systemprogramm des deutschen Idealismus« (stw 491), Frankfurt/M. 1984, 11–14. Ich zitiere den Text ohne Einzelnachweis in orthographischer Modernisierung. Zur immer noch offenen Debatte über die Verfasserschaft vgl. die Einleitung der Herausgeber, ebd. 63–69, sowie die in diesem Band versammelten Beiträge von Franz Rosenzweig, Otto Pöggeler und Dieter Henrich.

[13] Einleitung der Herausgeber, ebd. 58f. OTTO PÖGGELER, Hegel, der Verfasser des ältesten Systemprogramms des deutschen Idealismus, ebd. 140.

des in sich differenten Wissens, sondern auch der Gesellschaft. Die neue Religion ist, in Fort- und Umsetzung der Kunst im Mittelpunkt des Systems, selbst ein gesamtgesellschaftliches Kunstwerk. Es ist deutlich zu sehen, wie Kunst und Religion ein utopisches Potential in sich tragen.

Das entwickelte Konzept Hegels nimmt eine andere Zuordnung von Kunst, Religion und Philosophie vor. Zunächst ist zu beobachten, daß die Kunst ihre Stelle als Repräsentantin der überwillentlichen Einheit des Differenten verloren hat – und zwar aufgrund einer tieferen Einsicht in den Verlauf der Religionsgeschichte. Die Harmonie von Sinnlichkeit und Geist vermochte die Kunst, so lautet das Urteil jetzt, nur in einer Epoche hervorzubringen, in der die tiefe Differenz des Absoluten und Endlichen noch nicht zum Austrag gekommen war, nämlich in der griechischen Welt. Mit dem Christentum dagegen ist dieser Gegensatz vollends entfaltet worden – und hat darin zugleich seine Aufhebung erfahren. Dieses Verhältnis von Entzweiung und Versöhnung aber überschreitet nach Hegels Urteil die Möglichkeiten sinnlicher Vergegenwärtigung. Darum ist die Kunst der christlichen Welt, sofern ihr diese Verfaßtheit bewußt geworden ist, als romantische Kunst zu bezeichnen; ihr geht es nicht mehr um die sinnliche Darstellung, welche als solche am Dargestellten Anteil besitzt, sondern um eine solche Beziehung aufs auffassende Gemüt, die die wahre Bedeutung von Gegensatz und Aufhebung als geistige innewerden läßt[14]. Das ist dann auch der Grund dafür, daß die moderne Kunst alles zum Gegenstand ihrer Darstellung werden lassen kann; es kommt anhand des so oder so Dargestellten ja stets darauf an, die innere Vergegenwärtigung anzuleiten. Damit ist aber auch klar, daß die Kunst ihre ausgezeichnete Rolle für die Religion ausgespielt hat; ihr bleibt allein die Aufgabe der Illustration jenes geistigen Vorgangs, der in der Religion selbst ausgedrückt ist[15].

Nun ist aber im ausgeführten Gedankenzusammenhang Hegels auch die Religion keineswegs selbständig. Sie bedarf vielmehr ihrerseits der Philosophie, wenn sie sich selbst in ihrer Wahrheit soll begreifen können[16]. Denn so gewiß in der christlichen Religion der aufgehobene Gegensatz von Absolutem und Endlichem zur Erscheinung kommt, so wenig gelangt dessen wahrer Zusammenhang, nämlich dessen Einheit, im äußerlichen Nebeneinander der religiösen Vorstellungen zur Geltung. Das hat auch, ja vor allem, damit zu tun, daß dasjenige, was im Christentum als religiöser Gehalt vorgestellt wurde, sich als die Signatur der modernen Zeit und Gesellschaft überhaupt erwiesen hat. Und genau in dem Maße, wie sich der Gehalt des Christentums von seinem religiösem Untergrund aus gesellschaftlich verallgemeinert hat, hat die Religion als solche ihre umfassende synthetische Kraft verloren[17]. Die Verallge-

---

[14] Zur Abfolge von klassischer, symbolischer und romantischer Kunst samt den religionsgeschichtlichen Konnotationen vgl. G.W.F. HEGEL, Enzyklopädie der philosophischen Wissenschaften III (Theorie-Werkausgabe Bd. 10), Frankfurt/M. 1970, 367–372.

[15] Vgl. G.W.F. HEGEL, Vorlesungen über die Ästhetik (Theorie-Werkausgabe Bd. 13), Frankfurt/M. 1970, 112f.

[16] »In der Philosophie erhält die Religion ihre Rechtfertigung vom denkenden Bewußtsein aus.« G.W.F. HEGEL, Vorlesungen über die Philosophie der Religion II (Theorie-Werkausgabe Bd. 17), Frankfurt/M. 1969, 341.

[17] Bereits in seiner Gegenwart sieht HEGEL »die Sucht des Privatrechts und Genusses an der Tagesordnung«. Dann gilt: »Wenn die Zeit erfüllt ist, daß die Rechtfertigung durch den Begriff Bedürfnis ist, dann ist im unmittelbaren Bewußtsein, in der Wirklichkeit die

meinerung des Einzelnen hat sich in der bürgerlichen Gesellschaft als lediglich auf sich selbst rückbezügliche Besonderheit etabliert – und es ist diese Besonderheit, durch die allein noch Allgemeinheit sich aufbaut. In einem ausgefeilten System der Bedürfnisse nach dem Muster dieser Subjektivität hat sich die bürgerliche Gesellschaft stabilisiert und so breitet sie sich fort und fort aus[18].

Es ist der Ruhm der Philosophie, daß sie sowohl von dieser Verfaßtheit der Gesellschaft als auch von der logischen Schärfe des Gegensatzes den Begriff bildet, der das Gegensätzliche nicht vollends in Intransigenz untergehen läßt. So ist die Philosophie einerseits eine überlegene Macht, weil sie sich im allgemeinen Gegensatz zugleich auf sich selbst wie aufs Allgemeine beziehen kann. Auf der anderen Seite ist sie freilich gesellschaftlich ohnmächtig. Denn die Einsicht der Philosophie ist und bleibt esoterisch; sie wird nur von wenigen geteilt werden können. So nötig die Funktion der Philosophie also für das Begreifen des Standes gesellschaftlicher Entwicklung ist, so wenig schafft sie selbst reale Versöhnung[19]. Diese steht vielmehr geschichtlich aus, und das heißt, sie ist dem Zusammenspiel von Gesellschaft und Staat überantwortet. Die nicht über individuelle Interessen sich aufbauende Allgemeinheit des Staates nämlich stellt sich als das Widerlager der auf solche Interessen sich gründenden bürgerlichen Gesellschaft dar. Der Staat hat die ungeheure Dynamik der Gesellschaft in den Grenzen des allgemeinen Wohls zu halten. Ob ihm das historisch gelingt, er also seinen Begriff erfüllt, das vermag die Philosophie nicht zu sagen[20].

Wenn man fragt, welche Erfahrungen Hegel veranlaßt haben, die revolutionär-utopische Idee des Systemprogramms umzuformen, dann wird man sagen können: Es ist die gewachsene Einsicht in die tiefe Widerspruchsbestimmtheit sowohl der Religion als auch der bürgerlichen Gesellschaft gewesen, die aufs Genaueste mit einer radikalen Besinnung auf die Verfaßtheit des Denkens einherging[21]. Christentum und bürgerliche Gesellschaft sind die beiden Erfahrungshorizonte, die, im Verbund mit einer auf sich selbst und ihre begriffliche Struktur sich einstellenden Philosophie, mit Konsequenz zur Depotenzierung der Kunst geführt haben. Man könnte freilich auch sagen: Es ist eben diese gesellschaftliche Entwicklung gewesen, die die Kunst ihrer konstruktiven Seite, ihrer anschaulich sozialen Kohärenzbildung, entsetzt hat. In diesem hochambivalenten Sinne gilt, daß die Kunst frei geworden ist.

Mit ihrer Autonomie allerdings hat sich auch die utopische Funktion der Kunst radikalisiert. Man wird die ausgezeichnete Stellung der Kunst in der

---

Einheit des Inneren und Äußeren nicht mehr vorhanden und ist im Glauben nichts gerechtfertigt.« Ebd., 343.

[18] G.W.F. HEGEL, Grundlinien der Philosophie des Rechts (Theorie-Werkausgabe Bd. 7), Frankfurt/M. 1970, 339–360.

[19] Vgl. HEGEL (Anm. 15), 343f.

[20] »Der Staat ist kein Kunstwerk, er steht in der Welt, somit in der Sphäre der Willkür, des Zufalls und des Irrtums; übles Benehmen kann ihn nach vielen Seiten defigurieren.« HEGEL (Anm. 17), 404.

[21] »Die ›Zerrissenheit‹ des modernen Zeitalters kann durch kein Kunstwerk ›versöhnt‹ werden.« ANNEMARIE GETHMANN-SIEFERT, Die geschichtliche Funktion der »Mythologie der Vernunft« und die Bestimmung des Kunstwerks in der »Ästhetik«, in: Mythologie der Vernunft (Anm. 12), 246.

Moderne am ehesten würdigen können, wenn man sieht, daß sie, nun sozusagen völlig unverantwortlich, das Bild der gelungenen Vollkommenheit zu bilden vermag; bis hin in die Versuche, Kunst als Gesellschaft zu verstehen oder Gesellschaft als Kunstwerk zu proklamieren. Die Programme des l'art pour l'art, des Konstruktivismus, des Dadaismus, der »sozialen Plastik« – sie alle speisen sich aus dieser Quelle. Indem man dies bedenkt, wird man freilich auch des Umschlags inne, der damit zugleich erfolgt. Denn die utopische Ortlosigkeit der Kunst gerät ipso facto auch zu ihrer belanglosen Omnipräsenz. Wenn die Kunst ihrer gesellschaftlichen Verankerung enthoben ist, kann alles als Kunst deklariert werden. Der Schleier des Ästhetischen legt sich über die Welt, die vom prekären Gegenüber des Systems der Bedürfnisse und seiner staatlichen Begrenzung gekennzeichnet ist.

Darüber ist jedoch das utopische Versprechen nicht einfach verschwunden, das die Kunst einmal besaß und dessen Geheimnis kurz vor der kritischen Wende der bürgerlichen Gesellschaft das Systemprogramm enthüllt hatte. Nur, daß sie jetzt allein noch private Erfüllung utopischer Träume verspricht: Gefühlserregungen, Überraschungserlebnisse, Schockerfahrungen. Oder, im Gewande des überall nahebei liegenden Kitsches: Ornamente beschädigten Lebens, Accessoires des Glücksverzichtes, Surrogate der Sinnsuche.

Die Existenz des Kunstmarktes, und mit ihr die Herrschaft des Designs, ist der anschauliche Beleg für den Funktionswandel des Ästhetischen. Die gesellschaftliche Dynamik des Marktes regelt Angebot und Nachfrage; der Kunstgenuß gerät zum Kunst-Verbrauch, zur Deckung privater Interessenbefriedigung. Damit geht freilich unverwandt einher, daß der solchermaßen abstrakten Bedeutung der Kunst stets noch ein Sinngehalt zugesprochen wird; und dieser Haftpunkt im Ästhetischen erscheint um so nötiger, je weniger das Prinzip des kapitalistisch organisierten Marktes, der sich selbst verwertende Wert, seinerseits anschaulich ist. An ästhetische Erscheinungen, die selbst ohne Zusammenhang sind, heftet sich die Selbstauslegung. Und da, wo sich das Marktgesetz mit dieser Funktion, ein anschauliches Selbstbild zu entwickeln, verbindet, entsteht jene Form von Oberflächenästhetik, die sich in den etwa von Schulze analysierten Stiltypen kondensiert hat.

In diese – nur einigermaßen haltlose, ungefestigte Subjektivität verbürgende – Welt des Scheines ist nun auch die Religion eingelassen. Der Kult als öffentliche Darstellung von Religion partizipiert an der Depravierung des Ästhetischen. Er konkurriert mit einer Fülle anderer Erscheinungsgestalten auf dem Markt der Sinnlichkeit. Und es ist eben die Gewöhnung an die Austauschbarkeit und Beliebigkeit ästhetischer Phänomene, die auch den Umgang mit dem Kult auf eine oberflächenästhetische Rezeption herunterkommen läßt. Man mag sich über diese Entwicklung aufregen oder nicht; es läßt sich nicht bestreiten, daß die Religion tatsächlich in Konkurrenz zu einer

Vielfalt anderer, sich ästhetisch präsentierender Selbstauslegungsangebote steht. Und das gilt auch dann, wenn sich die Religion und ihre kultische Darstellung selbst anders verstehen wollen. Ja, es ist diese Differenz, mehr sein zu wollen als der gewöhnlichen Erwartung zufolge wahrzunehmen ist, die für die Ambivalenzen im Erleben der Taufszene sorgt. In den Erlebniskategorien der Familie steht der religiöse Akt in einer nur schwer unterscheidbaren Menge anderer zur Selbstfindung angebotener Auslegungsformen. Die Gottesdienstgemeinde empfindet diese Irritation; auch deshalb, weil sie ihr selbst nicht fremd ist. Der Pfarrer agiert auftragsgemäß, aber weiß nicht, ob er, im Gefolge seiner theologischen Logik, den Überschuß des Evangeliums zur Geltung bringen kann – oder ob seine Bemühungen in dem Bewußtsein untergehen, daß hier doch nur eine Inszenierung wie auch anderwärts vorgenommen wird. Der religionstheoretische Beobachter, der der Pfarrer ja auch zugleich ist, kann zwar einigermaßen beschreiben, welche Interferenzen zu spüren sind; aber auch und erst recht dieser Beobachterperspektive fehlt eine Sprache, die die Gegensätze wieder zusammenbringen könnte; Dogmatik und Religionstheorie haben sich voneinander geschieden, und das nicht nur aus subjektivem Unvermögen der Theologen.

So etwa kann man die Krise der Ästhetik des Kultes analysieren. Die kultische Darstellung der Religion ist unverzichtbar für das Profil und die Tradition von Religion. Damit ist ihre unaufgebbare Nähe zur Kunst als Gestaltung gegeben. Eben diese Nähe aber zieht die religiöse Darstellung auch in den Strudel der Funktionsveränderung, die die Kunst in den letzten zweihundert Jahren durchgemacht hat. Daher muß man resümieren: So einleuchtend die Strukturverwandtschaft von Kunst und Religion im Anschluß an Schleiermacher sich dartun läßt, so schwierig ist es, unter den fortgeschrittenen Bedingungen der Gegenwart von dieser Struktur überzeugend Gebrauch zu machen.

3. Lebensgeschichte als Deutungszusammenhang

Es spricht alles dafür, die eigentümliche Funktion des Ästhetischen in der Gesellschaft der Gegenwart für auf weitere Sicht unhintergehbar anzusehen. Zu tief hat sich die Erfahrung der Besonderung der Kunst, das Bewußtsein ihrer Autonomie, in die historische Erfahrung eingegraben. Vor allem aber sind es die Gründe der ökonomischen Logik, die eine inhaltliche Rückvermittlung von Kunst und gesamtgesellschaftlicher Utopie ausschließen. Ein ästhetisch-praktisches Universalprojekt kann es nicht mehr geben. Diese Einsicht rechtfertigt im übrigen auch die Skepsis gegenüber ökologisch motivierten Harmoniekonzepten, die sich unverkennbar ästhetischen Träumen eines gelungenen Ganzen von Natur und Gesellschaft verdanken. Ebenso ist eine Rückkehr zu einer substanzialistischen Kunstauffassung ausgeschlossen. Denn auch theoretisch gibt es keine Welt der Ideen mehr, die lediglich der gestalteten Veranschaulichung bedürfte.

Wir haben gesehen: Es handelt es sich bei dieser gesellschaftlichen Ausdifferenzierung der Kunst um ein ambivalentes Unternehmen. Einerseits wird durch sie eine Befreiung der Kunst von fremden Zwecken erlangt; sogar noch von dem Zweck, als Universalpoesie – um den romantischen Ausdruck zu gebrauchen – für die erhoffte Zwecklosigkeit gesellschaftlicher Integration einstehen zu sollen. Der Preis, auf der anderen Seite, ist, wie es scheint, die Austauschbarkeit und gesellschaftliche Abstraktion der Kunst, ihre bürgerliche Privatisierung. Nun wäre es eine blinde Kulturkritik, wollte man diese Ambivalenz lediglich negativ auszeichnen. Es gilt vielmehr, die im gegebenen Stand zugleich enthaltenen Möglichkeiten zu erkennen; das verlangt jedoch, sich zuvor, wie wir es getan haben, über die Grenzen Rechenschaft zu geben.

Aus strukturellen Gründen der Darstellungsgebundenheit bleibt die Ästhetik als Wahrnehmung von Deutungen und Selbstdeutungen unersetzlich; auch dann noch, wenn sie ihre einmal als integrativ gedachte Rolle verloren hat. Weil (Selbst-)Deutungen über wahrnehmbare Darstellungen erfolgen, halten sie sich auch dann noch an der Oberfläche der erscheinenden Welt fest, wenn sich die Prinzipien der Weltgestaltung gegeneinander verselbständigt haben. Gleichzeitig bleiben die vorgenommenen Deutungen aufgrund ihrer zeichenhaften Verfaßtheit (sei es als Sprache, sei es als Bild, sei es als musikalische Stilrichtung) eingebettet in soziale Zusammenhänge. Insofern sich freilich auch diese nicht mehr nachkonstruierbar mit den anderen Integrationsmechanismen der Gesellschaft verknüpfen lassen, schlägt die Stunde der Subkulturen: Es entstehen Deutungsgemeinschaften, die sich wesentlich über die Teilhabe an bestimmten Deutungen selbst aufbauen, die also ihrerseits nicht mehr eine auch anders beschreibbare Lage im gesellschaftlichen Ganzen zum Ausdruck bringen, womit sie sich etwa von der Arbeitswelt abgekoppelt haben. Auch dies ist eine Folge der Autonomisierung der Kunst. Mit dieser Verselbständigung von subkulturellen Ausdrucks- und Deutungsstilen geht zugleich der Zwang zur Wahl eigener Identität, also des Zusammenhangs von Selbstdeutungen, einher. Individuen wachsen in der Gegenwart immer weniger selbstverständlich in kulturell vermittelte Settings hinein; der Anteil der eigenen wählenden Selbstbestimmung wird immer größer. Auch diese Tendenz besitzt jedoch eine Rückseite. Nämlich die Versuchung, die dem Individuum zugewachsene Selbstverantwortung auch wieder abzugeben, also etwa auf die Rahmenbedingungen der eigenen Selbstdeutung zu verschieben und sie an die subkulturelle Gruppe zu delegieren.

An alldem hat auch die Religion Anteil. Jedenfalls das Christentum wird sich den Zweideutigkeiten der ästhetischen Welt in der Gegenwart nicht entziehen können, wenn es, nach Hegels Einsicht in die moderne Divergenz von Innerlichem und Äußerlichem, daran festhalten will und muß, daß Absolutes und Endliches gerade über die erscheinende Gestalt Jesu von Nazareth aufeinander bezogen und miteinander vereint sind. Das bedeutet, daß sich auch das Christentum nicht von vornherein dem Anschein entziehen kann, lediglich eine subkulturelle Erscheinungsgestalt religiöser Weltanschauung neben anderen zu sein. Diese soziohistorische Betrachtungsweise ist ja inzwischen sogar schon dabei, in die religionsrechtlichen Rahmenbestimmungen unserer Verfassung einzuziehen. Wie kann man diese unausweichliche Positionierung der christlichen Religion auf dem Felde der Ästhetik zugleich annehmen – ohne sich der Vergleichgültigung verschiedener Selbstauslegungen zu unterwerfen? Auch zur Beantwortung dieser Frage ist es geboten, sich an die – nun: jüngsten – gesellschaftlichen Veränderungen zu erinnern.

Es ist die Folge der beliebig möglichen Wahl subkultureller Selbstdeutungsstile, daß diese unvermittelt nebeneinanderstehen. Es ist auch klar, daß damit nicht an die Durchsetzung eines Stils als maßgebend für alle anderen gedacht werden kann. Dieser Stilpluralismus freilich bewegt sich auf einem Untergrund, der sehr viel härter ist als die weichen individuellen Zuordnungsmöglichkeiten zu den subkulturellen Beständen; nämlich auf der tatsächlichen Integration der Gesellschaft als Wirtschafts- und Arbeitsgesellschaft gemäß den Mechanismen des Marktes[22]. Angesichts dieser tragenden Basis kann die an der Oberfläche bleibende Vielfalt unterschiedlicher, ja gegensätzlicher Selbstdeutungen wenn nicht konfliktfrei, so doch – zumal im rechtlichen Rahmen eines liberalen Verfassungsstaates – von ernsten Krisen unbedroht koexistieren. Nun hat es den Anschein, als ändere sich eben diese selbstverständliche Tragkraft der wirtschaftsgesellschaftlichen Integration. Dies insofern, als die Wege der Selbstverwertung des Wertes auf dem kapitalistischen Markt sich immer stärker von den menschlichen Rahmenbedingungen ablösen, die einmal zu ihrer weltgeschichtlichen Durchsetzung nötig waren. Anders gesagt: Die Wirtschaftsgesellschaft ist nicht mehr in gleicher Weise Arbeitsgesellschaft. Die demographischen Entwicklungen und arbeitsmarktpolitischen Verwerfungen der letzten Jahre weisen genau in diese Richtung. Diese Erosion der elementaren Selbstverständlichkeit unterhalb

---

[22] Wollte man diese Entwicklung auf die von Schleiermacher vorgeschlagene Struktur gesellschaftlicher Funktionen abbilden, die ja in gestufter Weise allesamt Darstellungscharakter tragen, dann müßte man sagen: Die Wiedererkennbarkeit des ökonomischen Systems als Deutung des menschlich-sozialen Naturverhältnisses ist angesichts der scheinbaren Selbstläufigkeit und selbstbezüglichen Prinzipialität des Wirtschaftsprozesses verunmöglicht worden. Auch das ist ein Grund, warum die Flucht in die Ästhetik von so großen Hoffnungen begleitet ist, nun, im Ungezwungenen, das eigentlich Erschöpfende der (Selbst-)Darstellung finden zu können.

des Pluralismus der subkulturellen Selbstdeutungen bringt nun auch diese in eine neue Lage. Die freie, aber sich dennoch abgesichert wissende Wahl der Selbstauslegungsstile erscheint auf einmal in neuem Licht: viel risikoreicher, aber auch viel verantwortungsbedürftiger. Die Ermattung wirtschafts- und arbeitsgesellschaftlicher Integration bringt nun aber nicht wieder stabile Kollektive zum Vorschein; ein Rückgriff auf vormoderne familial-ständische Lebensformen ist schon deshalb ausgeschlossen, weil diese durch die moderne Wirtschaftsentwicklung nachhaltig zerstört worden sind. Statt dessen bleibt es bei der Bedingung individueller Wahl der Selbstauslegung; die ist freilich mit sehr viel höherer Last befrachtet als zuvor.

Es enthüllt sich nun, in der Phase der Lockerung der sozialen Bindewirkung der Arbeit, als gesellschaftlich grundlegend, was bislang eher in den Raum der – positiv vertretenen oder kritisch bekämpften – Ideologie gehörte: eine rabiate, soziale Selbstverständlichkeiten zersetzende Individualisierung. Es kommt zum Vorschein, daß sich das Funktionieren der Wirtschaftsgesellschaft schon länger auf die Ressource des je einzelnen Menschen eingestellt hat und von ihr zehrt. Damit stellt sich die Frage nach der Einheit und Ganzheit individuellen Lebens ungleich schärfer als zuvor.

Der Sozialphilosoph Charles Taylor hat in einem großen Buch diese Entwicklung auf seine Weise wahrgenommen[23]. Er hat unter anderem darauf verwiesen, daß die im angelsächsischen Sprachraum dominierende analytisch ausgerichtete Moralphilosophie die entscheidende Frage nach der so oder so vorgestellten Quelle des Guten als Integral eigenen Lebens umgangen hat. Indem die tragende Selbstverständlichkeit für differente Moralvorstellungen und verschiedene Moraltheorien aber hinfällig wird, taucht diese unterdrückte Frage wieder auf. Und eine der Eingangsbedingungen in diese erweiterte Selbstreflexion des Moralischen als Leitfaden verantwortlichen Lebens ist die Vorstellung einer eigenen, kontinuierlichen Identität individuellen Lebens. Diese aber ist nur zu gewinnen, wenn man sich ein Kontinuum von Selbstdeutungen aufbaut. Und das geschieht in der Form, daß »unser Selbstverständnis ... unweigerlich narrative Form annehmen« muß[24]. Individualismus in diesem reduktiven, abstrakten Sinne stellt so etwas wie die Schwundstufe freier Individualität dar. Aber gleichzeitig markiert er auch den Ort, an dem das Interesse am eigenen Leben mit dem eigenen Entscheiden und Selbstdeuten verknüpft wird. Dabei ist es vor allem der schlichte zeitliche Lebenslauf, der der deutenden Begleitung bedarf. Die Erosion der Wirtschafts- als Arbeitsgesellschaft, so lautet das Fazit dieser Überlegung, führt vor eine neue, riskante, bestimmungsbedürftige Form von Individuali-

---

[23] CHARLES TAYLOR, Quellen des Selbst. Die Entstehung der neuzeitlichen Identität, Frankfurt/M. 1994.
[24] Ebd. 103.

tät, der die Notwendigkeit wählender Selbstauslegung mit ungekannter Dringlichkeit und hohem Gewicht aufgegeben ist. Anders gesagt: Die Kultur, ehemals (und nicht völlig zu Unrecht) als »Überbau« des Ökonomischen verstanden, wird durch die wirtschaftliche Entwicklung selbst zu einem eigenen Identitätsfaktor. Auf diese tiefreichende Selbständigkeit ist sie, auch infolge ihrer Vorgeschichte, noch gar nicht hinreichend eingestellt. Und der Kristallisationspunkt der nun erforderlichen kulturellen Selbstdeutungen ist das an sich selbst interessierte individuelle Leben. Auch dieses ist, wie die Kultur selbst, kein normativer Wert, sondern ein eher reduktionistisches Resultat der jüngsten krisenhaften, weil alte Bindungen der Arbeitsgesellschaft auflösenden Geschichte. Aber in dieser Weise ist es eben auch: ein Kern möglicher Neukonstellation eigenen und sozialen Lebens.

Genau auf dieses Erfordernis aber kann Religion mit Aussicht auf Erfolg eingestellt werden, wenn wir unter den beschriebenen veränderten Bedingungen erneut von der im Anschluß an Schleiermacher entfalteten Strukturlehre religiöser Erfahrung Gebrauch machen. Es ist, so hatten wir gesehen, die spezifische Leistung der Religion, die unerläßliche humane Selbstdeutung in der Weise vor ihre eigene Notwendigkeit zu stellen, daß in ihr sowohl die Herkunft des Gefühls, ein eigener Mensch zu sein, als auch die Verbindung dieses Gefühls mit den unterschiedlichen Lebensmomenten zum Thema wird. Beides deutlich zu machen, ist aber im Horizont der gegenwärtigen Lage dringend erforderlich. Denn gerade infolge der analysierten Gesellschaftsentwicklung versteht es sich zunehmend weniger von selbst, ein eigener Mensch zu sein. Die Rückhalte, die dafür in Anspruch genommen wurden, geraten aus objektiven Gründen ins Schwanken; welcher Leitinterpretation seines Lebens man sich statt dessen anvertrauen kann, steht erneut und offen zur Debatte. Hier gilt es verständlich zu machen, daß der Gottesglaube eine solche Deutung ist, die im Vollzug des Glaubens die Gewißheit schafft, ein eigener Mensch zu sein. Und diese Gewißheit, das ist der andere Aspekt, verträgt sich durchaus mit sehr unterschiedlichen Rahmenbedingungen des Lebens. Denn als Deutung der Herkunft des das Subjekt mit sich selbst vertraut machenden Gefühls ist sie mit einer Mehrzahl von Darstellungen kompatibel, in denen sich jene Gefühlseinheit veranschaulicht. So stiftet der Gottesglaube eine Kontinuität des Lebens, die sich in unterschiedlichen materialen Selbstauslegungsformen durchhält; Gottesgewißheit kann mit ganz verschieden artikulierten religiösen Lebensformen und Kultprägungen einhergehen. Wenn die These von der neuen Funktion der Kultur für die gegenwärtige Phase der spätmodernen Welt zutrifft, dann hat die Religion in dieser eine wichtige Rolle zu spielen; und zwar nicht im Sinne konservativer Regression, sondern in der Absicht zukünftiger, die Erfahrungen der Moderne aufnehmender Gestaltung. Und diese Aufgabe ist vor allem von der auftragsgemäßen Darstellung von Religion im Kult wahrzunehmen. Insofern gilt: Die Krise der Ästhetik des Kultes ist eine Herausforderung für die neue, reflektierte Gestalt des Kultes.

Kehren wir noch einmal zur Taufszene in St. Marien zurück. Nach unseren letzten Überlegungen können wir sagen: In der Tat ist mit dem Vorliegen unterschiedlicher Deutungsperspektiven desselben rituellen Geschehens zu rechnen. Das ist der Ausgangspunkt. Es ist aber auch zu unterstellen, daß Zeitgenossen, vor allem an wichtigen Knotenstellen der eigenen und der Familienbiographie, für weiterreichende Selbstdeutungen offen sind – ohne freilich vorab zu wissen, wie sich diese tiefere Schicht im eigenen Verstehen erschließen läßt; Sprache und Vorstellungswelt kirchlich-religiöser Deutung sind häufig überhaupt unvertraut. Und wo man an ihnen teilhat, finden sie sich oft nicht auf diese Funktion der Selbstdeutung eingestellt und bleiben ohne Anschluß an die Erfassung eigenen Lebens. Betrachten wir den Taufritus strukturell, so wäre in einem ersten Schritt die Analogie der geistlichen Deutung des Ritus zu sonst vorgenommenen Lebensdeutungen im Horizont des Ästhetischen herauszustellen. Im zweiten Schritt wäre dann die Tiefendifferenz zu erörtern, die für die christlich-religiöse Deutung in Anspruch genommen wird. Das heißt für die Gottesdienstgestaltung in unserem Falle etwa, daß zunächst die Elemente des Rituals in Analogie zu Momenten der Lebensdeutung gebracht werden – der Segen als Hoffnung auf Bewahrung, die Wassertaufe als Zeichen der Endlichkeit und Hinfälligkeit des Lebens, die doch nun gerade verstanden wird als nicht mehr überbietbarer Neuanfang, wie die Osterkerze es symbolisiert. Aus dieser Verdichtung lebensgeschichtlich divergenter Deutungsmomente im religiösen Ritual geht bereits anfangsweise hervor, was den zweiten Schritt ausmacht: Daß diese Konzentration deshalb möglich wird, weil sie die Einheit und Ganzheit des Lebens dieses Kindes vor Gott stellt, der selbst die Herkunft dieser Einheit und Ganzheit ist.

4. Kultische Darstellung und kulturelle Selbstdeutung

Daß in unserer Gegenwart, empirisch gesehen, kulturelle Selbstdeutungen unterschiedlicher Art ineinander liegen, ist unbestritten. Dabei läßt sich eine individuelle von einer subkulturellen Ebene unterscheiden. Bereits die soziologische Rollentheorie der fünfziger und sechziger Jahre hatte auf die in der späten Moderne erforderliche Pluralität von Funktionen hingewiesen, die es in einem Lebenslauf zusammenzuhalten gilt[25]. Die von Dreitzel beschriebenen Schwierigkeiten der subjektiven Koordination von Perspektiven geht zurück auf die nicht mehr hierarchisch zu rekonstruierende, ja überhaupt einer erkennbaren Ordnung sich entziehende Vielfalt von Lebensverhältnissen. Diese haben sich inzwischen bisweilen zu solchen subkulturellen ·Ganzheiten verdichtet, daß sie die Teilhabe an anderen kulturellen Betätigungsfeldern verhindern. Dafür ist die im vorigen Abschnitt beschriebene Tendenz zu einer unfreiwilligen Individualisierung ein Katalysator gewesen. So sehr nun die Bedingung gilt, daß kulturelle Rahmenvorstellungen von Individuen angeeignet werden müssen, so sehr gilt in gleichem Maße, daß sich diese Rahmenvorgaben gegeneinander abschotten; das ist insoweit auch subjektiv nacherlebbar, als die Wahl eines dieser Selbstauslegungskontexte den Übergang zur Wahl eines anderen ausschließt. Ein Punker ist als Bankangestellter (und als Pfarrer) undenkbar.

Dieses Bild einer selbstgewählten, dann aber auch aufgrund ihrer sozialen Vermittlungsfunktion bindenden Selbstauslegungsform, die ich »Subkultur« genannt habe, ist freilich in doppelter Hinsicht noch schärfer zu zeichnen. Denn es steht zum einen, wenn man sich dieses allgemeinen Schemas bedient, sofort zur Debatte, von welcher Tiefenwirkung das jeweils gewählte Ensemble von Selbstdeutungen ist. Wie weit reicht eine solche Wahl in das eigene Leben hinein? Wie intensiv verpflichtet sie dazu, Denken und Verhalten überhaupt ihr anzupassen, möglicherweise sogar unterzuordnen? Was folgt aus dem »Styling« Jugendlicher für ihre Sprach- und Erlebnisfähigkeit? Aus dieser Frage resultiert die andere Überlegung, wie sich denn diese Selbstauslegungshorizonte zueinander verhalten. Welche Möglichkeiten gibt es, diese Rahmenvorstellungen wenn nicht zu überschreiten, so doch wenigstens für das Verständnis anderer kultureller Selbstauslegungspräferenzen zu öffnen? Es ist leicht zu sehen, daß sich diese Frage zuspitzt im Falle solcher Kulturhorizonte, die unterschiedlichen regionalen Herkünften entstammen; also im Falle der faktischen »Multikulturalität«[26].

Fragt man danach, ob und wie solche unterschiedlichen (individuellen und kulturellen) Differenzen aufeinander zu beziehen sind, dann ist für eine positive Antwort vor allem eine grundlegende methodische Unterscheidung vorzunehmen: zwischen solchen Selbstauslegungshorizonten, die sich als Möglichkeiten eigener Wahl darstellen – und solchen, die, unbeschadet des eigenen Gewähltthabens, die Funktion einer Begründung des Wählenden bereithalten. Diese Unterscheidung ist die zwischen nichtreligiöser und religiöser Selbstauslegung. Das heißt: Es gehört zur Funktion von Religion – in welcher Gestalt sie auch auftritt –, daß sie sich als Letztgewißheit gewähren-

---

[25] HANS PETER DREITZEL, Die gesellschaftlichen Leiden und das Leiden an der Gesellschaft. Vorstudien zu einer Pathologie des Rollenverhaltens, Stuttgart 1968.

[26] Es dürfte sich empfehlen, zwischen »Subkulturen« als – unter Umständen sogar extremen – Spielarten eines Gesamtkulturtyps (zum Beispiel: der abendländisch-westlich-christlich-liberalen Gesellschaft) und differenten »Kulturen« zu unterscheiden, die sich nicht als – wie immer von Opposition motivierte – Derivate eines Kulturtyps verstehen lassen (zum Beispiel: europäisch-christliche und orientalisch-islamische oder südostasiatisch-hinduistische/buddhistische Großkulturräume).

der Hintergrund subjektiven Wählens (und zumal: subjektiven Wählens der eigenen Selbstauslegungsformen) zur Geltung bringt. Insofern kann man sagen, daß schon aus strukturellen Gründen die Bedeutung von Religion in einer subkulturell zersplitterten und multikulturell gemischten Gesellschaft kaum zu überschätzen ist.

Allerdings ist die Art und Weise, wie die strukturfunktionale Unterscheidung zweier Auslegungshorizonte vorgenommen wird, dann auch wieder sehr verschieden. Man kann in der religionsgeschichtlichen Lage der Gegenwart beobachten, daß religiöse Gemeinschaften vom Typus »Sekte« oder religiöse Vorstellungszusammenhänge vom Typus »Fundamentalismus«[27] mit dem Anspruch auftreten, genau jene Unterscheidung von Letztvergewisserung und Handlungsermöglichung anzubieten; sie tun das freilich gerade so, daß sie den Gewinn dieses Unterschiedes gleich wieder einziehen, indem entweder eine neue, nun intern nach außen abgeschottete totalitäre Zwangsgemeinschaft errichtet wird oder die Vergewisserung sich in die Gesetzlichkeit von als alternativlos ausgegebenen Handlungsregulierungen verkehrt. Daß diese religiösen Optionen gerade infolge der revozierten Unterscheidung sofort auf erhebliche empirische Schwierigkeiten stoßen, was ihre konsequente Lebbarkeit angeht, scheint ihrem (begrenzten) Erfolg einstweilen noch nicht im Wege zu stehen.

Um so größer muß das kulturelle Interesse an solchen Formen von Religion sein, die diese Differenzierung in der Selbstdeutung nicht wieder aufheben, sondern in ihrer Anwendung in der Lage sind, subjektives Sichverstehen auf dem Grund eigenen Selbstseins und freies Handeln in wechselnden intersubjektiven Kontexten miteinander zu verbinden.

Religion lebt in der Form von Darstellung, war die Quintessenz des ersten Abschnitts dieses Kapitels. Daher kommen auch die Unterschiede religiöser Deutungskulturen erst dann vollends zu Bewußtsein, wenn sie sich öffentlich darstellen. Öffentliche Darstellung von Religion ist insofern ein gesellschaftliches Erfordernis. Das geschieht ja auch – in Wort und Bild, in medialen Auftritten wie im Internet. Besonderes Interesse gebührt der öffentlichen Wahrnehmung des Kultes (bzw. des jeweiligen Äquivalents) – und das gilt ganz unabhängig von dem möglichen sozialisierenden Erfolg kultischer Praxis. Und das aus drei Gründen. Denn einmal kann nur der nach dem jeweiligen Auftrag gestaltete Kultus die eigenartige Form, den speziellen Typus von Religion vollends anschaulich zur Geltung bringen. Zugleich dient das, was sich in der kultischen Inszenierung ästhetisch verdichtet, als Muster, als variationsoffener Leitfaden nicht-öffentlicher religiöser Praxis und als Anregung je eigener individueller Zuordnung zum religiösen Traditions- und Vorstellungszusammenhang. Schließlich läßt sich an der ordnungsgemä-

---

[27] Beides kann sich verbinden, aber auch voneinander unterschieden vorkommen.

ßen Wahrnehmung des Kultes auch ablesen, welches Paradigma von Verstehen im kulturell pluralistischen Zusammenhang überhaupt in dieser so bestimmten religiösen Selbstvergewisserung favorisiert wird; jeder Kult gibt zugleich Aufschluß über die Sicht anderer Kulte sowie auch des Nichtkultischen.

Nach diesen Überlegungen lassen sich folgende Aufgaben als Grundmerkmale des Kultes, der zentrale Darstellung von Religion ist und bleibt, festhalten. Der Kult wirkt erstens sprachbildend, indem er sprachliche Kompetenz, Regeln und Vollzüge übt, die den Übergang deuten von einer Selbstsicht menschlichen Lebens, die dem Muster eigener Wahl folgt, zu einer solchen Selbstsicht, nach der der im eigenen Wählen begriffene Mensch sich als ein solcher verstehen lernt, der nicht selbst der Wählende ist. Die Vorstellungsformen dafür sind ganz verschieden; sie reichen von der inhaltlichen Bestimmtheit des eigenen Wählens durch eine transzendente Macht über die des Gewähltseins des Wählenden durch Gott sogar bis zur Negation des Wählens überhaupt. Das zweite schöpferische Moment des Kultes ist die Verbundenheit dieser Sprach- und Selbstauslegungsform mit dem gelebten Leben. Denn wenn die religiöse Sprache Symbolisierung jenes Übergangs der Deutungsperspektive ist, dann muß, damit der Übergang als solcher im Bewußtsein bleibt, auch der Ausgangspunkt, von dem her er erfolgte, erhalten bleiben; nun freilich in einem von jenem religiösen Übergang her gedeuteten Sinne verstanden. Zusammenfassend könnte man sagen: Die Aufgabe des Kultes ist die Inszenierung von – Übergang[28].

Die beiden elementaren Funktionen des Kultes – und damit, sofern der Kult lediglich die anschauliche Verdichtung religiöser Vollzüge insgesamt darstellt, der gelebten Religion überhaupt – sind also erstens die Eröffnung eines Überganges in der Sichtweise eigener Selbstdeutung, zweitens die im Lichte dieses Übergangs vorgenommene Deutung alltäglichen Lebens.

Der Übergang in der Sichtweise eigener Selbstdeutung lehrt erkennen, daß dem eigenen Wählen ein Gewählt- oder Bestimmtsein vorausgeht (oder aber die Negation alles Bestimmens). In dieser Zweidimensionalität liegt auf alle Fälle eine Bereicherung der humanen Deutungskultur. Dabei unterscheiden sich Religionen hinsichtlich der Fähigkeit, den genauen Punkt des Übergehens als solchen (und damit die Koexistenz der zwei Sichtweisen oder Deutungshaltungen) in den Blick zu nehmen; nicht der geringste Teil der logischen Unebenheiten religiöser Vorstellungen speist sich aus diesem Problem, das Nebeneinander der Deutungswelten zu erhalten.

Der Rückweg zu einer Neudeutung empirisch-alltäglichen Lebens schließt eine Selbstbegrenzung des Kultes in sich. So gewiß die Perspekti-

---

[28] Diese Formel kann auch als religionswissenschaftlich erschließungskräftige Beschreibung des Kultes überhaupt behauptet werden.

venveränderung, also die Eröffnung der im strengen Sinne religiösen Deutungsebene (die Einsicht in das Gewähltsein des Wählenden o.ä.), eine Bereicherung der eigenen Lebensdeutung darstellt, so wenig kann sie unmittelbar alles sein wollen; sie braucht, gerade um sich als eigentümliche Perspektive behaupten zu können, das andere ihrer selbst. Nun unterscheiden sich auch in dieser Hinsicht die tatsächlich vorkommenden Religionen wieder voneinander. Denn zum einen ist in ihnen die Fähigkeit zur grundsätzlichen Wahrnehmung der Andersheit des anderen unterschiedlich deutlich ausgeprägt; das läßt sich daran beobachten, in wie starkem Maße ein Aufgehen bürgerlichen Lebens im religiösen Leben postuliert wird. Zum anderen unterscheiden sie sich in der Weite der Akzeptanz oder Verknüpfungsfähigkeit der Erscheinungsformen bürgerlichen Lebens mit der jeweiligen religiösen Grundeinsicht; das kann man wiederum daran sehen, ob und wie bestimmte Lebensformen religiös privilegiert werden. Und schließlich differieren sie hinsichtlich des inhaltlichen Zugriffs auf die Lebensführung; werden (tendenziell:) alle alltäglichen Lebensvollzüge als solche religiös normiert – oder wirkt sich die religiöse Selbstdeutung in dem Sinne im Alltagsleben aus, daß sie über die jeweils individuelle Selbstverantwortung Gestalt gewinnt?

Der Kult, so lautete die These, hat in der Form anschaulicher Darstellung diese Funktionen der Religion in die sozial erlebbare Wirklichkeit einzubringen. Es ist damit, wenn seine Inszenierung gelingt, ein Gewinn an Selbstdurchsichtigkeit und Deutungskompetenz verbunden. Das, was im Modus wahrnehmbarer gestalteter Wirklichkeit sich präsentiert, besitzt eine Beziehung auf das menschliche Ganzsein und die Auffassungsweise desselben. In dieser Erweiterung der Deutungskompetenz gehen Kunst und Religion gemeinsame Wege. Religiöse Sprachfähigkeit kann die ästhetische Konzentration auf die Wirkung von Kunstwerken für das eigene Ganzheitserleben fördern; und umgekehrt verhilft eine Gestaltung von Religion im Kult (oder in den ihm analogen Erscheinungsformen sinnlicher und sozialer Kommunikation) zu einem tieferen Verständnis der Kunst. Insofern bilden Kunst und Religion gemeinsam eine vertiefte Selbstauffassung des Menschen aus. Annehmen darf man auch, daß dieser Sprachgewinn, über die religiös-ästhetische Dimension hinaus, vergemeinschaftende Wirkung besitzt. In welchem Maße das unter den abstrakt-individualisierenden Tendenzen der Gegenwart zu anschaulicher Geltung kommt, kann nicht allgemein, sondern muß an konkreten Religionen oder religiösen Äußerungen beobachtet werden.

Der Gewinn an Sprachfähigkeit und Deutungskompetenz, von dem die Rede war, trägt nun freilich normative Implikationen in sich. Denn vorderhand scheint es gar nicht wahrscheinlich, daß das Christentum, zumal der Protestantismus, in seiner gegenwärtigen Verfassung einen wirksamen Beitrag dazu leisten könnte, die gesellschaftliche Funktion der Religion wahrzunehmen. Es wird im folgenden die Auffassung vertreten, daß das gleichwohl der Fall sein kann.

Denn das Christentum macht den Unterschied der Selbstdeutungsperspektiven zum zentralen Thema der Religion, und der Protestantismus, so wird sich zeigen, lehrt insbesonders die Aufmerksamkeit auf den eigentümlichen Punkt zu richten, an dem der Perspektivenwechsel sich ereignet. Er läßt das Christentum – auch da, wo es sich in anderen Konfessionen darstellt – als eine Religion gewahr werden, die sich elementar über Selbstunterscheidungsvollzüge aufbaut. Wenn diese Verfaßtheit des Christentums aber bewußt geworden ist, dann lassen sich auch individuelle und soziale Bildungsprozesse anregen, die zu religiöser und kulturhermeneutischer Kompetenz verhelfen.

Zweiter Teil

Glaubenseinheit im Pluralismus

3. Kapitel

Religion und Glaube.

Über die protestantische Anschauung vom Wesen des Christentums

1. Die allgemeine Funktion von Religion und die Bestimmtheit des Protestantismus

Gegen das Vorgehen, Religion und Kultur miteinander auszulegen, lassen sich zwei Einwände erheben. Der eine reklamiert, daß in der Bestimmung der Funktion der Religion im Zusammenhang der Kultur insgeheim bereits eine christliche, genauer: eine protestantische Sicht von Religion in Anspruch genommen wurde. Der andere Einwand führt ins Feld, daß es dem christlichen, und wiederum: speziell dem evangelischen Glauben ganz unangemessen sei, sich mit einer Religionstheorie allgemeiner Art verbinden zu lassen.

Der erste Einwand trifft zu. In der Tat ist, wo im ersten Teil dieses Buches von Religion die Rede war, das Komplexitätsniveau des Christentums vorausgesetzt. Es hat die Basis abgegeben für Muster von Religion überhaupt als Element der Kultur. Und bisweilen, nämlich am Ort der individualitätstheoretischen Bemerkungen zur Hermeneutik, war diese positive Bestimmtheit ja auch schon zur Sprache gekommen. Allerdings ist die Triftigkeit des Einwandes auch genau der Grund, warum er als Gegenargument nicht durchschlägt. Denn wenn mit ihm gemeint sein sollte, daß eine allgemeine Sicht auf Religion als Kulturfaktor gänzlich unberührt von positiver Religion sein sollte, hebt er sich selbst auf: Eine allgemeine Religion gibt es nur als Konstrukt von Religionstheoretikern; und auch bei diesen stehen religiöse Überzeugungen oder religionsgeprägte kulturelle Einstellungen affirmativer oder kritischer Art, lediglich unthematisch, im Hintergrund. Und wenn er umgekehrt darauf abzielen wollte, daß dann eben alle intendierte Allgemeinheit bloß subjektiv sei, dann verwechselt er das Erheben von Allgemeinheitsansprüchen mit den Bedingungen ihrer möglichen Geltung; das heißt, er hat sich gar nicht klar gemacht, auf welchem Wege denn überhaupt besondere Ansprüche anerkannt werden können. Kurzum: Der christlich-positive, protestantische Hintergrund der kulturtheoretischen Überlegungen zum

Ort der Religion kann nicht nur nicht negiert, er soll als möglicher Ausgangspunkt vielmehr auch weiterhin behauptet werden.

Auch der andere Einwand hat etwas Richtiges im Blick. Er moniert, daß
in der Bewegung der Verallgemeinerung die unverwechselbare Individualität
christlichen Glaubens, an der er zu Recht seine Wahrheit haften sieht, verloren geht. In der Tat ist die Bestimmung der Religion im Zusammenhang der
Kultur von der Art, daß sie nicht nur für das Christentum als erklärungskräf-
tig verstanden werden kann; und insofern ist die kulturelle Ortsbestimmung
auch selbst keine Religion, die vergemeinschaftende Konsequenzen mit sich
brächte. Es ist aber, dem Einwand entgegen, zu fragen, wie denn diejenige
Allgemeinheit überhaupt ausgemacht werden soll, auf die sich der christliche
Glaube, seinem Anspruch auf Wahrheit unbeschadet, doch als empirisch besondere, also nicht-allgemeine Religion beziehen soll. Es kann ja nicht behauptet werden, eine solche kulturelle Allgemeinheit könne es gar nicht geben; denn dies wäre ja nichts anderes als die unmittelbare, von aller Einsicht
unberührte, kontrafaktische Behauptung der prinzipiellen Allgemeinheit
des Christentums. Damit wäre dieses aber als schlechthin totalitär gekennzeichnet. Es kann aber auch das umgekehrte Modell nicht überzeugen, wo-
nach es, weil das wahre Christentum kein Allgemeines kenne, eben nur un-
wahre, untereinander zusammenhanglose Bestimmungen des Allgemeinen
gebe. Denn das würde darauf hinauslaufen, daß auch das Christentum selbst
sich als bloß und ausschließlich partikulare Erscheinung geben würde, das
dann auch keinen Anspruch auf Wahrheit über seinen faktischen Bestand
hinaus erheben könnte; ein solches Christentum wäre in seiner eigenen
Kontingenz untergegangen (falls es nicht, bei strategischer Möglichkeit, unmittelbar ins totalitär-abstrakte Christentum umschlägt). Sind diese beiden
Möglichkeiten dem Christentum als Religion selbst unangemessen, dann
bleibt nur übrig, aus der begrenzt-positiven Sphäre seiner historisch-indivi-
duellen Existenz heraus einen Begriff der Allgemeinheit von Religion in der
Kultur auszuarbeiten, der auf das Christentum selbst rückbeziehbar ist.

Es ist daher gegenüber beiden – begrenzt plausiblen – Einwänden noch
einmal die Logik des in Teil I eingeschlagenen Verfahrens zu erläutern. Es
wurde der Versuch unternommen, mit kulturwissenschaftlichen Argumenten den Ort der Religion als unvermeidlichen Hintergrund des Verstehens –
also der Minimalbedingung diskursiver Erörterung überhaupt – zu erweisen.
Diese Einsicht verband sich mit der Beobachtung, daß ein solcher religiöser
Hintergrund immer nur in einem so oder so geprägten, zugleich individuell
ausgebildeten wie kulturell mitbestimmten Stil vorliegt. Sodann ist, auf die
kulturellen Vermittlungsbedingungen von Religion reflektierend, gezeigt
worden, daß sich Religion durch das Medium ästhetischer Wahrnehmung
hindurch aufbaut; darin steht sie, vor der Möglichkeit der Verwechslung
nicht zu schützen, im Zusammenhang anderer kultureller Hervorbringun-

gen und in größter Nähe zur Kunst, deren modernes Schicksal sie mitbe-
trifft. Diese kulturwissenschaftliche Funktionsanalyse ist nötig gewesen, um
die Verzahnung von Religion und Kultur beschreiben zu können.

Nun ändert sich die Perspektive. Denn konnte es zuvor so scheinen, als sei
die christliche Religion ein – wie immer einzigartiger – Sonderfall von Religion überhaupt, so steht nun das Christentum in seiner protestantischen Gestalt explizit am Anfang. Und es ist zu zeigen, inwiefern in ihm eine Tendenz
zu universeller Beziehungsfähigkeit enthalten ist. Dabei ist zwischen zwei
unterschiedlichen Graden und Formen von Anschlußfähigkeit zu unterscheiden. Zunächst geht es darum, inwiefern sich eine Gemeinsamkeit des
Christentums in den verschiedenen Kirchen und Konfessionen entdecken
läßt; das ist die Probe auf die Einheit des religiösen Typus »Christentum«. Es
wird sich zeigen, daß diese Einheit eben nicht als bloß deskriptiver Begriffs-
und Einteilungsvorschlag mitgeteilt werden kann; sie ergibt sich erst durch
hermeneutische Selbstaufklärung christlich-religiöser Frömmigkeitsgestalten selbst. Diese Bezugnahme auf eine den jeweils individuellen Konfes-
sions- und Frömmigkeitsstil übergreifende Gemeinsamkeit im Modus eigener Selbstdurchsichtigkeit ist gemeint, wenn der Glaube als Wesen des Christentums ausgearbeitet wird. Wie das näherhin geschieht, kann man sehen,
wenn man sich die Implikationen des Glaubens begrifflich klarmacht. Diese
Beobachtungen zur inneren Verfaßtheit des Glaubens weisen sodann auf die
zweite Ebene der Allgemeinheit hinüber. Denn die Beschreibung des Glaubens legt Momente individueller Lebensvollzüge aus, die anschlußfähig sind
für andere, religiöse und kulturelle, Selbstdeutungen. So tritt der eigentümliche Umstand auf, daß gerade die höchste Besonderheit in der Analyse des
Protestantismus auf seine größtmögliche kulturhermeneutische Kompetenz
führt. Daher kann man in Antwort auf die eingangs bedachten Einwände sagen: 1. Es ist die hermeneutische Positionalität des Protestantismus, die die
Form seiner kulturellen Anschlußfähigkeit ausmacht. 2. Eben diese Art von
Universalisierung, nämlich die selbstvollzogene und einsichtsgeleitete Verknüpfung des eigenen Selbst- und Weltbildes mit anderen Selbst- und Weltbildern, ist die Weise der Universalität, die nicht auf Kosten bestimmter Positivität geht.

Die Vorgehensweisen von Teil I und Teil II verhalten sich komplementär
zueinander. Wurde zunächst im Rückgriff auf die allgemein zumutbare, aber
der näheren Bestimmung noch ermangelnde Unterscheidung von Leib und
Seele auf das Phänomen der Deutungsbedürftigkeit menschlichen Lebens
überhaupt hingewiesen und die Religion in diesen Zusammenhang eingestellt, so wird nun diese anthropologische Differenz von vornherein theologisch interpretiert; darüber verliert sie ihre scheinbare Allgemeinheit, gewinnt aber ungleich tiefere Bestimmtheit. Zu dieser, allein durch den Gedanken der Selbstauslegung verbundenen, gegenläufigen Reflexionsform

gibt es keine Alternative. Es macht vielmehr das Manko der zwischen den Antipoden Schleiermacher und Barth spielenden neueren evangelischen Theologie aus, daß man versucht, diese nur auf zwiefachem Wege zu lösende Aufgabe aus einer einzigen Perspektive wahrzunehmen. Dabei stößt man aber zwangsläufig auf das in den oben geäußerten Einwänden aufscheinende Problem, daß sich weder die Besonderheit des Christentums aus seiner Einordnung in die Möglichkeit religiöser Selbstdeutungen ergibt noch auch daß die Besonderheit des Christentums eine von ihr als selbständig unterschiedene, gleichwohl auf sie rückbeziehbare Allgemeinheit statuieren läßt. In der theologischen Kontroverse ist dann daraus der Streit zwischen einer angeblich »anthropologischen« und einer behaupteten »theologischen« Grundlegung der Glaubensreflexion geworden. Es läßt sich aber bereits an den internen Schwierigkeiten jedes dieser Konzepte zeigen, daß es allein nicht erfolgreich durchzuführen ist. Man kann daraus den Schluß ziehen, daß es statt dessen gerade die hermeneutische Kontextualisierung des Protestantismus ist, die seine besondere Funktion in der Christentumsgeschichte erkennen lehrt.

2. Die Frage nach dem Wesen des Christentums

Wer nach dem Wesen des Christentums fragt[1], zeigt Interesse an der Einheit des Christentums. Ihm liegt die Erfahrung voraus, daß das Christentum in verschiedenen kirchlichen Gestaltungen vorliegt, die sich möglicherweise auch noch durch konfessionelle Bestimmtheit bekenntnisförmig voneinander abgrenzen. Mit dieser Befestigung von Unterschieden pflegt dann die andere Erfahrung verbunden zu sein, daß diese Differenzen sich nur schwer ins Verhältnis zueinander bringen lassen; vor allem dann, wenn diese verschiedenen Konfessionen auf einem Territorium nebeneinander existieren. Die Mehrzahl der Konfessionen und die Mühe, sie miteinander zu verbinden, ist ein erstes Motiv, nach dem Wesen des Christentums zu fragen.

Wer sich auf diese Frage einläßt, verzichtet darauf, die Einheit des Christentums durch die Konstruktion einer einzigen, alle Konfessionen aufhebenden oder sie vereinenden Kirche herstellen zu wollen; unabhängig davon, ob man sich diese Einheit – historisch ohnehin fiktiv – als Heimführung der verschiedenen Abweichungen des Christentums in der Geschichte auf die von Anfang an bestehende eine katholische Kirche oder als Entwurf einer neuen, die Konfessionsgrenzen aus Einsicht oder unter gesellschaftlichem Druck überwindenden Gesamtkirche vorstellt. Wer mit einem angebbaren Wesen des Christentums rechnet, der verzichtet auf die Identifikation

---

[1] Vgl. WILFRIED HÄRLE, Dogmatik, Berlin/New York 1995, 49–80.

zwischen diesem einen Wesen und einer der vielfachen Erscheinungen christlicher Frömmigkeit. Diese Haltung qualifiziert die – gegenwärtige – Frage nach den Wesen des Christentums als eine, die im protestantischen Milieu verwurzelt ist[2].

Sie besitzt jedoch auch noch eine andere Seite, und die macht sie für unsere Zwecke besonders wichtig. Denn wenn man sich mit dem Wesen des Christentums auf eine gewissermaßen überempirische Einheit des Christentums einstellt, dann liegt der Schritt nicht fern, dieses Wesen selbst als überkonfessionell auszugeben. Daran ist zutreffend, daß tatsächlich nicht eine bestimmte Erscheinungsform für sich als wahres Wesen auftreten kann; und insofern ist die erzielte Wesensbestimmung auch von allgemeinerer, ohne konfessionelle Vorgaben einsichtiger Zustimmungsfähigkeit. Die Feststellung des Wesens des Christentums macht in der Tat das Christentum mit anderen Religionen vergleichbar und als spezifische Kulturgröße erkennbar; es ist insoweit ein religionsphilosophischer Begriff. Es wäre jedoch eine unerlaubte Abstraktion, wollte man eine solche Wesensbestimmung nun vollends von ihrem historisch-religionsgeschichtlichen Ort ablösen; würde man das Wesen nicht mehr auf die Erscheinungen zurückbeziehen, dann müßte das Wesen des Christentums selbst den Anspruch erheben, als lebendige Religion zu gelten. In diesem Augenblick aber wäre es nicht mehr das Wesen, sondern seinerseits eine – im übrigen wenig lebenskräftige – Erscheinungsgestalt. Mit der religionsphilosophischen Seite des Begriffs allein ist also nicht durchzukommen. Es macht vielmehr den Reiz des Begriffes aus, daß er eine Brückenfunktion übernimmt zwischen den immer nur möglichen begrenzt-konfessionellen Ausgangspunkten und der religionsphilosophischen Allgemeinheit.

Das läßt sich auch an der Logik des Begriffs selbst zeigen[3]. Sie lebt nämlich von dem eigentümlichen Ineinander von Wesen und Erscheinung. Auf der einen Seite gilt, daß keine Erscheinung mit dem Wesen selbst identisch ist; vielmehr jede sich nach dem Wesen zu richten hat, wenn sie sich selbst orientieren will. Das ist die kritische Dimension im Begriff. Auf der anderen Seite verhält es sich so, daß das Wesen eben auch nirgends anders vorliegt als in den Erscheinungen. Diese sind daher, so wenig sie für sich bestehen kön-

---

[2] Die Debatte um das Wesen des Christentums ist von den katholischen Bemühungen um eine »Kurzformel des Glaubens« darin unterschieden, daß diese auf eine bessere Mitteilbarkeit des kirchlichen Lehrbestandes zielen. Vgl. KARL RAHNER, Die Forderung nach einer Kurzformel des Glaubens, in: DERS., Schriften zur Theologie VIII, Einsiedeln/Zürich/Köln 1967, 159–164. KARL LEHMANN, Bemühungen um eine »Kurzformel des Glaubens« in: HerKorr 23, 1969, 32–38. WALTER KASPER, Einführung in den Glauben, Mainz 1972, 91–95. Vgl. HEINRICH FRIES, Die Einheit des Glaubens und die Vielfalt der Theologie, in: Cath(M) 27, 1973, 13–30.
[3] Vgl. HÄRLE, ebd., 49–55.

nen, doch unverzichtbar und voll unendlich sachlichem Gewicht. Das ist die konstruktive Dimension im Begriffspaar Wesen und Erscheinung.

Spricht man vom Wesen des Christentums, dann ist damit vorausgesetzt, daß es in den Erscheinungsgestalten christlicher Frömmigkeit selbst die Möglichkeit gibt, zwischen der empirischen Form ihres Vorliegens und ihrer Wahrheit zu unterscheiden. Ein Begriff des Wesens des Christentums muß daher so gefaßt werden, daß er im Ausgang von allen vorliegenden konfessionellen Erscheinungsformen selbst als solcher erkannt und nachvollzogen werden kann. Das Interesse am Wesen des Christentums erweist sich daher als ein hermeneutisches Interesse – in der Verknüpfung von eigenem Sichverstehen und Verstehen von anderem. In der Tat läßt sich an der Debatte um das Wesen des Christentums zeigen, daß sie genau in diese hermeneutische Fragehaltung einmündet. Am Anfang steht das Interesse daran, das Wesen des Christentums als mit dem Wesen der Wahrheit selbst identisch darzutun; das ist das Anliegen Lessings gewesen. Schleiermacher hat später die Dialektik von Wesen und Erscheinung genauer bearbeitet. Und Troeltsch schließlich hat den auf Verständigung und mögliches Einverständnis zielenden Entwurfscharakter des Begriffes eingesehen. Diese drei logisch elementaren Etappen in der Geschichte der Debatte werden im folgenden etwas genauer vorgestellt.

Der Ausdruck »Wesen des Christentums« ist bei Lessing nicht gerade prominent; wahrscheinlich braucht er ihn sogar nur an einer Stelle; diese führt aber unmittelbar ins Zentrum von Lessings Auffassung[4]. Seine Position im Goeze-Streit[5] zusammenfassend, sagt er: »Ich hatte behauptet, daß sich das Wesen des Christentums gar wohl ohne alle Bibel denken lasse.« Damit behauptet er nicht, daß es das historische Christentum ohne Bibel gebe. Aber er möchte damit ausschließen, daß das Christentum seine Geltung allein durch die Bibel erhalten habe, so daß es sich ohne sie auch nicht einmal denken ließe. Die religiöse Wahrheit des Christentums liegt nämlich, so meint Lessing, zeitlich und sachlich vor der historischen Formulierung der Bibel. Die Aufgabe, zwischen Wesen und Erscheinung des Christentums als wahrer Religion zu unterscheiden, stellt sich somit bereits am Ort seines Ursprungs[6]. Oder anders gesagt: Schon in seiner ersten Erscheinung ist das historische Christentum eben nichts anderes als – Erscheinung. Insofern kann

---

[4] Sie findet sich in einer Nachlaßbemerkung, in der Lessing sich mit Chr. W. F. Walchs Buch »Kritische Untersuchungen vom Gebrauche der Heiligen Schrift unter den alten Christen in den ersten vier Jahrhunderten« von 1779 befaßt. GOTTHOLD EPHRAIM LESSING, Werke, hg. von HERBERT G. GÖPFERT, Bd. 7, München 1976, 678.

[5] Vgl. Axiomata..., ebd., Bd. 8, München 1979, 128–159.

[6] »Der Buchstabe ist nicht der Geist, und die Bibel ist nicht die Religion«, Axiomata III, ebd., 136.

das Christentum auch nur gerechtfertigt werden, wenn es der wahren Religion überhaupt subsumiert werden kann.

Worum es in der Debatte um die Bibel und ihre Bedeutung für das Christentum als wahre Religion bei Lessing eigentlich geht, ist die Frage nach der Beglaubigung der Religion überhaupt oder der Vergewisserung der Unterscheidung von Wesen und Erscheinung wahrer Religion. Wie kann man Christ, also Angehöriger einer nur historisch entstandenen Religion sein und dennoch an der Wahrheit überhaupt teilhaben? Ausgeschlossen wird von Lessing, daß man sich durch Wunder von dieser Wahrheit könnte überzeugen lassen[7]. Doch das Scheitern einer Vergewisserung durch Wunder – bekanntlich ein zeitgenössisch vielgebrauchtes Argument – ist nicht die Verunmöglichung von Religion schlechthin[8]. Jedenfalls dann nicht, wenn sich die Gewißheit religiöser Wahrheit aus der Evidenz der Wahrheit selbst speist. »Woher aber will er die Erkenntnis der innern Wahrheit der christlichen Religion nehmen«, läßt sich Lessing von einem fiktiven Gesprächspartner fragen. Und er antwortet: »Woher die innere Wahrheit nehmen? Aus ihr selbst. Deswegen heißt sie ja die innere Wahrheit; die Wahrheit, die keiner Beglaubigung von außen bedarf.«[9] Diese innere, rein evidente Wahrheit ist identisch mit der von Gott gestifteten und vermittelten Wahrheit: »Gott lehrt es, weil es wahr ist«[10].

So wenig die Wahrheit des Wesens durch die Geschichte konstituiert wird, so wenig erlaubt Lessing auf der anderen Seite eine abstrakte Alternative von wahrem Wesen und unwahrer Erscheinung. Zwar muß für die Geltung strengste Ausschließlichkeit angenommen werden, denn nur das nichtgeschichtliche Wesen ist wahrheitsfähig. Dennoch kann die Geschichte einen Beitrag zur pädagogischen Einführung dieser wahren Einsichten leisten, wie man an Lessings Schrift »Erziehung des Menschengeschlechts« studieren kann, die sich um die Zuordnung von Wesenswahrheit und Religionsgeschichte bemüht.

Bei Lessing läßt sich deutlich erkennen, wie in aller Klarheit auf der alleinigen Wahrheitsfähigkeit des Wesens des Christentums insistiert wird. Und zwar mit solchem Nachdruck, daß die Wahrheit des Christentums in die

---

[7] »... ich leugne, daß ... Wunder ... mich zu dem geringsten Glauben an Christi anderweitige Lehren verbinden können und dürfen«. Über den Beweis des Geistes und der Kraft, ebd., 14.

[8] »... wenn man auch nicht im Stande sein sollte, alle die Einwürfe zu heben, welche die Vernunft gegen die Bibel zu machen, so geschäftig ist: so bliebe dennoch die Religion in den Herzen derjenigen Christen unverrückt und unverkümmert, welche ein inneres Gefühl von den wesentlichen Wahrheiten derselben erlangt haben.« Eine Parabel, ebd., 123.

[9] Axiomata X, ebd., 150.

[10] Axiomata IX, ebd., 149.

Wahrheit der Religion überhaupt übergeht; nur so kann sie hier gerechtfertigt werden. Die Geschichte der Religion befördert Einsicht und Verbreitung des wahren Wesens – zu dessen Erzeugung ist sie nicht in der Lage. Die Pointe dieser Aufstellung liegt darin, daß Lessing für die Überzeugung von der Wahrheit der Religion ihre Bewahrheitung allein und unmittelbar durch Gott voraussetzt. Damit ist die unüberbietbare innere Evidenz als Medium der Vergewisserung namhaft gemacht; eine Instanz, die man nicht wird unterbieten können, wenn sie einmal zu Bewußtsein gebracht worden ist. Das offene Problem in seiner Position liegt darin, daß die Wahrheit des Wesens selbst als geschichtslos gedacht ist. Nur die Erscheinungen haben Geschichte; das Wesen kann daher nicht seinerseits in ein Verhältnis zu den Erscheinungen treten. Die reine Wahrheit der Religion ist so rein, daß sie von sich aus zu ihrer historischen Wirklichkeit keine Beziehung besitzt; und damit ist ihre Wahrheit in einem schlechten Sinne unmittelbar, sofern sie von der möglichen Unwahrheit von Erscheinungen der Religion unbetroffen ist.

Genau diesem Problem eines aufklärerischen Religionsbegriffs, wie er bei Lessing vorliegt, hat Schleiermacher seine kritische Aufmerksamkeit zuteil werden lassen. In den »Reden über die Religion« hat er die Konstruktion einer nichthistorischen natürlichen Religion – und das heißt: die Vorstellung einer absoluten und abstrakten Unmittelbarkeit der Wahrheit als Wahrheit Gottes – mit durchschlagenden Argumenten destruiert. Trotzdem hat er sich nicht genötigt gesehen, auf den Begriff des Wesens der Religion und des Wesens des Christentums insbesondere zu verzichten[11]. Und dies deshalb nicht, weil er zwischen dem historisch-positiven »Grundfaktum« einer Religion und der in ihr virulenten strukturell-funktionalen »Grundanschauung« unterschied[12]. Unter »Grundfaktum« ist der unvermeidlich geschichtliche Anfang einer Religion verstanden, vorzüglich solche Gestalten, die dann als »Religionsstifter« Verehrung finden. Die »Grundanschauung« dagegen betrifft diejenige Art und Weise, wie die Gründungsgestalten einer religiösen Gemeinschaft das eigentlich Religiöse an ihrer Religion zur Anschauung bringen; also diejenige Konstellation von endlich-sinnlichen Erscheinungen, die die unermeßliche Ganzheit des Universums zu symbolisieren in der Lage sind. Die Unterscheidung der Grundanschauung vom Grundfaktum ist aber nichts anderes als die des Wesens auch von seiner ursprünglichen Erscheinung[13].

---

[11] Zu Schleiermachers Wesenskonzept vgl. S. W. SYKES, The Identity of Christianity. Theologians and the Essence of Christianity from Schleiermacher to Barth, London 1984, 81–101 und zuletzt MARKUS SCHRÖDER, Die kritische Identität neuzeitlichen Christentums. Schleiermachers Wesensbestimmung der christlichen Religion (BHTh 96), Tübingen 1996.

[12] FRIEDRICH SCHLEIERMACHER, Über die Religion (1799) (= R¹), 281–283

[13] Vgl. R¹, 240

Schleiermachers geniale Einsicht in das Wesen des Christentums besteht dann in den »Reden« weiterhin darin, daß »es die Religion selbst als Stoff für die Religion verarbeitet und so gleichsam eine höhere Potenz derselben ist«[14]. Wenn allen Religionen gemeinsam ist, daß sie das Universum in bestimmten und begrenzten Grundanschauungen repräsentieren, so liegt in diesem Wesen der Religion mindestens implizit ein Widerspruch vor, sofern einerseits die Grundanschauung nichts als das Universum selbst zur Vorstellung bringen möchte, andererseits aber doch als Anschauung auch etwas an sich selbst ist. Dem geforderten und gewünschten Übergang widersteht so immer die Beharrungskraft des Sinnlich-Endlichen[15]. Das Christentum macht diesen sonst nach Möglichkeit unausdrücklich gehaltenen Widerspruch prinzipiell und nimmt ihn somit in sein Wesen auf[16]. Genau dadurch aber gewinnt es seine durch und durch polemische Gestalt; nach außen, sofern es an der Selbstunterscheidung zu anderen Religionen interessiert ist, die das Entscheidende im Christentum gerade nicht vorstellig machen[17]; nach innen, sofern es das widerständige Prinzip nicht nur bei anderen Religionen, sondern vor allem in sich selbst wahrnimmt[18]. Das Wesen des Christentums besteht also gerade in der Verarbeitung des Problems der Erscheinungsabhängigkeit des Wesens. Das Wesen ist dann aber notwendigerweise nur aus der Erscheinung heraus zu finden[19]. Das heißt: Die Wesensermittlung ist Sache der religiösen Binnenperspektive, die sich erst nachfolgend begrifflich reflektiert und zu anderen Religionen ins Verhältnis setzt[20].

In der »Glaubenslehre« hat sich Schleiermacher, aus der Perspektive des christlichen Glaubens, zu dieser Verhältnisbestimmung veranlaßt gesehen –

---

[14] R[1], 293f.

[15] Vgl. R[1], 293. Es ist leicht zu sehen, daß und inwiefern diese Struktur mit dem Grundproblem von »Deutung« überhaupt zusammenhängt.

[16] Die ursprüngliche Anschauung des Christentums »ist keine andere als die des allgemeinen Entgegenstrebens alles Endlichen gegen die Einheit des Ganzen und der Art, wie die Gottheit dieses Entgegenstreben behandelt« R[1], 291.

[17] Vgl. R[1], 294.

[18] Vgl. R[1], 295.

[19] Vgl. JOACHIM RINGLEBEN, Die Reden über die Religion, in: DIETZ LANGE (Hg.), Friedrich Schleiermacher 1768–1834. Theologe – Philosoph – Pädagoge, Göttingen 1985, 236–258, bes. 253–257.

[20] Daraus ergibt sich eine neue Fassung des Begriffs möglicher Wahrheit des Wesens der Religion. Keine Religion ist als solche wahrheitsfähig, weil keine ein »reines« Wesen darstellt. Wohl aber kann die Funktion der Religion, nämlich die Ganzheit des Universums zu repräsentieren, als unersetzbar nachgewiesen werden; man könnte diesen Nachweis auch so formulieren, daß es die Funktion der Religion ist, die Wesenhaltigkeit von Erscheinungen zur Vorstellung zu bringen. Von einer wahren Religion läßt sich freilich dann nur in dem Fall reden, wo in einer historischen Religion diese Funktion der Religion selbst zum Thema wird. Nur als absolute Religion, als Religion der Religionen, ist das Christentum in seinem wahren Wesen.

und in der ersten Auflage hat er diese unter prominenter Verwendung des Begriffs »Wesen des Christentums« vorgenommen[21]. Dabei geraten allerdings zwei Prinzipien miteinander in Konflikt – die Selbstdefinition des Christentums als eine auf Jesus von Nazareth bezogene Erlösungsreligion (also als eine Religion, deren Wesen in der Verarbeitung des Widerspruchs liegt) und der religionsphilosophische Oberbegriff des (teleologischen) Monotheismus[22]. Die Unterordnung des Christentums unter dieses Genus sprengt nämlich dessen begrifflichen Umfang. Denn das Judentum und der Islam als die beiden anderen Monotheismen verlangen die Unterordnung des sinnlichen unter das unmittelbare Selbstbewußtsein allein im Modus des Sollens, vermittelt über äußerliche Lehre und Gesetz (sei es mehr auf »ästhetische«, sei es mehr auf »teleologische« Weise). Insofern bleiben beide bei einer eher deskriptiven Haltung zum Ineinander von unmittelbarem und sinnlichem Selbstbewußtsein befangen. Was nur als Sollen aufeinander bezogen ist, kann, ja muß von außen beschrieben werden. Dagegen vertritt allein das Christentum die konkrete Aufnahme des Widerspruches von Sollen und Sein in die Religion selbst, und nur insofern kommt die Erlösung zustande, nämlich als das Innewerden des Überwundenseins dieses Gegensatzes am Ort je eigenen Lebens und als nachfolgende Überwindung im je eigenen Lebensvollzug[23].

Schleiermacher hat die Wesensdebatte dadurch entscheidend vorangebracht, daß er das Wesen des Christentums streng im Ausgang von den Erscheinungen und das heißt aus der Binnenperspektive des Christentums zu bestimmen lehrte – und zwar als Gefühl des »Gegensazes und seiner Aufhe-

---

[21] FRIEDRICH SCHLEIERMACHER: Der christliche Glaube 1821/22, hg. v. HERMANN PEITER, Bd. 1 (= CG¹ 1) Berlin/New York 1984, §6, 20–23.

[22] CG¹ 1, §7–§18.

[23] Diese Sonderstellung des Christentums zeigt sich bereits kaum übersehbar in CG¹: Eine eventuelle Gleichstellung Christi mit anderen Religionsstiftern liefe auf die Aufhebung des Christentums überhaupt hinaus, CG¹ 1 §18,1 62. Alle anderen frommen Gemeinschaften, denen die Unvollkommenheit der Erlösung wesentlich ist, gehören selbst zu der Hemmung, welche durch Christus aufgehoben werden soll, ebd., §18,4, 66.- In CG² hat sich Schleiermacher darum bemüht, diese Inkonzinnität durch die methodologische Unterscheidung zwischen Religionsphilosophie und philosophischer Theologie (Apologetik und Polemik) zu vermeiden, also durch eine wissenschaftssystematische Abtrennung der »Verschiedenheit frommer Gemeinschaften überhaupt« (§7–10) von der »Darstellung des Christentums seinem eigentümlichen Wesen nach« (§11–14). Diese Aufteilung ist deshalb nicht geglückt, weil sich Schleiermacher nicht über die tatsächliche Perspektivendifferenz zwischen einer deskriptiv-religionsphilosophischen und einer dogmatisch-hermeneutischen Betrachtungsweise Rechenschaft gegeben hat. Die beiden oben unterschiedenen Dimensionen im Begriff des Wesen des Christentums liegen hier offensichtlich miteinander vermischt vor. Daraus kann man nur die Konsequenz ziehen, die differenztheoretische Selbstartikulation des Christentums gegenüber der externen Beschreibung als authentisch vorzuziehen.

bung«[24], also als Erlösung. Allerdings paßt zu dieser selbstreflexiven Wesensermittlung die religionsphilosophische Typenlehre schlecht. Sie nimmt eine begriffliche Allgemeinheit in Anspruch, die von der binnenspezifischen Wesensermittlung bereits unterlaufen wurde[25]. Über diese Allgemeinheit ein Verständnis der auf Besonderung zielenden Wesensdefinition des Christentums zu erreichen, dürfte das Motiv Schleiermachers gewesen sein, die miteinander unverträglichen Bestimmungskriterien zu verbinden[26]. Der von innen her gewonnene Wesensbegriff läßt sich aber nicht durch äußerliche Reflexion verallgemeinern. Schleiermachers religionsphilosophischer Zugriff enthält in sich noch immer Spuren eines erscheinungsfernen und insofern der eigenen Maxime widersprechenden aufklärerischen Wesensverständnisses.

Von dieser Möglichkeit eines gewissermaßen äußerlichen Zuganges zur Wahrheit des Christentums hat sich Ernst Troeltsch befreit. Seine Ausführungen zum Begriff des Wesens des Christentums haben die Form einer großen methodischen Revision des berühmten Buches Adolf von Harnacks[27]. Darin teilt er vorbehaltlos die historische Grundeinstellung des Berliner Dogmengeschichtlers[28]. Mit seiner Absicht, das Wesen des Christentums ausschließlich auf historischem Wege zu bestimmen, hatte sich Harnack von jeder religionsphilosophischen Betrachtungsweise (als mit der historischen

---

[24] CG¹ 1, § 18,5, 68.

[25] Insofern überrascht es nicht, daß Schleiermachers Behauptung der Absolutheit des Christentums in CG so zwiespältig und gebremst ausfällt.

[26] Dieses Argument zieht weitere Kritik an der »Glaubenslehre« nach sich. Denn gerade die Konstruktion des Begriffs der schlechthinigen Abhängigkeit verdankt sich dem Impuls, ein »Gemeinsames« der Frömmigkeit zu etablieren. Die durch diesen Begriff erzielte Einheitsstiftung erweist sich denn auch der nachfolgenden Dualität nicht gewachsen, die mit dem Gegensatz von unmittelbarem und sinnlichem Selbstbewußtsein nur unzureichend bestimmt ist. Denn das Widereinander von unmittelbarem und sinnlichem Selbstbewußtsein einerseits und das Miteinander beider Aspekte des Selbstbewußtseins andererseits sind in der christlichen Selbstinterpretation als Sünde und Erlösung qualitativ so einander entgegengestellt, daß alles quantitative Verständnis von »Störung« oder »Hemmung« der bestimmenden Funktion des unmittelbaren Selbstbewußtseins zu kurz greift. Auch hier zeigt sich das nötige Nebeneinander der beiden gegenläufigen Reflexionsformen. Das betrifft die Einleitung der »Glaubenslehre«. Aber auch der christologische Grundgedanke vom reinen Gottesbewußtsein Jesu wird problematisch, jedenfalls sofern er als überdifferent, als selbst von keiner Dualität betroffen, vorstellig gemacht wird. Vgl. JÖRG DIERKEN, Das zwiefältige Absolute, in: ZNThG 1, 1994, 17–46.

[27] ADOLF VON HARNACK, Das Wesen des Christentums (1900). Mit einem Geleitwort von RUDOLF BULTMANN (Siebenstern-Taschenbuch 27), Müchen/Hamburg 1964

[28] ERNST TROELTSCH, Was heißt »Wesen des Christentums«? [zuerst in ChW 1903, erweitert und hier zugrundegelegt in der Fassung von 1913] in: DERS., Gesammelte Schriften II. Zur religiösen Lage, Religionsphilosophie und Ethik, 2. Aufl. Tübingen 1922, 386–451. Zum Unterschied von Erst- und Zweitfassung sowie zur weiteren Analyse vgl. SYKES (Anm. 11), 148–173.

unvereinbar) verabschieden wollen[29]. Insoweit hatte er die Konsequenz aus
Schleiermachers Zwiespältigkeit gezogen. Gerade in dieser methodischen
Selbstbeschränkung Harnacks aber war zum Ausdruck gekommen, daß die
Ermittlung des Wesensbegriffes zwar eine für den Historiker unerläßliche
Aufgabe darstellt, daß sie jedoch nicht mit den für methodische Objektivität
sorgenden geschichtswissenschaftlichen Verfahrensweisen zu lösen ist[30].
Harnack selbst hatte wohl noch die Vermutung, seine deskriptive Wesens-
konstruktion, das Christentum bestehe im reinen Gegenüber Gottes des Va-
ters und der (durch dieses Gegenüber) unendlich wertvollen Menschenseele,
könne sich aufgrund der historischen Materialien gewissermaßen selbst
plausibilisieren, auch ohne weitergehende geltungstheoretische Ansprüche.
Diese Aussicht hat geschichtlich getrogen, wie man weiß; es ist eine spezifisch protestantische und keine historisch-allgemeinverbindliche Wesensbestimmung, die da gegeben wurde, und sie hat mit diesem Anspruch auf historische Verbindlichkeit auch im Protestantismus nur begrenzte Zustimmung gefunden.

Troeltsch teilt die historische Grundeinstellung Harnacks, aber er distan-
ziert sich von dessen Naivität in der Frage der Wesensermittlung. Er prinzi-
pialisiert statt dessen den Unterschied zwischen strenger historisch-methodi-
scher Forschung einerseits und unerläßlicher, aber nur intuitiv möglicher
Zusammenfassung und Reduktion von deren Ergebnissen zu einem Ausdruck des gemeinsamen Wesens andererseits.

Das methodische Resultat von Troeltschs Untersuchung lautet daher, hart
geredet und generell geltend: Wesensbestimmung ist Subjektivismus[31]. Ihre
Pointe bekommt diese These freilich dadurch, daß Troeltsch, wie die Glie-
derung des Aufsatzes zeigt, die Beliebigkeit dieses Subjektivismus dadurch
bremsen möchte, daß er die Ermittlung des Wesensbegriffes in einen hermeneutischen Zirkel einbindet, der Wesen und Erscheinung miteinander verknüpft. Der Zirkel baut sich durch drei Bestimmungsmomente auf. Das erste
ist die divinatorische Abstraktion des Wesens aus den erforschten Erscheinungen. Der so generierte Wesensbegriff wird zweitens kritisch-sondierend
auf die unbestimmte Mannigfaltigkeit der Erscheinungen angewandt, um
das nicht Wesensgemäße auszuschalten. Drittens wird vom Wesen insofern
konstruktiver Gebrauch gemacht, als es dazu beitragen soll, die Erscheinungen normativ auf den Idealbegriff zuzubewegen. Dieser letzte praktische
Schritt kann freilich nur dann gelingen, wenn der zunächst hervorgebrachte
Wesensbegriff kommunikative Zustimmung findet, also auch von anderen

---

[29] HARNACK (Anm. 27), 18

[30] Das hat Harnack selbst so gesehen: »absolute Werturteile als Ergebnisse einer rein geschichtlichen Betrachtung ... schafft immer nur die Empfindung und der Wille; sie sind eine subjektive Tat.« Ebd. 24.

[31] TROELTSCH (Anm. 28), 436.

Menschen als ihnen einleuchtend geteilt, gewissermaßen von ihnen als der für sie geltende hervorgebracht wird. So kehrt der Zirkel dann wieder konsequent an seinen Ausgangspunkt, die Erzeugung des Wesensbegriffes, zurück.

Dieses allgemeine methodologische Muster ist in Troeltschs Aufsatz nur relativ knapp, aber hinreichend deutlich auf das Christentum angewandt. Er sieht das Christentum – durchaus in Nähe zu Schleiermacher – als die aktuale Überwindung eines elementaren strukturellen Gegensatzes an, der verschieden bezeichnet werden kann, ohne diese Struktur zu verändern. »Das Christentum ist Erlösungsethik mit einer Verbindung optimistischer und pessimistischer, transzendenter und immanenter Weltbetrachtung, mit schroffer Entzweiung und innerer Verbindung von Welt und Gott, der prinzipielle und doch in Glaube und Tat immer von neuem aufgehobene Dualismus.«[32] Die Pointe dieser Wesensformel besteht darin, daß sie einmal mit dem strukturellen Gegensatz von Bestimmungen rechnet, und daß sie zum andern ein Gegenüber von Akt und Struktur feststellt. Da die Einheit nur aktual gewonnen werden kann, ist sie nicht in eine begriffliche Einheit auf der Ebene der Strukturdifferenzen zu überführen; allein »Glaube und Tat« überwinden den »Dualismus«[33].

Nun gibt es aber einen deutlichen Widerspruch zwischen der Konstruktion des allgemeinen Wesenszirkels und der tatsächlichen Wesenbestimmung des Christentums. Dieser Unterschied läßt sich daran einsichtig machen, daß in dem generellen Zirkelmodell das entscheidende Moment die Produktion des Wesensbegriffes ist[34]. Wenn diese divinatorische Bestimmung gut getroffen ist, dann kann sie auch kommunikationspragmatisch überzeugen und Anhänger finden. Der Betonung des Produktionsakzents entspricht so ein Propagandaimpuls. Genau dieser Zirkel von Wesensproduktion und Wesenspropagierung kann aber für das Wesen des Christentums nicht erfolgreich sein, wenn anders zu diesem konstitutiv die Unbeherrschbarkeit, die Willkürlichkeit des Aktes gegenüber der Struktur gehört. Das Motiv, die christliche Wesensbestimmung zu teilen, entzieht sich einer kommunikativen Beeinflussung.

Daß Troeltsch aber durchaus das von ihm so einleuchtend bestimmte Wesen des Christentums nach dem allgemeinen Muster deutete, nach dem sich Überzeugungen überhaupt vermitteln, spricht einerseits für eine bestimmte

---

[32] Ebd. 422.

[33] Troeltschs Wesensformel ist auch deshalb interessant, weil sie aufgrund des begrifflich-dualen Differenzmomentes in der Lage ist, sich zu auftretenden Gegensätzen verschiedener Art zu verhalten (das ist ihre Offenheit für Entwicklung) – und weil sie in dem Unterschied von Akt und Struktur dynamisch verfaßt ist (das ist ihr praktisches Moment). Vgl. ebd. 418.

[34] Vgl. Ebd. 431.

implizite Zeitdiagnose, andererseits für eine gewisse Unklarheit über die Reichweite seiner eigenen Wesensbestimmung.

Die unausgesprochene Zeitdeutung ist, daß Troeltsch sich selbst in einer Phase des faktischen Pluralismus sieht. Die Wesensentwürfe des Christentums sind ebenso wie die allgemeinen Wertsetzungen von subjektiven Prämissen abhängig, die nicht mehr vereinheitlicht werden können. Daher gilt die Diagnose: Pluralismus. Nicht ausgeschlossen aber ist es, daß sich im Nachhinein die subjektive Vielfalt wieder pragmatisch reduziert. Der Pluralismus ist nur faktisch, weil ernsthaftes Bemühen die subjektive Mannigfaltigkeit doch wieder beschränkt. Idealerweise muß sogar eine letzte Zielidentität solcher Kommunikationen über Wesensbestimmungen und Wertsetzungen angenommen werden.

Die Unklarheit in der Reichweite der eigenen Wesensformel besteht darin, daß Troeltsch die Selbstbegrenzung nicht gesehen hat, die in der begrifflich unaufhebbaren Differenz von Akt und Struktur liegt. Von Troeltschs eigenem Wesensbegriff kann man nur so Gebrauch machen, daß man seine Geltung selbst beschränkt, indem die Anerkennung desselben als Wahrheit vom eigenen aktualen Lebensvollzug, von eigener Selbstdeutung der Betroffenen abhängig gemacht wird. Die hermeneutische Anlage der Bestimmung des Wesens des Christentums wird damit an die Vollzüge von individueller Selbstdeutung zurückgegeben. Erst darin erfüllt sich der Sinn dieser Formel. Genau dann aber ergibt sich konsequent aus der kategorialen Reflexion der Debatte um das Wesen des Christentums die These, daß im Zeitalter eines prinzipiellen Pluralismus der Glaube als dieses Wesen zu bestimmen ist.

3. Glaube als Wesen des Christentums

Der Glaube an Gott ist das Wesen des Christentums[35]. Diese These soll im folgenden erläutert werden. Sie erschließt sowohl den dogmatischen Bestand des Christentums als auch seine subjektive Vergewisserungsleistung.

Der Glaube an Gott ist, in seiner formalen Struktur, zu beschreiben als aktuale Einheit unvermittelter Differenzverhältnisse; insofern trägt er negativ-dialektische Züge. Diese Charakterisierung schließt an die bei Troeltsch und Schleiermacher erarbeiteten Bestimmungen an; sie nimmt auf, was bei Schleiermacher »Erlösung« genannt wird und was bei Troeltsch »Aufhebung des Dualismus in Glaube und Tat« heißt. Zwei Präzisierungen sind aber schon hier vorzunehmen. Die erste betrifft das Verhältnis von »Objektivität« und »Subjektivität« des Glaubens. Glaube in dem hier zu explizierenden Sinne kommt nicht als irgendwie über inneres Erleben aufzubauende Gemüts-

---

[35] Vgl. HÄRLE (Anm. 1), 55–80.

haltung, sondern als Glaube an Gott zustande; das ist die unverzichtbar intentionale Seite im Glaubensbegriff. Diese intentionale Seite aber ist verbunden mit dem obliquen, unthematisch-reflexiven Rückverweis auf die eigene Selbstdeutung als Form des Glaubens. Es liegt also eine eigentümliche Kopräsenz von intentionaler und reflexiver Einstellung vor; diese veranlaßt dazu, von der Operation der Selbstdeutung auszugehen und in derselben die intentionale Dimension zu entdecken. Die zweite Präzisierung bezieht sich auf das Verhältnis zwischen dieser hochgradig formalisierten Struktur und ihren anschaulichen Auslegungsformen. Diesbezüglich gilt, daß es unterschiedliche Auslegungsweisen, also differente, auch aufeinander nicht rückführbare religiöse Sprach- und Vorstellungszusammenhänge gibt, in denen diese Struktur wirksam ist. Das bedeutet für die nun an dieser Stelle vorzunehmende Entfaltung, daß sie – trotz ihrer beabsichtigten elementaren Ausdrucksweise – auch nur eine unter möglichen anderen ist.

Glaube als aktuale Einheit unvermittelter Differenzverhältnisse bezieht sich auf solche Unterschiede, die im Leben selbst vorliegen. Nun kann man zeigen, daß es jedenfalls eine bestimmte Anzahl solcher Unterscheidungen gibt, die vor die Frage stellen, wie mit ihnen umzugehen ist. Und zwar steht zur Debatte, ob man sich eine (synthetisch produzierte) Einheit vorstellen kann, in der die Unterschiede dann auch wieder verschwinden – oder ob man auf eine derartige Synthetisierung verzichten muß. Es sind insbesonders drei basale Differenzen im menschlichen Leben, die diese Alternative aufscheinen lassen: Leib und Seele, Selbst und Anderer, Sinnerfüllung oder Sinnverlust individuell-sozialen Lebens.

Zuerst also die Differenz von Leib und Seele im individuellen Leben: Die Versuche sind bekannt, diesen Unterschied entweder zur spirituellen oder zur materiellen Seite hin aufzuheben; die Schwierigkeiten, die sich dabei einstellen, liegen allerdings ebenso deutlich am Tage. Standhalten läßt sich dieser unaufhebbar duplizitären Grundverfaßtheit, wenn sie in Deutungen symbolisch artikuliert wird. Eine zweite elementare Differenz ist die zwischen mir selbst und dem anderen. Hier kommen, idealtypisch gesprochen, als Versuche der Synthetisierung unterschiedliche Gesellschaftsmodelle zustande: eines, das kollektivierend Selbstheit als Andersheit versteht und darum alle empirisch gleich machen will; und ein anderes, das individualisierend Andersheit lediglich als perpetuierte Selbstheit auffaßt und keine gemeinschaftliche Perspektive mehr anerkennt. Hat man die Untauglichkeit solcher Einseitigkeiten eingesehen, dann muß man sich zu solchen gesellschaftlichen Symbolisierungen verstehen, die aus individueller Perspektive anschlußfähig sind und gleichwohl das Allgemeine zur Vorstellung bringen, die also Partizipation und Sicherheit miteinander verknüpfen. Schließlich ist ein dritter fundamentaler Unterschied im menschlichen Leben der zwischen einem Gewinn und einem Verlust der eigenen Lebensintention, zwischen Erfüllung und Versagen in dem komplexen individuell-sozialen Lebensraum. Hier synthetisierend vorgehen zu wollen, würde bedeuten, Gelingen und Scheitern von der eigenen Aktionsfähigkeit abhängig zu machen. Die Einsicht in die Unvermittelbarkeit dagegen würde die Unbeherrschbarkeit des eigenen Lebens anzuerkennen verlangen. Es gibt also Differenzen im menschlichen Leben, so läßt sich dieser Gedankengang zusammenfassen, die vor die Frage nach dem richtigen Umgang mit ihnen stellen. Und die Antwort auf diese Frage versteht sich keineswegs von selbst.

Der Umgang des christlich-protestantischen Bewußtseins mit diesen Differenzen des Lebens sieht grundsätzlich so aus, daß es sie vor Gott bringt. Mit dem Ausdruck »vor Gott bringen« ist dabei gemeint, daß als Jenseits und Gegenüber dieser problematisch-uneindeutigen Unterschiede und ihrer Überlagerungen eine Instanz in Anspruch genommen wird, die diesen nicht unterliegt, in der diese Differenzen vielmehr indifferent gegeneinander und insofern verschwunden sind. Sich so »vor Gott« gestellt zu wissen, zeitigt freilich eine doppelte Konsequenz. Zum einen verschärft sich der Charakter der lebensweltlichen Gegensätze zu unvermittelbaren Extremen. Das Zwielicht, ob und wie sie wohl zu bewältigen wären, wird radikal erhellt: Sie sind auf aufhebend-vermittelndem Wege gar nicht erfolgreich zu bearbeiten. Auf der anderen Seite muß man sagen: Sie sind in Gott, aber auch nur in Gott, ohne Widerstreit miteinander; und insofern ist er die jenseitige Klammer der diesseitigen Widersprüche.

Dieses Verfahren des religiösen Bewußtseins trägt freilich unverkennbar projektive Züge. Das, was sich innerweltlich nicht oder nur schwer bearbeiten läßt, wird auf eine jenseitige Instanz verschoben; und zwar nicht erst am Ende eines Prozesses der Bemühung und Auseinandersetzung, sondern grundsätzlich und von Anfang an. Darin steckt, auf der einen Seite, eine große Chance. Denn mit diesem Vorgehen, das Leben unmittelbar vor Gott zu stellen, wird dieser ohne vermittelnde Zwischengrößen direkt auf das von Widersprüchen gezeichnete Leben bezogen. Es fallen alle Weisen einer stufenweise gesetzförmigen Vermittlung zwischen den Lebensdifferenzen und Gott selbst hinweg. Natürlich ist, auf der anderen Seite, das Defizit dieses Verfahrens ebenfalls unübersehbar. Denn so wie bis jetzt beschrieben, ist Gott selbst, wiewohl von uns mit dem Leid und Elend der Welt konfrontiert, doch an sich selbst von ihm unbetroffen. Ja, man muß sagen: Infolge dieses Unbetroffenseins kann man ihn nur als den Richter und Vernichter des diesseitigen Lebens verstehen.

Die Widersprüchlichkeit des Lebens unmittelbar vor Gott zu bringen – das ist ein historisch-kontingenter Vorgang; dafür gibt es keine Zwangsläufigkeit. Für das christlich-protestantische Bewußtsein heftet sich dieser Vorgang an die Gestalt Jesu von Nazareth. Er hat in seiner Verkündigung des Gottesreiches die unmittelbare Nähe Gottes zu den Widersprüchen des Lebens gelehrt; ein Eingehen in sie, intensiver, als es das Gesetz erlaubt. Die Gegensätze der Welt werden durch Gottes Nähe nicht sogleich aufgelöst, sondern erhalten ein anderes Ansehen, wie die Gleichnisse erkennen lassen; sie werden durchscheinend für die Einheit, die hinter ihnen steht und von der sie zehren. Allerdings besitzt Jesu Verkündigung durchaus eine doppelte Konsequenz: Sie verheißt die Rettung derer, die sich darauf einzustellen vermögen, aber kündigt zugleich die Vernichtung der Welt der Widersprüche im apokalyptischen Feuer an[36]. Indem so die Welt unmittelbar vor Gott gestellt wird, liegen Gericht und Rettung ganz und gar ineinander[37].

Daß es bei diesem vom Anschein der Projektion stets begleiteten Widereinander nicht bleibt, haftet, ebenfalls als historisch-kontingentes Geschehen, wiederum an der Gestalt Jesu; nun nicht am Verstehen seiner Botschaft, sondern am Verständnis seines Geschicks[38]. Denn an Jesu Tod ist seinen Jüngern aufgegangen, daß sich in seiner Person Gott selbst am Ort der Widersprüche des weltlich-menschlichen Lebens befand; das ist die Erkenntnis von Ostern, die die Rede von der Nähe Gottes zu Jesus durch den Tod hindurch in die Rede von der Einheit Jesu mit Gott verwandelt. Gott selbst also erweist sich, so unmittelbar auf die Differenzen menschlich-weltlichen Lebens bezogen, als an diesen Differenzen seinerseits teilhabend. Schärfer noch: Gott selbst hat an der Konfrontation zwischen Mensch und Gott Anteil, die durch das Eingehen Gottes in die Welt der Menschen ihren zuspitzenden Inbegriff fand. Er hat freilich so daran Anteil, daß er diesen Grundgegensatz der Feindschaft zwischen Gott und Mensch – und insofern dann auch die dualen Gegensätze im Menschenleben – in eine Koexistenz des Verschiedenen verwandelt; der menschgewordene Sohn Gottes, so sagt das die alte theologische Sprache, kehrt als dieser zur Rechten Gottes zurück. Diese Überwindung der Gegensätze in der Gestalt Jesu von Nazareth aber – die bleibende Gottesnähe in seinem Leben über die Leib und Seele trennende Differenz des Todes hinaus – ist, weil am Ort der Menschen geschehen, auch für die Menschen von Bedeutung. So nämlich, daß anhand dieser Geschichte Jesu ein Horizont eröffnet wird, der es erlaubt, die Widersprüche im Leben durch Deutung beieinander zu halten; und diese Deutung beruht auf der Grundform, daß Gott selbst, an den man sich unmittelbar wendet, seinerseits an der Zerrissenheit menschlichen Lebens teilhat; die auf Gott bezogene

---

[36] Innerhalb desselben zeitgeschichtlichen Horizontes apokalyptischer Erwartungen unterscheidet sich die Erwartung Jesu von der ihm vorausliegenden Tradition insofern funktional, als für Jesus das Weltende die Konsequenz der jetzt schon stattfindenden Nähe Gottes darstellt, nicht das erstmalige Näherkommen. Daher auch die Verzahnung der endzeitlichen Menschensohngestalt mit seiner eigenen Person (Lk 12, 8f).

[37] JÜRGEN BECKER, Jesus von Nazaret, Berlin/New York 1996. 92f. 274f. RUDOLF HOPPE, Jesus. Von der Krippe an den Galgen, Stuttgart 1996, 75–131.

[38] HOPPE, ebd. 132–163.

Deutung ist daher konstitutiv die Deutung der Geschichte Jesu Christi. Insofern hat man mit einem zwiefachen Verständnis der Teilhabe Gottes an den lebensweltlichen Widersprüchen menschlicher Existenz zu rechnen: mit einer primären Weise der Teilhabe, in der Gott so gedacht wird, daß er diese Widersprüche für sich aufgehoben und in aspektivische Koexistenz umgesetzt hat; und mit einer sekundären Weise seiner Gegenwart, die die menschliche Deutung dieser Widersprüche mit Gottes Präsenz zusammenbringt und so durch Gottes Dabeisein ihre Verwandlung in ein menschlich gestaltbares Zusammensein verschiedener Aspekte des Lebens bewirkt. Sofern diese Teilnahme überhaupt aber allein in dem geschichtlichen Auftreten Jesu als Mensch gegeben ist, dient der Unterschied von primärer und sekundärer Präsenz Gottes in der Welt den Menschen; nämlich darin, daß durch diesen Unterschied einmal eine Teleologie in der Bearbeitung der Gegensätze aufgerichtet wird[39], und daß dieser Unterschied sodann den Menschen gerade den deutenden Spielraum für ihren eigenverantwortlichen Umgang mit den Differenzen ihres Lebens wahrzunehmen erlaubt. Natürlich ist in der durch die Deutung von Jesu Tod erfolgten Neuinterpretation der Inanspruchnahme Gottes auch das Verhältnis zur Welt der Widersprüche neu bestimmt worden. Denn dank Gottes Teilhabe an der Welt der Menschen muß diese Welt nicht mehr, in abstrakter Weise mit dem Ideal der Vollkommenheit konfrontiert, zugrundegehen, um gerettet zu werden. Statt dessen findet die Rettung oder Erlösung schon und gerade in der Welt der Gegensätze statt[40].

Die Koexistenz des Verschiedenen in Gott wird mit der Rede vom Heiligen Geist gemeint. Aus dem bisher umrissenen Gang des Gedankens ergibt sich, daß es eben diese Kraft der göttlichen Einigkeit ist, die sich teleologisch auch als die Widersprüche zur Koexistenz verwandelnde Kraft im menschlichen Dasein erweist. Und auf der Linie dieser Überlegungen wird dann auch deutlich, inwiefern von einer Einheit des menschlichen Lebens aus Leib und Seele im Geist gesprochen werden kann – sowie der weitere Aspekt, daß es Gottes Geist ist, der den menschlichen Geist trägt und erhält. Dieser das Differente verbindende Geist aber hat seine spezifische Existenzweise im Vollzug von Deutungen.

Die anerkannte Präsenz dieser Verknüpfungen des Geistes im menschlichen Bewußtsein heißt Glaube. Glaube an Gott besteht demnach im Menschen als die im Vollzug des deutenden Bewußtseins präsente Einheit unvermittelter und unvermittelbarer Differenzen, die allein durch Gottes Teilhabe an ihnen und ihre Verwandlung in Koexistenzen ihren Bestand gewonnen

---

[39] Was die grundsätzliche Möglichkeit eröffnet, auch im Christentum von Weltende als Weltvollendung zu sprechen.

[40] Darum kann der johanneische Jesus den Tod als für die Erlösung bedeutsame Grenze negieren, Joh 11,25f.

hat. Anders gesagt: Im Glauben an Gott wird ein Mensch in den unvermittelbaren Widersprüchen seines Lebens Einer, indem er an Gottes Teilhabe an seinem Leben teilnimmt. Oder noch knapper: Glaube besteht in einer vermittelten Unmittelbarkeit zu Gott.

Es kommt nun jedoch alles darauf an, daß die hier entwickelte Struktur des Glaubens auch vom Bewußtsein selbst nachvollzogen werden kann. Genau das ist der Fall. Denn die historisch-kontingent vermittelte Unmittelbarkeit der Gottesbeziehung läßt sich subjektiv ratifizieren als fortgesetzte Wiederholung der Figur von Selbstunterscheidung, wie sie dem Bewußtsein ursprünglich zugehört. Und genau diese Übersetzbarkeit der religiösen Deutung des Gottesverhältnisses in Selbstvollzüge ist die Wurzel der hermeneutischen Kompetenz des Protestantismus. Diese Serie von Selbstunterscheidungen wird im folgenden kurz umrissen.

Die faktische Einheit menschlichen Lebensvollzuges macht von dem in ihr virulenten Unterschied von Leib und Seele (oder entsprechenden Äquivalenten) Gebrauch. Man könnte daher sagen: Menschliches Leben besteht in einer Selbstunterscheidung, die allererst die Möglichkeit von Selbstbestimmung aus sich heraussetzt. Es hat allerdings diese Einheit auch keinen anderen Ort als das Vornehmen dieser Selbstunterscheidung im Sinne von Selbstbestimmung. Diese vollzugsförmige Einheit wird als Geist bezeichnet. Man muß jedoch fragen, inwiefern tatsächlich mit dieser Einheit im Geist gerechnet werden kann, wenn anders die Vollzüge von Selbstbestimmung doch stets so angelegt sind, daß sie nicht zum Abschluß kommen. In der aktualen Einheit des Geistes liegt daher bei näherer Betrachtung sogleich eine neue Selbstunterscheidung: die zwischen der vollzugsförmig-unabgeschlossenen und der nur in der Vorstellung zum Ziel gelangten Einheit des Geistes. Und zwischen beiden besteht ein offenbar nicht vermittelbares Verhältnis. Es herrscht ein kategorial unüberbrückbarer Gegensatz, denn die tatsächliche Vollendung der Einheit des Geistes wäre zugleich sein eigenes Ende als Vollzugsort freier Selbstbestimmung. Indem man diese Unterscheidung zwischen aktual-unvollendeter Differenz der Selbstbestimmung und ihrer vorgestellten Abgeschlossenheit aufmacht, nimmt man jedoch zugleich eine neue Stufe von Geist in Anspruch: eine solche nämlich, die unter diesem Gegensatz nicht zerfällt. Nimmt man diese neue, zunächst in ihrem Grund noch nicht durchschaute Einheit wahr, dann muß man fragen, woher oder in Bezug auf was sie sich aufbaut. Und diese Frage verlangt eine Unterscheidung zwischen der perniziös-widersprüchlichen Verfaßtheit von Geist in der Differenz von Selbstbestimmungsakt und Selbstbestimmungsresultat einerseits und der möglichen Koexistenz der Elemente dieser antinomischen Bestimmtheit. Diese Unterscheidung aber ist nun nicht mehr iterierbar. Es kann auf dieser Stufe nur darum gehen, Bezugsmomente zu finden, die diese Verfaßtheit des Geistes, trotz seiner manifesten inneren Widersprüchlichkeit

Anspruch auf Einheit zu erheben, plausibel machen. Und genau das ist die Frage nach Religion, wie sie sich im Ausgang von der Selbstbesinnung des menschlichen Selbstbewußtseins ergibt.

Es liegt auf der Hand, inwiefern das oben als Glaube an Gott beschriebene Christentum als positive Interpretation dieser Frage nach Religion verstanden werden kann. Glaube ist gewissermaßen als die Einheit der verschiedenen Selbstunterscheidungs-Vollzüge zu verstehen, als das Ineinander der unterschiedlichen Explikationsstufen von Geist. Insofern nun aber das Christentum nach der vorgelegten Deutung die Struktur der religiösen Frage überhaupt aufnimmt, ist es für die Selbstreflexion grundsätzlich anschlußfähig. Daß allerdings gerade die christliche Auslegung des religiösen Problems gewählt wird, ist und bleibt, von außen betrachtet, so kontingent wie der Vollzug von Selbstreflexion überhaupt.

Die hermeneutischen Aufgaben, die sich von dieser Analyse aus ergeben – im Blick auf das Christentum, im Blick auf andere Religionen, im Blick auf kulturelle Letztvergewisserungen –, werden im nächsten Kapitel in Angriff genommen. An dieser Stelle geht es zunächst noch einmal darum, daß das von uns beobachtete nicht auseinander ableitbare Miteinander von Begriffsstruktur des Christentums (vermittelte Unmittelbarkeit zu Gott im Glauben) und Aktvollzug (Glaube als komplexe Selbstunterscheidung) selbst noch einmal in einen Zusammenhang gebracht werden muß. Dieser Zusammenhang kann nur den Charakter der Geschichte (und der Erzählung dieser Geschichte) haben, weil Geschichte genau die Form ist, in der logisch-begriffliche Struktur und kontingentes Geschehen sich miteinander verknüpfen. Indem die protestantische Formel für das Wesen des Christentums sich in eine erzählte Geschichte kleidet, entsteht der historisch-empirische Typus protestantischen Christentums. Diese Geschichte bietet auch das Grundmuster der protestantischen Dogmatik und Ethik dar; anders gesagt: Dogmatik und Ethik sind die begrifflichen Orientierungspunkte dieser Geschichte. Damit geht unsere Erörterung in die protestantisch-theologische Binnenperspektive über.

4. Glaube als Gottesbegegnung: Das konfessionelle Profil des Protestantismus

Indem Glaube als Gottesbegegnung ausgelegt wird, bringt diese Metapher zum Ausdruck, daß das Eingetretensein der Einheit von Struktur und Akt, das Stehen in der (vermittelten) Unmittelbarkeit, das lebendige Vorliegen des Glaubens in seiner Kontingenz auf Gott selbst zurückgeführt wird. Aus dieser Überzeugung entspringt der Gedanke der Alleinwirksamkeit Gottes, der insofern nicht als ein isolierter, gar extremer Satz der Gotteslehre zu gelten hat, sondern als der spezifisch protestantische Akzent der gesamten Dogmatik. Erst indem sich Gott selbst vergegenwärtigt, findet die Teilhabe des Menschen an Gottes eigenem Leben statt, wird menschliches Leben in seinem Lebensvollzug zum Ort göttlicher Präsenz. Gottesbegegnung aber geschieht als Geschichte.

Diese Geschichte ist wesentlich als Geschichte eines Übergangs vorzustellen. Spricht man vom Glauben als einer unmittelbaren Beziehung von Gott und Mensch, dann ist klar: Man kann nur aus dieser Beziehung selbst heraus zu denken anfangen; man kann sich nicht über sie erheben und sie von außen betrachten. Und das heißt: Das Nachdenken über diese Geschichte der Gottesbegegnung muß beim Menschen beginnen. Wenn man sie aus dieser Perspektive verstehen will, dann muß man diese Beziehung zunächst als unterbrochen denken; denn sonst käme sie in ihrer Unmittelbarkeit gar nicht als Beziehung zu Bewußtsein. Fragt man dann weiter danach, wie man sich eine derartige Unterbrechung vorstellen kann, dann lautet die Antwort: Sie hat sich dann ereignet, wenn an die Stelle der unmittelbaren Gottesbeziehung eine unmittelbare Selbstbeziehung des Menschen getreten ist. Ein mögliches Gottesverhältnis ist insofern nur nach Maßgabe dieser Selbstbeziehung zu gestalten.

Nun kann aber diese Aussage, an Gott könne man nur nach Maßgabe der menschlichen Selbstbeziehung denken, nicht bereits als die ausschließliche und hinreichende Bedingung des Verhältnisses von Gott und Mensch verstanden werden. Denn das käme einer Konstitution dieser Beziehung durch den Menschen, also einer bloßen Setzung Gottes gleich. Statt dessen muß man damit rechnen, daß die Beziehung Gottes zum Menschen auch unabhängig von dessen unmittelbarer Selbstbeziehung Bestand hat. Sie ist dann aber so vorzustellen, daß sich Gott eben auch auf den Menschen bezieht, der sich unmittelbar selbst bestimmt; genauer noch: daß er ihn als den sich selbst bestimmenden seinerseits bestimmt. Die konkrete Gestalt der Beziehung von Gott und Mensch hat dann die Form, daß humane Selbstbestimmung (die nachrangig durchaus religiös als humane Selbstbestimmung auf Gott hin verstanden werden kann) und Bestimmung durch Gott miteinander in Konflikt liegen.

Eben diese Konstellation ist gemeint, wenn in der reformatorischen Theologie vom Gesetz gesprochen wird. Wer einmal in dieser Konstellation steht, kommt aus ihr mit eigener Kraft nicht wieder heraus. Denn gerade eigene Kraft zu beanspruchen, setzt die Selbstbeziehung voraus, die geleugnet werden soll. Sich unter dem Gesetz vorzufinden, bedeutet also, diese Stellung nie verlassen zu können. Die Macht der Sünde ist unüberwindlich, lautet die reformatorische Einsicht in diesen Sachverhalt. Es bleibt beim unversöhnlichen Gegenüber von (wie immer religiös ausgelegter) Selbstbeziehung einerseits und Bestimmtsein durch Gott andererseits, und das Ende dieser unversöhnlichen Geschichte ist der Tod.

Dies ist die erste Etappe in der Geschichte der Gottesbegegnung: der durch das Gesetz festgestellte und perpetuierte Widerspruch von Gott und Mensch. An diesen ersten Eckpfeiler protestantischer Dogmatik, das Gesetz, schließen sich zwei Erläuterungen an. Die erste betrifft den Charakter des Gesetzes, seine Gesetzlichkeit. Es ist klar, daß aufgrund der anklagenden Wirkung des Gesetzes dieses nicht als positive Vermittlungsgröße zwischen Gott und Mensch in Betracht kommen kann. Es ist statt dessen Indiz der nicht stattfindenden, gleichwohl aber als Aufgabe festgehaltenen lebendigen Beziehung des Menschen zu Gott. Dieser nicht vermittelnde Zug des Gesetzes hängt, das ist die zweite Konsequenz, mit dem protestantischen Verständnis des Menschen zusammen: Er ist als sich selbst bestimmendes Wesen gedacht, nicht von äußeren Vorgaben autoritärer Setzungen abhängig. Allerdings ist er in dieser Betätigung seiner Selbstbestimmung auch immer schon als sich verfehlendes Wesen gesehen. Der Verfehlung ist freilich nicht dadurch beizukommen, daß ihm Fähigkeit und Recht zur Selbstbestimmung abgesprochen würden, sondern daß sich die Bezugsgrößen seiner Selbstbestimmung ändern. Genau das ist das Thema der zweiten Etappe in der Geschichte der Gottesbegegnung.

Wir fanden bisher, daß Gott (im »Gesetz«) den sich selbst bestimmenden Menschen bestimmt. Die Form der humanen Selbstbestimmung ist also das kritische Ziel der göttlichen Bestimmung. Dieses Ziel kann aber nicht der Ursprung der göttlichen Beziehung auf den Menschen sein, denn auch dann würden, nun von der anderen Seite her, Gott und Mensch als gleichrangig gedacht. Wird nun aber nach Ursprung und Maß dieser Beziehung gefragt, dann kann nur die göttliche Selbstbeziehung in Betracht kommen, aus der die Relation zum Menschen entspringt und von der sie ihr Maß nimmt. Diese ursprüngliche Relation ist aber tatsächlich unter dem »Gesetz« verborgen und darum auch human nicht zugänglich. Eben diese aber müßte zugänglich werden, damit sich die Alternative zur unmittelbaren humanen Selbstbestimmung eröffnete, diese als ihrerseits nicht ursprünglich eingesehen werden und insofern der Anstoß zu ihrer Überwindung vermittelt werden könnte. Unmittelbarkeit im Verhältnis zu Gott bestünde dann präzise in der Negation der humanen Selbstbezüglichkeit angesichts der ursprünglicheren Selbstbestimmung Gottes für den Menschen. Der Aufruf, sich darauf einzustellen, heißt in der reformatorischen Theologie »Evangelium«, und dieses entfaltet sich präzis im Gegenüber zum Gesetz. Daß diese Entdeckung des tiefsten Bestimmungsgrundes für die Beziehung zwischen Gott und den Menschen wirklich erfolgt ist und diese Beziehung sich wirklich ereignet, macht die zweite Etappe in der Geschichte der Gottesbegegnung aus.

So wie die protestantische Anthropologie am Gesetz haftet, so ist die Christologie mit dem Evangelium verbunden. Denn es ist gerade dank der Einheit von Gott und Mensch in Christus der Fall, daß die ursprüngliche

Selbstbestimmung Gottes für den Menschen, nämlich die Einräumung der Koexistenz von Gott und Mensch durch Gott selbst, erkannt wird. Wie die Kenntnis und Anerkenntnis dieses Sachverhaltes sich gestaltet, ist das Thema des Wendepunktes zwischen den beiden antithetisch-ungleichgewichtig aufeinander bezogenen Phasen dieser Geschichte.

Der Wendepunkt zwischen Gesetz und Evangelium hat die Form einer notwendigen Umdeutung des eigenen Lebens; einer Umdeutung, die auf die Mitteilung des Evangeliums erfolgt. Zwei Momente spielen dabei zusammen: einmal die Verkündigung als die wortsprachlich gefaßte aktuelle Deutung der Geschichte Jesu Christi, die sich an den Anfängen der Überlieferung von ihm orientiert, sodann die Aufnahme dieser Deutung in die eigene Lebensdeutung des Rezipienten. Und diese Integration der Deutung der Christusgeschichte in die eigene Lebensgeschichte erfolgt auf die Weise und in der Tiefe, daß die Deutung des über Christus erschlossenen Gottesverhältnisses als Grund-Deutung des eigenen Lebens angeeignet wird (welche insofern jede andere Deutung ausschaltet, die Anspruch auf dieselbe Funktion erhebt). Das Wort der Verkündigung – also die Deutung der Christusgeschichte – ist dabei nichts anderes als die in religiöse Sprache eingegangene Weise, wie sich die Wahrheit dieser Geschichte schon anfangs zur Geltung brachte: als überraschende Neukonstellierung von Selbst- und Gottesbewußtsein. Es macht den Reichtum und die Unersetzbarkeit der Überlieferung aus, daß sie die Tradition genau dieses wirkungsmächtig gewordenen Weges zum Glauben ist, der in der Geschichte stattgefunden hat. Auf die unterschiedlichen Traditionen religiöser Sprache, die zugleich auch schon vergemeinschaftend wirken, kann und braucht nicht verzichtet zu werden. Die aktuelle Akzeptanz dieser aus der Überlieferung sich speisenden Verkündigung findet in der Weise statt, daß dabei stets eine alte, schon vorausliegende Selbstdeutung negiert wird. Dieser Zusammenhang ist gemeint, wenn in der Sprache der Tradition von Buße die Rede ist. Die Buße ist der Wendepunkt in der eigenen Deutungsgeschichte. Und weil sie stets nur in der Form von Deutung sich ereignet, ist es nötig, diese Neueinstellung der (nun erweiterten) Selbstdeutung immer wieder vorzunehmen. Luthers These, daß das ganze christliche Leben Buße sei, bezieht sich genau auf diesen Sachverhalt. Die Buße selbst stellt die elementare (auf Gott rekurrierende) Selbstunterscheidung des Glaubens dar[41].

Aus diesem Unterschied resultiert die Differenz zwischen Selbstbezug und Weltbeziehung. Wenn es nach dem Modell der unmittelbaren Selbstbeziehung des Menschen geht, dann ist alles Äußere in der Welt direkt aufs

---

[41] Vgl. dazu vom Vf. Buße. Zur theologischen Rekonstruktion einer religiösen Lebensform, in: VOLKER DREHSEN u.a. (Hg.), Der ›ganze Mensch‹. Perspektiven lebensgeschichtlicher Identität. FS Dietrich Rössler, Berlin/New York 1997, 249–262.

Selbst bezogen. Nichts Äußeres kann als solches gesehen und behandelt werden. Bekanntlich gibt es von diesem Modell eine heroisch-titanische und eine depressiv-resignative Variante; und der Impuls, alles beherrschen zu müssen, schlägt nicht selten um in die Verzweiflung, nicht alles beherrschen zu können. Demgegenüber ergibt sich aus der Selbstunterscheidung, die der Glaube vornimmt, eine stabile Unterscheidung von Selbst und Welt. Denn infolge der unmittelbaren Gottesbeziehung muß nicht länger das Äußere die Funktion übernehmen, für den Bestand der inneren Welt einzutreten. Damit kann der Welt, in der die Menschen leben, grundsätzlich ein eigenes, vom Menschen nicht notwendig zu beherrschendes Sein zugesprochen und gelassen werden. In dem Moment aber, in dem dieses Eigensein anerkannt wird, können auch die Ansprüche anderer Menschen auf ihren Platz in der Welt und ihren Anteil an der Welt gesehen und anders als nur durch Zwang vermittelt anerkannt werden.

Aus der Selbstunterscheidung des Glaubens ergibt sich die kritische Konsequenz, daß die Welt nicht auf die eigenen Zwecke reduzierbar ist. Diese Begrenzung ist positiv so zu verstehen, daß das Gegebensein von Welt und Mitmenschen seinerseits die nicht negierbare Voraussetzung für den Vollzug der Selbstunterscheidung des Glaubens ist. Daraus entspringt die Einsicht, daß die Lebenswelt der Menschen insgesamt demjenigen verdankt wird, der zum Vollzug der Selbstunterscheidung veranlaßt: Gott ist Schöpfer der Welt, die Welt ist Gottes Schöpfung.

Blickt man noch einmal auf die in dieser Entwicklung des Gedankens zum Vorschein kommende Ordnung und Abfolge der klassischen Themen der christlichen Dogmatik, dann zeigt sich als protestantische Eigentümlichkeit der erkenntnistheoretische Vorrang der Erlösung vor der Schöpfung; aber auch die Eröffnung des Verständnisses der empirischen Welt als geschaffene Welt durch den Erlösungsgedanken. Es ist damit die Position des leibseelischen Lebens als Ort des Glaubens vom Glauben selbst eingeholt.

Dieser Einsicht zufolge legt sich die religiöse Ethik des Christentums in zwei ineinander übergehenden Horizonten aus. Im Horizont der Schöpfung wird um das Verdanktsein des eigenen Lebens und der Welt überhaupt gewußt; sofern dieses Gegebensein anerkannt wird, äußert sich das dieser Anerkennung entsprechende Leben in Akten der Dankbarkeit; diese Dankbarkeit richtet sich zugleich auf Gott als den Geber des Lebens wie auf die Mitmenschen und die Mitwelt als die Gegebenheiten des Lebens. Dieser Horizont der Schöpfung eröffnet sich aber erst (oder: das Gegebensein kann nur als Gegebensein durch Gott anerkannt werden), wenn die Struktur selbstvermittelten Selbstbezuges durchbrochen ist. Das ist der Horizont der Rechtfertigung, die insoweit dem Schöpfungsgedanken vorangeht. Durch sie verändert sich das Aufgegebensein der Gestaltung humanen Lebens in der Welt nicht; es wird aber von dort aus wahrgenommen als nicht nur pflichtmäßig aufgetragen, sondern als überraschende, neue Entfaltungsmöglichkeit weltlichen Lebens überhaupt. Insofern kann man sagen, daß dieser besondere Aspekt der Rechtfertigung in der Tat die Motivation zum Handeln berührt. In dem Doppelverhältnis von Schöpfungs- und Rechtfertigungsethik zeigt sich das christliche Ethos gewissermaßen als Entfaltungsstufe des Sittlichen überhaupt.

Wenn man daher die grundsätzliche Positivität der gegebenen humanen und mundanen Vielfalt in Anschlag bringen muß, so ist damit auch die Anerkennung der irreduziblen Pluralität von Lebensformen gegeben, die den Ausgangspunkt für die Selbstunterscheidung des Glaubens abgeben. Es ist folglich von diesem Gedanken der Selbstunterscheidung her damit zu rechnen, daß eine Einheit des Glaubens nur in der Vielfalt seiner Erscheinungsformen auftritt. Und es ist auch damit zu rechnen, daß die Klarheit der Einsicht in den so beschriebenen Sachverhalt unterschiedlich ausfällt. Allerdings besagt der Grad der reflexiven Durchsichtigkeit nichts für oder gegen die Wahrheit gelebten Glaubens.

Nicht nur diese Vielfalt der Lebensformen des Glaubens ist zu sehen und anzuerkennen. Wenn sich der Glaube an seine eigene Herkunft aus dem Unglauben erinnert, wird er sich darauf einzustellen haben, daß er mit anderen Lebensformen konkurriert, die ihrerseits einen faktischen Anspruch auf Letztvergewisserung erheben. Vom Glauben selbst aus ist der Unterschied von Glauben und Nichtglauben zu erkennen. Das Wissen um die innere und begriffliche Inkompatibilität beider geht dabei einher mit dem Wissen um die von außen her unauflösliche Koexistenz beider[42]. Sofern das Wissen um diesen Unterschied ebenfalls dem Glauben (und den in ihm verarbeiteten Differenzen) entspringt, kann auch dieser Unterschied als in Beziehung zu Gott stehend begriffen werden; das ist der Sinn der traditionellen Zwei-Regimenten-Lehre im evangelischen Christentum[43].

Die für alle Menschen gleichursprünglich vorhandenen Bezüge von Sozialität und Naturalität sind demnach so zu regeln und zu gestalten, daß dieser Gestaltung alle zustimmen können, auch dann, wenn sie sich (wie Christen und Nichtchristen) hinsichtlich der Selbstunterscheidung des Glaubens

---

[42] Das Christentum »kann an einem zugleich unrestringierten und dennoch politisch stabilen weltanschaulich-ethischen Pluralismus nur dann teilnehmen, wenn zu seiner ethisch orientierenden Gewißheit von der Verfassung und Bestimmung des Menschseins auch diese Überzeugung von der durch keinen Menschen zu entscheidenden Pluralität der menschlichen Lebensüberzeugungen hinzugehört; und: wenn seine Theologie genau dieses Überzeugungsmoment hinreichend klar begriffen und ausgearbeitet hat.« EILERT HERMS, Theologie und Politik. Die Zwei-Reiche-Lehre als theologisches Programm einer Politik des weltanschaulichen Pluralismus, in: DERS., Gesellschaft gestalten. Beiträge zur evangelischen Sozialethik, Tübingen 1991, 95–124; hier: 101.

[43] Ebd. 103–124.

gerade nicht einig sind. Diese Forderung nach Universalität ist darum als spezifisch christlich zu bezeichnen, weil auch die Christen selbst den Glauben immer nur im Unterschied zur Lebensform von Sünde/Gesetz vollziehen können. Diese Universalität baut also auf der Unterscheidung auf zwischen demjenigen, was sich im Glauben nur selbst vollziehen läßt, und demjenigen, was unabhängig davon für alle gelten muß. Die auf diese Weise intendierte Allheit wird so ipso facto von letztbegründeten Lebenseinstellungen und ihrem normativen Verpflichtungscharakter gelöst, ohne damit die spezifische (religiöse) Bestimmung zum Handeln zu eliminieren[44].

Für die soziale Dimension der Allgemeinheit, das Recht, bedeutet dies die Verpflichtung zum Aufbau von verfahrensmäßiger Legalität. Aus dem Verfahren selbst muß sich Rechtlichkeit über Zustimmungsfähigkeit ergeben können. Eine Allgemeinheit der natürlichen Dimension, des Wirtschaftens, ist insofern schwieriger zu etablieren, als der Eigenwille in der Naturaneignung nicht negiert werden kann; hier geht es um eine regulative Allgemeinheit, in der das jeweilige Eigeninteresse durch die Beziehung auf die konstitutive Allgemeinheit des Rechts orientiert und limitiert wird. So wenig es eine von den Individuen und ihren (einzelnen und kollektiven) Interessen abgehobene Gemeinwohlbestimmung geben kann, so sehr ist eine Rückbeziehung der Allgemeinheit des Rechtes auf diese Interessen nötig[45].

Was aus dieser Skizze von Schwerpunkten einer als Begleitung von Lebensgeschichte aufgefaßten Dogmatik und Ethik hervorgeht, ist die Einsicht, daß aus der Selbstunterscheidung des Glaubens solche normativen Vorgaben für die Gestaltung humanen Lebens erwachsen, die gegebene Unterschiede wahrzunehmen, anzuerkennen und zu stärken vermögen. Überdies zeigt dieser Versuch, die Gestalt einer protestantischen Dogmatik und Ethik in Umrissen zu zeichnen, daß auch jeder innertheologische Gebrauch der protestantischen Grundeinsicht in den Glauben seine eigene Pluralisierung mit sich bringt.

---

[44] Mit HERMS, ebd. 122.

[45] Das »epochale Grundproblem der europäischen ›Postmoderne‹« faßt Herms in die Frage: »Wie kann eine verantwortliche Steuerung von Gesellschaft(en) gedacht werden, wenn mit der Erfahrung und Einsicht ernstgemacht wird, daß dafür die Mechanismen des Marktes und die Kriterien ökonomischer Rationalität von sich aus – und durch sich allein – nicht hinreichend sind?« EILERT HERMS, Die ökologische Krise und das Grundproblem der europäischen Postmoderne. Überlegungen aus der Sicht der evangelischen Sozialethik, in: Gesellschaft gestalten (Anm. 42), 263.

4. Kapitel

Glaube und Pluralität.

Über die hermeneutische Kompetenz protestantischer Frömmigkeit

1. Ökumene als Paradigma des Pluralismus

Seit der Reformation im 16. Jahrhundert lebt die Christenheit West- und Mitteleuropas in Kirchen, die sich als unterschiedliche Konfessionen voneinander abgrenzen. Im Unterschied zu Differenzen in Lehre und Kirchenverfassung, die in der Alten Kirche und im Mittelalter für eine Vielgestaltigkeit des Christentums verantwortlich waren, ist nun eine auf die Lehre als Ausdruck der Gesamtgestalt christlichen Lebens gegründete Vielfalt in Erscheinung getreten. Die kirchliche Lehre konnte und mußte als Inbegriff der geistlichen Lebensformen angesehen werden. Das ist, für die evangelische Seite, auf dem Augsburger Reichstag von 1530 in der Confessio Augustana dokumentiert worden. Seit der Reformation existiert aber auch die römisch-katholische Kirche als Konfession neben anderen Konfessionen; die Lehrbildungen des Trienter Konzils haben sich unvermeidlicherweise darauf eingestellt. Die nachreformatorische Konfessionalisierung des Christentums hat zur Ausprägung und Durchgestaltung von unterschiedlichen christlichen Frömmigkeitsstilen und Lebensformen im Zusammenhang der fixierten Bekenntnisaussagen beigetragen. Dabei läßt sich zugleich beobachten, daß die soziale Bindewirkung solcherart konfessionsbestimmten Christentums wächst. Die Grundannahmen der verschiedenen konfessionellen Typen im Christentum haben zunächst immer stärker Lebensführung und Lebensweltverständnis bestimmt, für tendenziell homogene Lebensformen gesorgt. Damit haben sich aber zugleich Abgrenzungen im Christentum vollzogen, die bis auf das Wahrheitsverständnis durchschlagen. Die Konfessionsdifferenz wurde zum Widerstreit unversöhnlicher Wahrheitsansprüche – gerade dadurch, daß es sich um lehrmäßig bestimmte Unterschiede von Wahrheitswertrelevanz innerhalb des einen Christentums handelte.

Dieser Bewegung der Konfessionalisierung gegenläufig war die im Fortgang des 16. Jahrhunderts sich einstellende Erfahrung der machtförmigen Unlösbarkeit des konfessionellen Antagonismus. Seit dem Augsburger

Reichstag von 1555 waren unterschiedliche Konfessionen auf dem Reichs-gebiet anerkannt, wenn auch noch in lokaler Abgrenzung voneinander; eine Struktur, die verschärften Konformitätsdruck im Inneren der Territorien zur Folge hatte. Um so bedeutsamer war die nach den Konfessionskriegen ein-geräumte Möglichkeit, daß Christen unterschiedlichen Bekenntnisses auch auf einem Territorium sollten zusammenleben dürfen. Diese grundsätzliche Regelung des Westfälischen Friedens von 1648 hatte freilich zwiespältige Folgen. Auf der einen Seite führte sie zu einer Konfessionsneutralität unter den Gebildeten. Das zeigt sich an dem in diese Zeit fallenden Aufschwung der verallgemeinernden Begriffe »Christentum« und »Religion«, aber auch in dem Projekt einer christlichen Unionsreligion bei Leibniz. Auf der ande-ren Seite sind die konfessionellen Milieus lebensweltlicher Art durch die grundsätzliche rechtliche Befugnis zur Koexistenz keineswegs aufgelöst wor-den. Das konnte man sehr deutlich bis in die fünfziger Jahre unseres Jahrhun-derts etwa an der Schulgesetzgebung, das kann man in bestimmten – vor al-lem katholischen – Regionen noch heute im Alltagsleben beobachten. Da-her muß man die rechtlich mögliche konfessionelle Koexistenz in Wahrheit als ein stets anstrengendes, mit vielen Auseinandersetzungen und Verletzun-gen verbundenes Ringen um gegenseitiges Sichertragen verstehen. Immer-hin: Zu einer planmäßigen und erfolgreichen Revision des konfessionellen Nebeneinanders hat es in Deutschland nach 1648 nirgendwo gereicht.

Das macht denn auch die besondere Rolle der konfessionspolitischen Auseinandersetzungen in Deutschland aus, wenn man sie mit der (früh)neu-zeitlichen Geschichte etwa Englands, Frankreichs, Spaniens und Italiens, aber auch Skandinaviens vergleicht, wo die Tendenz zu einer allgemeinen Homogenisierung sehr viel größer und sehr viel erfolgreicher war; wo auch die faktische oder rechtliche Bindung der jeweiligen Konfessionskirche an den Staat sehr viel intensiver ausfiel. Als Analogie zur Multikonfessionalität könnte Nordamerika in Betracht kommen; hier ist es die vor allem aus Eng-land emigrierte Dissenterkultur gewesen, die für eine Akzeptanz des konfes-sionellen Nebeneinanders gesorgt hat. Die auch in Mitteleuropa zu beob-achtende Ambivalenz von binnenkonfessioneller Stabilisierung und trans-konfessioneller Neutralisierung, die sich in der Regel auf unterschiedliche Sozialschichten verteilt, hat sich allerdings in Amerika anders dargestellt, und zwar als Mit- und Nebeneinander einer konfessions- und milieubestimmten Kirchlichkeit einerseits und einer (christlichen) Zivilreligion andererseits.

Bewußt wahrgenommen und theologisch wie praktisch bearbeitet wer-den die Aufgaben des konfessionellen Miteinanders bekanntlich erst seit die-sem Jahrhundert. Die ökumenische Bewegung, von der diese Impulse ausge-hen, verdankt sich freilich nicht zuletzt einem kulturellen Bedeutungsverlust des Christentums in der modernen Gesellschaft. Sie ist ein – relativ später – Reflex der Umstellung der Prinzipien der Gesellschaftsintegration von religiöser Kulturprägung zu progressiver Wirtschaftsdynamik. Sie reagiert darauf mit der Einsicht, daß allein eine Zusammenfassung der welt- und kulturgestaltenden Kräfte des Christentums es diesem ermöglichen, auch in Zukunft gesellschaftlich eine Rolle zu spielen. Die ökumenische Bewegung – wie immer sie auch gesellschaftlich induziert sein mag – markiert eine wichtige Phase in der Christentumsgeschichte. Denn zum ersten Mal besinnt sich die plural gewordene Christenheit auf diese ihre Verfaßtheit – mit der Absicht, sie in eine Gestalt neuer Einheit zu transformieren. Dieser Prozeß ist logisch und praktisch hochinteressant. Denn natürlich kann man die Geschichte der vergangenen 450 Jahre nicht einfach ausstreichen; statt dessen gilt es, sich aus den gegebenen Differenzen heraus auf das gemeinsam Christliche zu besinnen. Dazu gehört einerseits, sich über den Status der Unterschiede Rechenschaft zu geben. Dazu gehört andererseits, eine Vorstellung des Zieles zu entwickeln, das ökumenisch verfolgt werden soll. Herkunft der Differenzen und Zukunft der Einheit, so lauten die beiden theoretischen Eckpunkte ökumenischer Theologie. Schon diese Aufgabe freilich stellt sich unter erschwerenden Bedingungen. Denn bereits die Grundbestimmungen sind geprägt von den verschiedenen Ausgangspunkten. Ob die vorliegende Mannigfaltigkeit Vielfalt bedeutet oder auf Abspaltung zurückgeht, ist ebenso kontrovers wie die Frage, ob Einheit kirchenorganisatorisch oder geistlich verstanden werden soll. Die kirchliche Verfaßtheit der Konfessionen schlägt unmittelbar in die ökumenischen Diskurse hinein, wie man am deutlichsten an der (konsequenten) Weigerung der römisch-katholischen Kirche sehen kann, Mitglied des Ökumenischen Rates der Kirchen zu werden.

Genau diese Probleme der Ökumene machen sie aber zu einem Paradigma des Pluralismus. Es gibt, so lautet die Ausgangsstellung, eine praktische Nötigung zur Verständigung unter Verschiedenen. Diese Verständigung muß stattfinden zwischen solchen, die in einem bestimmten Kontext gemeinsam leben, aber gleichwohl alternative Wahrheitsansprüche für ihre Überzeugungsgewißheit erheben. Und weil diese Überzeugungsgewißheiten in immer noch erkennbare Lebensformen eingelassen sind, ist schon die Frage nach der Organisation solcher verständigungsorientierter Diskurse strittig. Nun lassen sich in der ökumenischen Debatte unterschiedliche Modelle feststellen, wie, auf welcher Ebene und mit welchem Ziel Ökumene gestaltet werden soll. Sie unterscheiden sich vor allem darin, in welcher Tiefe sie die plurale Ausgangslage der unterschiedlichen Kirchen wahrnehmen und bestimmen.

Das prominenteste Modell ökumenischer Hermeneutik arbeitet mit der Unterscheidung zwischen der wesentlich einen Kirche und ihren vielfältigen Erscheinungen. Es wird also diagnostisch unterstellt, daß es, aller Zerspaltung zum Trotz, lediglich *ein* Christentum in Gestalt *einer* Kirche gibt und geben kann. Der Anfang des Christentums wird mit seinem als Ziel vorge-

stellten Ende der Sache nach identisch gesehen. Damit wird ein Wesensbegriff entfaltet, der die noch so große Mannigfaltigkeit von Erscheinungen in
sich begreift, sogar im Gegensatz zu den Selbstdeutungen der einzelnen
Konfessionen. Natürlich erfordert dieses Modell, nicht nur den Ort anzuge-
ben, an dem das Wesen in Wahrheit bestimmt wird, sondern auch die Vollzüge zu benennen, mittels derer die Vielfalt gegensätzlicher Erscheinungen
auf den einheitlichen Wesensausdruck zurückgeführt werden soll. Nun sind
diese beiden Fragen selbst keineswegs eindeutig beantwortet. Es gibt mindestens zwei Varianten dieser klassischen ökumenischen Hermeneutik.

Die eine ist die römisch-katholische. Sie behauptet, daß die Erkenntnis
des wahren Wesens nur aus einer einzigen Perspektive möglich ist. Und dies
läuft auf die Behauptung hinaus, daß Wesen und Erscheinung in einem und
nur einem Fall identisch sind, nämlich dem der römischen Kirche selbst. Dabei muß diese Identität keineswegs als statisch und starr verstanden werden;
sie kann und wird vielmehr selbst als im Wachsen begriffen und als der Steigerung fähig ausgelegt werden. Von dieser besonderen Einheit her lassen sich
dann andere Erscheinungen im Rahmen des Christlichen als wesensferner,
aber nicht ganz unwesentlich entdecken und bezeichnen; und auf diesem
Wege einer Verhältnisbestimmung zur geschichtlich auftretenden einen
wahren Kirche ist dann durchaus eine Einbeziehung dieser (noch) nicht ganz
wesenskonformen Gestalten des Christentums vorstellbar. Ja, diese neue, in-
tegrative Darstellung des einen Christentums in der einen Kirche könnte
durchaus eine Bereicherung der jetzigen Einheit von Wesen und Erscheinung darstellen[1].

Die andere große Variante dieses klassischen Modells hat Wolfhart Pannenberg entwickelt und inzwischen über viele Jahre hinweg vertieft. Auch
hier gibt es eine Korrespondenz von Anfang und Ende. Denn die Einheit des
Christentums baut sich auf über die Vorwegereignung des Endes der Geschichte in der Auferweckung Jesu. Auf dieses Ende hin ist nun aber auch die
Geschichte des Christentums in der Pluralität der Kirchen ausgerichtet: Die
Einheit von Wesen und Erscheinung der einen Kirche wird universalgeschichtlich am Ende der Geschichte erwartet. Bis dahin ist also mit einer gewissen bleibenden Differenz aller einzelnen Kirchentümer zur Vollgestalt der
einen Kirche Jesu Christi zu rechnen[2]. Nach dieser Vorstellung wird der Unterschied zum wahren Wesen auf alle Kirchen ausgedehnt; keine wird mit
ihm selbst identifiziert. In dem Maße freilich, wie sie sich einander begrün-

---

[1] Vgl. die Interpretation des Ökumenismusdekrets des Vat. II bei OTTO HERMANN
PESCH, Ökumene heute – 20 Jahre nach dem Konzil, in: Wort und Antwort 27, 1986,
5–13.

[2] »Katholizität« ist ein »eschatologischer Begriff«, heißt es bei WOLFHART PANNENBERG,
Die Bedeutung der Eschatologie für das Verständnis der Apostolizität und der Katholizität
der Kirche, in: DERS., Ethik und Ekklesiologie, Göttingen 1977, 238.

det annähern, wird die Anzeige der endgeschichtlichen Einheit aller deutlicher. Und dies kann vor allem dadurch geschehen, daß sich die Kirchen auf die sie einmal einenden Bestände altkirchlicher Bekenntnisse zurückbesinnen.

Diese beiden Varianten des klassischen Modells der Ökumene[3] besitzen jedoch eine gemeinsame Problematik. Sie besteht darin, daß von einem jeweils partikularen Horizont aus eine Wesensbestimmung vorgenommen wird, die deskriptiv und präskriptiv universal gelten soll. Im einen Fall handelt es sich um eine große (aber, dem eigenen Anspruch zum Trotz, faktisch eben nicht alle umfassende) Kirche; im andern Fall um einen bedeutenden theologischen Entwurf, der aber nicht in verbindliche kirchliche Lehre übersetzt ist. Sieht man die Sache so an, dann ist weder im einen noch im anderen Fall über den möglichen Wahrheitsgehalt entschieden (obwohl nicht beide Auffassungen zugleich wahr sein können); in der aufgezeigten Schwierigkeit spiegelt sich jedoch der methodische Sachverhalt, daß mit einem kategorial einstufigen dualen Schema von Wesen und Erscheinung die ökumenische Vielfalt gar nicht erfolgreich zu begreifen (und darum auch nicht aussichtsreich zu reduzieren) ist. Die Festlegung eines Wesens des Christentums als normativer, also für andere stets von außen kommender Auslegungskanon des eigenen Christseins nimmt die tiefe konfessionsbedingte Pluralität – wie auch eine sinnvoll denkbare eschatologische Pluralität – nicht ernst genug.

Die klassische ökumenische Hermeneutik, die sich in diesen beiden Typen zur Darstellung bringt, trägt zugleich eine gesellschaftspolitische Option in sich. Denn unerachtet des Unterschiedes, ob Einsicht in die theologische Lehre oder Integration in die eine Kirche das primäre Medium ökumenischer Einheit sind, spricht aus ihnen gemeinsam die Annahme, daß es der Gesellschaft, die sich von ihren religiösen Bindungen emanzipiert hat, um ihrer eigenen Humanität willen gut ansteht, sich auf die ethisch bildende Wirkung gelebter Religion zu besinnen. Der Zuwachs kirchlicher Einheit prägt sich zugleich in einer wieder gesteigerten gesellschaftlichen Kohärenz unter religiösen Vorgaben aus.

Im Unterschied zu diesem in sich duplizitären Modell der Ökumene ist in den letzten Jahren von Eilert Herms mit genauer Konsequenz ein anderes ökumenisches Paradigma ausgearbeitet worden[4]. Seine weiterreichende Lei-

---

[3] Der »christozentrische Universalismus«, den Konrad Raiser als das nach dem 2. Weltkrieg leitende ökumenische Paradigma des ÖRK herausgearbeitet hat, ist entweder substantiell oder heilsgeschichtlich auszulegen. Er kommt daher trotz seiner begrifflichen Eigenständigkeit auf die hier entfaltete Alternative zurück. Konrad Raiser, Ökumene im Übergang. Paradigmenwechsel in der ökumenischen Bewegung? München 1989, bes. 68–86.

[4] Eilert Herms, Einheit der Christen in der Gemeinschaft der Kirchen (KiKonf 24),

stungsfähigkeit liegt darin, daß es das kategoriale Schema von Wesen und Erscheinung gewissermaßen pluralisiert. Jede Kirche, jede Konfession versteht das wesentlich Christliche auf ihre Weise. Sie bildet daher eine je eigentümliche Konstellation des Christlichen, und damit gibt es keine Position mehr, die von oben her über diese Konstellationen urteilen könnte – so wenig deshalb die intensive Debatte um das Wahrsein der jeweiligen Glaubensauffassung ausgeschlossen, diese vielmehr umgekehrt ausdrücklich zu fordern ist.

Diese Konzeption enthält zwei wichtige Implikationen. Die eine betrifft die Substanz des Christlichen in den unterschiedlichen Konfessionen. Sofern dort an je verschiedenem Ort Christus überhaupt bekannt wird, darf und muß man einen identischen christlichen Glauben unterstellen, der eben und allein im Christusbekenntnis besteht. Die andere Implikation besagt, daß in allen Konfessionen zwischen dem Gehalt des Glaubens (nämlich: daß er Christusglaube ist) einerseits und zwischen seiner gedanklichen, lehrmäßigen und praktisch gelebten Darstellung andererseits ein unaufhebbarer Unterschied waltet. Es ist gerade dieser Unterschied, der es aber sinnvoll und möglich macht, über die innere Angemessenheit von Glaube und Lehre zu streiten und dabei der Wahrheit des Christentums zu dienen. Die Eigentümlichkeit des evangelischen Christentums – und damit zugleich seine hermeneutische Bedeutung für die Ökumene – sieht Herms darin, daß hier dieser Unterschied von Glaube und Lehre mit vorher unbekannter und seither unüberholter Klarheit gedacht und gebraucht wird[5].

Diese Unterscheidung zwischen einem freien, nur durch seine Evidenz verpflichtenden Glauben und den voneinander abweichenden, stets variablen Lehrformen verbindet sich bei Herms mit einem protestantischen Plädoyer für entschiedenen Pluralismus. Weil der Protestantismus selbst von der Art ist, stets die Selbstunterscheidung von Glaube und Lehre vorzunehmen, wird er die Zumutung, so zu unterscheiden, sowie die Möglichkeit, so unterscheiden zu können, auch für gesellschaftlich sinnvoll erachten. Nur in einem Pluralismus, in dem auf die für die individuellen Selbstdeutungen und Entscheidungen zuständigen Gewissen keinerlei Zwang ausgeübt wird, kann sich die selbstevidente Wahrheit des Evangeliums zur Geltung bringen; die Respektierung genau dieser freien Selbstevidenz aber muß auch allen anderen Institutionen abverlangt werden, die zur Vergewisserung beitragen wollen. Und zwar unabhängig davon, ob und inwieweit sie selbst diese oder analoge Selbstdifferenzierungen vorzunehmen vermögen[6]. Insofern enthält dieses Programm des Pluralismus einen harten normativen Kern.

Göttingen 1984. DERS., Von der Glaubenseinheit zur Kirchengemeinschaft. Plädoyer für eine realistische Ökumene (MThSt 27) Marburg 1989.

[5] HERMS, Ökumene wohin? in: Von der Glaubenseinheit (Anm. 4), 37. DERS., Umstrittene Ökumene, ebd., 70.

[6] EILERT HERMS, Theologie und Politik. Die Zwei-Reiche-Lehre als theologisches

Ich möchte hier ein drittes Modell vorschlagen, das an dieses zweite anknüpft und es fortsetzt. Dabei kommt alles auf die Einsicht an, daß die Differenz, die von Herms als Unterscheidung von Glaube und Lehre bezeichnet wird, nun ihrerseits noch einmal auf die Unterscheidung zurückgeführt wird, die der Glaube selbst vornimmt und ist. Die Unterscheidung zwischen dem Glauben und seiner lehrmäßigen Versprachlichung ist nicht eine Differenzierung, die sich aus einer externen Beobachtung des Glaubens ergibt; vielmehr ist sie bereits mit dem Glauben selbst verbunden, ja entspringt aus ihm. Die reformatorischen Kategorien »Gesetz« und »Evangelium« (s.o. S. 89–91) bringen diese Differenz grundbegrifflich zur Geltung: Das Wahrsein der Christusbotschaft macht sich eben und genau als diejenige Selbstunterscheidung bei uns geltend, die unseren selbstvermittelten Gottesbezug und Gottes Unmittelbarkeit zu uns unterscheidet. Wie die Erörterungen über das Wesen des Christentums gezeigt haben, ist diese Differenz von Vermittlung und Unmittelbarkeit aber von der Art, daß sie in jeder christlichen Konfession so oder so ausgedrückt wird. Diese Tieferlegung der elementaren Unterscheidungsleistung ist deshalb von besonderer Bedeutung, weil erst durch sie die ökumenische Debatte ganz auf die jeweilige Selbstdeutungsperspektive der an ihr Beteiligten eingestellt wird.

Diese Verankerung des Unterschiedes im Glauben selbst zieht drei Konsequenzen nach sich. Erstens folgt, daß im interkonfessionellen Gespräch die Aufmerksamkeit nicht nur auf die faktisch vorliegende Differenz von Glaube und Lehre zu lenken ist, sondern daß die Reflexion sich tiefer noch auf die Frage konzentriert, wie diese Differenz selbst aus dem Charakter des Glaubens hervorgeht und wie sie insofern dem je eigenen Glaubensverständnis seinerseits zugänglich ist. Damit wird die Behauptung vertreten, daß die ökumenische Debatte dann bessere Aussicht auf gelingende Verständigung besitzt, wenn sie zu einer Vertiefung der Einsicht in den einen Glauben in der Pluralität seiner Perspektiven führt. Diese vertiefte Einsicht aber läuft keineswegs auf eine Eliminierung konfessioneller Unterschiede hinaus, sondern mündet in eine tiefere Durchdringung des gemeinsam Christlichen in den verschiedenen Gestaltungen des Christentums.

Die zweite Folge dieser auf den Glaubensvollzug selbst zurückgeführten Selbstunterscheidung besteht in der Verknüpfung von ökumenischem und interreligiösem Dialog. Wenn Religionen sozial vermittelte und individuell prägende Letztvergewisserungen bereitstellen, dann nehmen auch sie auf ihre Weise orientierende Unterscheidungen vor – und Verknüpfungen, die diese Differenzen wiederum übergreifen. Ein solches Verfahren der Selbstunterscheidung gehört dann konstitutiv zum Begriff wie zum Vollzug von

---

Programm einer Politik des weltanschaulichen Pluralismus, in: DERS., Gesellschaft gestalten. Beiträge zur evangelischen Sozialethik, Tübingen 1991, 95–124.

Religion überhaupt – auch wenn Religion nicht immer, wie im Christentum, auf das Subjekt eingestellt ist. Diese fundamentaltheologische Dimension der Selbstunterscheidung veranlaßt zu der Zuversicht, daß dieser Gedanke der Selbstunterscheidung in seiner Formalität auch über den Bereich des Christentums hinaus aus der je eigenen religiösen Perspektive identifiziert werden kann.

Die dritte Konsequenz liegt in der auch anthropologisch zentralen Rolle der Selbstunterscheidung, von deren elementarem Rang im ersten Kapitel die Rede war und die zu Selbstdeutung und Selbstbestimmung nötigt. Daher kann man die Auffassung vertreten, daß in der Figur der Selbstunterscheidung eine kategoriale Basis für die Beziehung religiöser Deutesysteme auf kulturelle, ethische und ästhetische Selbstdeutungen bereitliegt. Auch aus der Perspektive der kulturellen Subsysteme ist die religiös(-protestantische) Selbstdeutungskultur anschlußfähig und aufschlußreich. Verschiedene Religionen und humane Selbstdeutungssysteme werden demzufolge daraufhin befragt, wie sie mit der elementaren Struktur der Selbstdifferenzierung umgehen[7].

Auch darin steckt eine gesellschaftspolitische Option. Sie teilt mit der Ausarbeitung der ökumenischen Hermeneutik bei Herms die Einsicht von der Unhintergehbarkeit und Unreduzierbarkeit des Pluralismus. Allerdings müßte man aus der Sicht dieser dritten Position sagen: Ein Pluralismus läßt sich nur dann sinnvoll verstehen und »regulieren«, wenn es gelingt, dieses Verfahren von Selbstdeutung als Rekurs auf (immer schon vorgenommene) Selbstunterscheidung auch tatsächlich gesellschaftlich zu etablieren. Erst damit ist die entscheidende Diskursbedingung der späten Moderne (oder Postmoderne) erfüllt, nach der Deutungen von Sachverhalten nur dann geteilt werden, wenn sie mit Selbstdeutungen verknüpft werden können. Die normative Komponente einer Differenzierung zwischen selbstevidenter individueller Vergewisserung und den zu dieser Vergewisserung anleitenden Institutionen ist auch hier festgehalten; es wird aber der Ton stärker auf die politischen und gesellschaftlichen Rahmenbedingungen gelegt, die für den Erfolg eines solchen – nicht nur faktisch ertragenen, sondern aus eigener Einsicht bejahten – Pluralismus verantwortlich sind. Die rechtliche Absicherung des Weltanschauungspluralismus ist unerläßlich; ein solches Rechtssystem ist aber mittelfristig nur dann überlebensfähig, wenn unterhalb der Rechtssphä-

---

[7] »Darin liegt meines Erachtens der entscheidende Ausweg aus dem Gefängnis des Ethnozentrismus: Um das Selbst des anderen erkennen zu können, muß ich mir das Andere im Selbst bewußt machen. Selbsterkenntnis und Selbstkritik … sind also die Voraussetzung für die beginnende Überwindung des Ethnozentrismus und somit für die Erkenntnis des Anderen.« So der niederländische Kulturphilosoph Ton Lemaire bei Theo Witvliet, Europa und die Anderen. Theologische Überlegungen zu einem kulturgeschichtlichen Problem, in: KZG 5, 1992, 192

re auch die in moralischen und religiösen Selbstdeutungen wahrgenommenen Selbstunterscheidungsleistungen anerkannt werden. Anders gesagt: Pluralismus ist nicht nur die rechtliche Gewährung eines Freiraumes zur Bildung der eigenen Weltanschauung; dieser Freiraum bedarf seiner ethischen Gestaltung in kulturverknüpfenden Dialogerfahrungen. Pluralismus ist nicht allein eine politische, sondern vor allem eine kulturelle und hermeneutische Aufgabe.

2. *Glaube und Stilbildung*

Man kann den Glauben als Selbstunterscheidung vor Gott bestimmen; wenn man das tut, so weist er die Form vermittelter Unmittelbarkeit zu Gott auf. Den Akt des Glaubens zu vollziehen, sich also vor Gott gestellt zu wissen, bedeutet insofern eine extreme strukturelle Reduktion der Fülle eigenen Lebens. Im Glauben gewinnt gelebtes Leben einen Blick für die Tiefenverfaßtheit, die es am Leben erhält. Allerdings scheint damit zugleich die Differenz auf zwischen dieser einfachen, grundlegenden Struktur und der mannigfachen Ausgelegtheit des Lebens. Der Ort, an dem eine solche Selbstunterscheidung, die Glaube heißt, vorgenommen wird (oder: der Ort, an dem eine solche religiöse Deutung des Lebens einleuchtet), ist eben die Vielfalt der Lebensumstände, die in jedem Leben wirken. Der empirisch-vorwillentliche, der eigenen Beeinflussung entzogene Bestand wird von der selbstverantworteten Wahrnehmung und Deutung des Lebens unterschieden, die die Weise der aktuell und individuell vorgenommenen Selbstbestimmung ist.

Der Unterschied, der dabei zwischen der endlich-leiblichen Daseinsweise und dem Akt des Glaubens gemacht wird, der die Struktur selbstbewußten Lebens zum Bewußtsein bringt, ist jedoch nicht von abstrakter Art; so als träten einfach die sinnliche und die geistige Seite menschlichen Existierens auseinander. Vielmehr geht auch der mit der Selbstbestimmung verbundende Vollzug des Glaubens stets aus einer Welt sprachlich-anschaulicher Gestaltung, nämlich: aus religiöser Tradition, hervor. Jeder Glaubensvollzug, so gewiß in ihm die reine Beziehung zu Gott wahrgenommen und angenommen wird, steht doch im Umfeld religiös-vorstellungshafter Überlieferung und religiös-sozialer Interaktion. Daher ist der für die Bestimmung seines Gehaltes in der Tat strukturell scharf zu fassende Begriff des Glaubens immer auch historisch affiziert und konnotiert; gerade aus solchen Kontexten aber erwächst im Vollzug der Selbstdeutung und Selbstbestimmung der je eigene Glaube.

Wo die Differenz zwischen der (ihrerseits positiv-religiös bestimmten) Grundstruktur des Glaubens und den empirischen Bestimmungen des Lebens wahrgenommen wird, kommt zugleich auch der Sachverhalt zu Bewußtsein, daß die Lebensführung immer schon eine gestaltete war. Es hat also bereits zuvor eine Bestimmung konkreter Lebensvollzüge gegeben. Sei es durch andere religiöse Grundüberzeugungen, sei es durch kulturelle Konvention. Die Wahrnehmung des Glaubens als Bestimmung der eigenen Person im individuellen Leben macht so einen doppelten Unterschied bemerklich: zwischen der selbstvollzogenen und selbstverantworteten Religion und einer die durchschlagende religiöse Gewißheit nicht vermittelnden anderen religiösen Überzeugung einerseits; zwischen der selbst wahrgenommenen Religion und dem Ensemble kultureller Rahmen- und Leitvorstellungen andererseits.

Das spezifisch protestantische Verständnis des Glaubens als reine Gottesbegegnung trägt in diesem Spannungsfeld die grundsätzliche Konnotation mit sich, daß jede frühere Lebensbestimmtheit, die religiösen Vergewisserungsanspruch erhob, eine unklare und falsche Orientierung vermittelte; das neue Gewahrwerden der nun konsistent religiös begründeten Lebensform eröffnet also die Möglichkeit, das Leben als selbst zu führendes und selbst zu bestimmendes nach Maßgabe der Gottesbegegnung so zu verantworten, daß eine alte Lebensweise verabschiedet wird (wobei die Konsequenzen dieser früheren Orientierung, wie sie sich in getanen Taten sedimentiert haben, als nicht mehr veränderbar akzeptiert werden).

Als diese Differenzierungserfahrung ist der Glaube die Ausbildung eigenen Stils im individuell gelebten Leben. Und zwar in folgender Abstufung. Der Glaube als Unmittelbarkeit der Gottesbegegnung macht den Menschen zu einem schlechthin Einzelnen, indem dieser selbst den Glauben vollzieht. Insofern unterscheidet er sich auch und gründlich von der religiösen Sprach- und Lebensgemeinschaft, die ihm die Sprach- und Vorstellungsmöglichkeiten für diese Selbstunterscheidung vorgegeben hat. Zugleich wird die Differenz erfahren zu anderen Typen von Letztvergewisserung; sei es zu solchen, die dem Menschen in seinem Leben selbst zugehörten (Leben ohne Glaube oder in anderer religiöser Überzeugung) oder zugehören (kulturelle Bestimmungen der Lebensumstände). Dabei wird erkannt, daß allein die Gottesbeziehung die Stelle der Letztvergewisserung überhaupt einnehmen kann; alle anderen Bestimmungen, die den gleichen Rang einnehmen wollen, werden negiert. Andererseits wird die Möglichkeit offengehalten, daß vielerlei äußere Umstände im Leben präsent bleiben können; sowohl kulturelle Eigentümlichkeiten wie auch religiöses Traditionsgut. Das erklärt, warum das Christentum in kulturell ganz verschiedenen Kontexten existieren kann und warum es innerhalb des Christentums eine Vielzahl von Frömmigkeitsstilen gibt. Ja, dieser Umstand erklärt auch den individuellen Synkretismus, dem sich, jedenfalls in der Gegenwart, ein religiös sich deutendes Subjekt kaum entziehen kann. Maßstab ist allein, ob (und wenn ja, in welcher jeweils subjektiv erforderlichen Weise der Leichtigkeit) der Grundvollzug des Glaubens ermöglicht wird.

Indem nun diese Unterscheidungen klar werden, kann eingesehen werden, inwiefern ein Mensch einerseits kulturell und religiös von den ihn umgebenden Traditionen geprägt ist; aber auch, daß diese Prägung als solche individuell akzeptiert zu werden verlangt. In dieser nötigen Akzeptanz freilich steckt zugleich die Einsicht, daß das eigene Leben dann auch stets verändert werden kann, ja in einem fortlaufenden Prozeß durch Anverwandlung der Lebensumstände an die eigene Lebensform verändert werden muß. Die Beobachtung dieses auf Lebensgestaltung bezogenen Grundaktes des Glaubens ist die Entdeckung des eigenen Stils.

Nachdem der Begriff des eigenen Stils soweit geklärt ist, kann gefragt werden, in welchen Formen sich denn seine Wahrnehmung ereignet. Hierbei empfiehlt es sich, zwischen Form und Vollzug solcher Wahrnehmung zu unterscheiden. Kein Mensch hat einen unmittelbaren Zugang zu seinem Stil. Die Entdeckung des Stils geschieht vielmehr immer aus einem Umfeld schon vorliegender, also überkommener, und schon vorgenommener, also einmal früher selbst verantworteter, Bestimmungen heraus. Aus dem Umfeld von Bestimmungen die Besinnung auf sich selbst vorzunehmen – im Bewußtsein, daß diese Besinnung ihrerseits wieder in konkrete Lebensgestaltung hineinführt: das ist die eigenaktive Seite in der Entdeckung des Stils. Das Bewußtsein eigenen Stils entsteht, seiner Form nach, so, daß Geprägtsein und Selbstbestimmen des Lebens aufeinander bezogen werden. Insofern ist die Entdeckung und Ausbildung eigenen Stils die Wahrnehmung endlicher Freiheit.

Achtet man nun auf den Vollzug dieser Stilentdeckung, dann stößt man auf einen eigentümlich blinden Fleck. Wenn nämlich ein (wie immer noch unerkannter) eigener Stil faktisch immer schon vorliegt, dann kann sich ein Stilbewußtsein nicht durch Selbstreflexion allein bilden. Denn dabei käme doch immer nur die stilgeprägte Wahrnehmung des eigenen Stils heraus. Daher kann die Entdeckung des eigenen Stils nur kommunikativ erfolgen, nämlich als Selbstzuordnung zu und Selbstunterscheidung von anderen Stilprägungen, die im eigenen Erfahrungsbereich vorkommen. Diesen Kommunikationszusammenhang muß man sich so vorstellen, daß darin der Versuch einer eigenen Situierung in ihm einhergeht mit den Rückmeldungen auf diesen Versuch einer eigenen Positionierung. Das Zusammenspiel von Selbstauslegung im sozialen Kontext einer religiösen Gemeinschaft und Resonanzerfahrung durch diese führt zum Bemerklichwerden eigenen Stils. Erkennbarerweise handelt es sich dabei um eine – unterschiedlich wahrzunehmende – religiöse Bildungsaufgabe.

Für die Selbstzuordnung im sozialen Kontext einer religiösen Gemeinschaft ist nun auch deren eigene Selbstreflexion von Bedeutung, die konfessionelle Theologie. Denn sie gibt Erörterungsmöglichkeiten an die Hand, solche Zuordnungen vorzunehmen. Sie hält reflexionsgesättigte Sprache für

Argumente bereit, die es erlauben, sich von dem unmittelbaren Lebenskontext, in dem religiöses Bewußtsein gewachsen ist, auch wiederum zu distanzieren. Ja, man könnte sagen, diese Funktion, Selbstzuordnungen vorzunehmen (und dabei im übrigen auch wieder argumentative Gemeinsamkeiten
mit anderen zu entdecken), ist die Weise der eigentlichen Selbststeuerung religiöser Gemeinschaften mittels ihrer Theologie. Die Entdeckung des eigenen Stils ist daher, sowohl hinsichtlich der Form als auch hinsichtlich des
Vollzuges, intensiv mit der sozialen religiösen Sprachgemeinschaft verbunden, der individuelles Leben entstammt[8].

Die Einübung von Stil-Diskursen muß als wesentliches Element religiöser
Bildung angesehen werden – und als Komponente von Bildung überhaupt.
Von deren praktischer Gestaltung ist in den Kapiteln fünf und sechs die Rede. Hier geht es zunächst darum, nach dem strukturellen Gewinn zu fragen,
den man sich vom Gewahrwerden des eigenen Stils und der selbstverantworteten Wahrnehmung desselben versprechen kann. Von einem solchen Gewinn kann in mehrfacher Hinsicht gesprochen werden; er besteht allemal in
einer wachsenden Fähigkeit zur (Selbst-) Differenzierung.

Dieser Differenzierungsgewinn stellt sich in einer ersten Hinsicht in einem klarer konturierten Selbstbild dar. Wer sich als Glaubenden kennen-
lernt, bekommt damit den Sachverhalt zu Gesicht, daß er ein Einzelner ist,
der seine Individualität aus einem gewachsenen Sprach- und Sozialzusammenhang heraus gefunden hat. Individualität kommt also als eine Selbstzu-
schreibung in Betracht, die sich nicht prinzipiell über konfrontative Abgrenzung gegenüber genetischen Sozialbindungen oder repressiven Traditions-
leitungen aufbaut, so gewiß in dem faktischen Vorgang der Individualisierung natürlich kritisch-negierende Elemente enthalten sind; nur in dieser
Verknüpfung von Individualitätsbildung und Traditionskritik ist konkrete
Emanzipation erfolgreich. Indem das Selbstbild als Bild des eigenen Stils bewußt wird, kommt zu Bewußtsein, daß in der eigenen Lebensgeschichte immer schon so oder so gewählt und entschieden wurde; die Abgrenzung gegenüber vereinnahmenden Bindungen stellt sich daher sofort auch als Wandel des eigenen Wahlverhaltens dar – und als Unvermeidlichkeit zukünftigen

---

[8] Die hier beschriebene Struktur von Stilerkenntnis gilt auf allgemeine Weise für jeden
Stil, der die Möglichkeit eigenen Selbstvollzuges bereitstellt, also auch für nichtreligiöse
Stilformen. Die Behauptung ist aber, daß durch die religiöse (und zwar: die protestantische) Auslegung des Stilphänomens dieses am schärfsten erfaßt wird. Insofern kann der religiös begründete Stil als hermeneutischer Maßstab für die Ermittlung des Stilbegriffs gelten. – Entsprechendes gilt für die Rolle und Intensität von Sprachgemeinschaften. Es gibt
sie natürlich auf verschiedenen Niveaus und mit unterschiedlich starker Bindewirkung.
Auch der Protestantismus selbst stellt ja – trotz Strukturähnlichkeiten – keineswegs eine
einzige Sprachfamilie dar und bewegt sich in zum Teil äußerst lockeren Vergemeinschaftungsformen. Es gilt hier, ein allzu enges Bild solcher Vergemeinschaftungen fernzuhalten.

Wählens, das dann seinerseits nicht unbegrenzt, sondern perspektivenbedingt ist und bleiben wird.

Macht man sich dies als Vollzugsform der Stilentdeckung klar, dann ist damit die Aufmerksamkeit auf ein Bündel von Eigenschaften gelenkt, die Wahrnehmung und Handeln leiten. Es kommt die lebensgeschichtliche Charakterprägung zum Vorschein, die ja nicht als bloßes Verhängnis erlebt, sondern als Grundton der Einstellung zum Leben gewußt und verantwortet zu werden verlangt. »Ich kenne mich als einen, der regelmäßig so und so reagiert..., der normalerweise auf dies und dies anspricht...«: Eine solche Selbstwahrnehmung eröffnet, unbeschadet der Vorprägungen, die Möglichkeit eines gewandelten Verhaltens und einer veränderten Aufmerksamkeit. Die Selektion von Eindrücken und Handlungsoptionen, die auch dann gilt, wenn ich mir ihrer Veränderbarkeit bewußt bin, läßt weiterhin erkennen, daß es für die biographische Kontinuität meines Lebens Konstruktionen von Handlungs- und Erlebenszusammenhängen gibt, die aus meinem Blickwinkel zu dem führen, was ich geworden bin. Aber auch, daß zu diesem Gewordensein stets die eigene Stellungnahme gehört, die in sich die (schon verwirklichte oder noch bzw. immer wieder zu verwirklichende) Möglichkeit trägt, Umstellungen der Selbstdeutung vorzunehmen. Ich kann mich, nach Einsicht in die Stil-Bestimmtheit meines Selbstbildes, nicht mehr der Selbstläufigkeit der Tradition oder der je akuten Willkür meiner Wahl überlassen, sondern sehe mich vor die Aufgabe gestellt, die unveränderliche Herkunft meiner selbst im Licht der gewißheitsvermittelnden Selbstdeutung des Glaubens zu verantworten und so in die Zukunft hinein fortzusetzen. Der Glaube bildet so die Klammer zwischen der Doppelperspektive von Gewordensein und Werdenmüssen. Er hat, als Gestalt elementaren Sichselbstverstehens, direkte soziale und ethische Implikationen. Von ihnen sollen im folgenden der Bereich humaner Interaktionen sowie der Horizont der Wahrnehmung von Welt erörtert werden.

Das Bewußtsein der individuellen Stilprägung im Glauben differenziert den Blick auf das eigene Handeln. Denn es taucht der Unterschied auf zwischen einem Handeln, das auf das eigene Selbstbild rückbezüglich ist, und einem Handeln, das sich, dieses Selbstbild im Rücken, intentional anderen Menschen und Gegenständen zuwendet. Es gibt einen Bereich von solchen Handlungen, die dem Gewinn und der Erprobung der Schlüssigkeit des religiösen Selbstbildes gewidmet sind. Dazu gehören Selbstdeutungen im religiös-sozialen Kontext; wir haben soeben gesehen, daß es sich dabei um ein Wechselverhältnis von Selbstzuordnung und Rückmeldung handelt[9]. Der Sinn dieser Handlungen liegt nicht (oder nicht absichtlich) im Herstellen

---

[9] Es ließen sich auf der Linie dieses Gedankens Mitgliedschaftsprofile religiöser Gemeinschaften analysieren.

von Gegenständen und in dem Aufbau von intersubjektiver Verantwortlichkeit; er fällt also weder unter die Kategorie der Technik noch der Moral. Statt dessen kommt darstellendes Handeln im Kult in Betracht (oder dessen private, weniger offenkundig ritualisierte Äquivalente). »Kirchliches Handeln« ist in diesem Sinne selbstbild- und stilrelevantes Deutehandeln. In dem möglichen Gesamtspektrum solchen Deutehandelns kann sich ein individueller Stil finden und fortbilden. Die Ausdrucksqualität dieses Handelns steht in mehr oder weniger deutlicher Nähe zum künstlerischen Handeln – vor allem zu jenen künstlerischen Handlungen, die selbst als Teil des Kunstwerks firmieren. Die Eigentümlichkeit solchen kirchlichen Handelns ist dabei die stets mögliche Durchsichtigkeit auf das Ineinander von Glaubensvollzug und Stilbewußtsein.

Davon unterschieden sind solche Handlungen, die sich dem Herstellen widmen oder die auf verbindliche Intersubjektivität ausgerichtet sind (ohne daß dabei die selbstreferentielle Dimension ausgeschlossen werden kann). Auch diese Tätigkeiten sind, sowohl was ihre Auswahl als auch was ihre Durchführung betrifft, vom Stil des Handelnden mitbestimmt; in der Regel aber so, daß die mitlaufende Selbstbezüglichkeit nicht thematisch wird. Die Besonderheit individueller Prägung geht im technischen und ethischen Handeln gerade unter. Allerdings trifft auch diese Art des intentionalen Handelns auf das Phänomen der Koexistenz oder des Konfliktes unterschiedlich stilgeprägter Handlungsvollzüge. Spätestens der Mißerfolg in der Koordination von Handlungen zwingt zu einer Distanzierung von der unmittelbaren Intentionalität und zu einer Reflexion auf die leitenden Auswahlgesichtspunkte; und zwar um des eigenen Erfolges ebenso wie um des gemeinsamen Lebens willen. Solche Distanzierung wird von der (eben auch in der Religion beheimateten) Selbstbesinnung auf den Stil und seine Aufbaumomente geleistet. Die temporäre (sinnvollerweise: habitualisiert wiederholte) religiöse Stilreflexion, die die Stildifferenz zwischen den Beteiligten mit zum Thema macht, ermöglicht eine Korrektur oder Neudeutung der eigenen Vorhaben und/oder ein Moratorium für nicht vereinbare Zielvorgaben des Handelns unterschiedlicher Subjekte.

Mit den Optionen des Handelns ist die Wahrnehmung der Bezugsgrößen des Handelns verbunden. So gewiß mit Handlungsstilen gerechnet werden muß, so gewiß kommen auch Wahrnehmungsstile vor. Nun hat sich die Wissenschaft seit ihrer methodischen Selbstkontrolle mit Erfolg darum bemüht, das Gewicht der Perspektivität von Beobachtungen und Beobachtungsverknüpfungen zu reduzieren. Diese Bemühungen haben in der Tat dazu geführt, daß in einem breiten Mittelbereich von Erkenntnissen und ihrer Zuordnung zueinander und Ableitung voneinander Konsenszwang besteht. Im extremen physikalischen Mikrobereich jedoch tritt die Perspektivität der Untersuchungsabsichten unvermeidlich wieder ans Licht; und entsprechend am anderen Extrem, der Konstruktion von Weltbildern. Die Einsicht in die Stilgeprägtheit von Gegenstandserkenntnis führt angesichts dieser Lage dazu, daß mit einer nicht aufhebbaren Koexistenz zwischen individuell gefärbten und methodisch-konsensuell verallgemeinerbaren Erkenntnissen gerechnet werden muß. Das ist ein Argument gegen die wissenschaftsutopische Auffassung, methodische Erkenntnisleitung könne zu einer Reduktion von vergewissernden Selbstdeutungen führen oder diese gar ersetzen wollen. Zugleich folgt daraus aber auch, daß es institutionelle Differenzierungsmöglichkeiten geben muß: Nicht jede Institution der Gesellschaft ist für alles zuständig; insofern muß auch eine Koexistenz von Vergesellschaftungsformen gedacht und gefordert werden, die für den Gewinn und die Pflege von Erkenntnis zuständig sind. Neben die auf Vereinheitlichung ausgerichteten Wissenschaften tritt so ein Spektrum von religiös-weltanschaulichen Gemeinschaften, die sich sowohl ihrer Binnenverständigung hingeben können als auch gehalten sind, ihr Verhältnis zur Wissenschaftskultur zu bestimmen; das darf, durch Dialog- und Disput-Angebote ausgeführt, von jeder Vergemeinschaftungsinstitution erwartet werden, die Anspruch auf Mitgestaltung der Gegenwartskultur erhebt. So betrachtet, verhilft die Einsicht in den Zusammenhang von Glaube und Stilprägung am Muster (protestantischer) Religion dazu, Maximen für eine pluralistische Kultur der Wissenschaften (einschließlich der Theologie) zu benennen.

Wenn von Stilprägung die Rede ist, dann muß abschließend auch noch vom Stil der Frömmigkeit die Rede sein. Denn die Aufschlüsselung und Durchsichtigkeit verschiedener Frömmigkeitsgestalten füreinander kann als erste Probe auf die empirische Leistungsfähigkeit des Zusammenhanges von Glaube und Stil angesehen werden. Dazu ist zunächst zu sagen, daß es für den Protestantismus von vornherein keine enge, einlinige Verbindung zwischen einer bestimmten sozialen Erscheinungsweise von Frömmigkeit und der evangelischen Substanz geben kann. Das hat sich bereits im 16. Jahrhundert an den beiden Zentren der Reformation, Wittenberg und Zürich bzw. Genf gezeigt; und dieser Sachverhalt widerrät allen Versuchen, die Errungenschaften der Reformation als schlichte ideologische Abspiegelung sozialer Verwerfungen zu interpretieren. Vielmehr ist mit dem Vorliegen ganz unterschiedlicher Medien von Selbstauslegung zu rechnen, die dann jeweils auf die protestantische Grundeinsicht des Glaubens hin geöffnet werden. So finden sich im gegenwärtigen Protestantismus Auslegungsgestalten evangelischen Christentums, die sich ihr Christsein hauptsächlich über die Einsicht erschließen, daß wir als Menschen im Schöpfungszusammenhang der Natur stehen. Die kritische, also zur Entscheidung anstehende Frage in diesem Frömmigkeitstyp lautet, ob und wie die Differenz von »Schöpfung« als Elementardeutung der Welt und »Natur« als Konstrukt wissenschaftlicher Weltsicht begriffen wird. Leicht lassen sich aus anderen Lebenszusammenhängen andere Selbstauslegungspräferenzen benennen. Etwa ein Frömmigkeitstyp, der, aus der Erweckungsbewegung des 19. Jahrhunderts herkommend, die Gemeinschaft als geistlichen Sozialverbund in die Mitte stellt; ein anderer, der, moralisch-normativ vermittelt, über die Verpflichtung zur Übernahme von politischer Verantwortung bzw. zum Protest gegen dominante Formen der politischen Kultur Gestalt gewinnt; ein weiterer, der, auf der Folie klassisch-bürgerlicher Bildung, die Kultur inneren Empfindungslebens in den Mittelpunkt rückt; schließlich auch noch ein solcher, der sich hauptsächlich in der Ausdrucksgestalt des hochkirchlichen Kultes wiederfindet. Die Erkenntnis der Stilbedürftigkeit des Glaubens läßt diese Frömmigkeitstypen insofern auf eine Stufe treten, als sie alle – im Einzelfall kontingente, im Prinzip äquivalente – Erscheinungsformen des Protestantismus sind. Es gibt daher – unbeschadet der Notwendigkeit, sich selbst irgendwo in diesem Panorama von Positionen und ihren möglichen Mischungen lokalisieren zu müssen – keinen Grund, einen dieser Typen für den allein berechtigten zu halten. Statt dessen ist zu fragen, ob bzw. wie in ihnen jeweils die als protestantisch reklamierte Zentralstellung des Glaubens zur Geltung kommt. Das ist aber, wenn auch vielleicht in unterschiedlicher Deutlichkeit und unterschiedlich gern gepflegter Selbstreflexion, durchaus der Fall.

Ich nenne nur folgende Motive, die man, so oder so, in jeder dieser Positionen wiederfinden kann: Es ist stets eine Unterscheidung zu beobachten, aufgrund derer das eigentlich Wirksame des Evangeliums beschrieben wird. Sei es die Unterscheidung von der Kultur naturausbeuterischer Wirtschaft, der Anonymität der nachchristlichen Welt, der politischen Indifferenz und Bequemlichkeit, der materiellen Veräußerlichung des Lebens oder der banal-profanen Alltagswirklichkeit. Und diese Unterscheidungsvollzüge sind allesamt von der Art, daß sie eine Selbstkorrektur des eigenen Lebens, eine – im Unterschied zu anderen markante – Stilveränderung für die eigene Lebensführung implizieren. Dabei sind diese Unterscheidungen im protestantischen Bewußtsein allemal als Selbstunterscheidungen aufzufassen, und zwar aus zwei Gründen: Einmal darum, weil diejenigen, die sich durch das Vornehmen solcher Unterscheidungen bestimmen, selbst immer auch auf die andere Seite der Wirklichkeit gehören, von der sie sich abgrenzen. Abgrenzung heißt also stets: Übergang; und der bleibt riskant und von Rückfällen nicht verschont. Vor allem aber tragen diese Unterscheidungen die Signatur der Selbstunterscheidung, weil die tatsächlich stattfindenden Übergänge so gedeutet werden, daß sie nicht eigenem Vermögen oder moralischer Verpflichtung entspringen, sondern durch Gott selbst verursacht werden. Nur so kommt eine Selbstkorrektur zustande, die als religiös durchgreifend erlebt wird; und es kennnzeichnet ja gerade die zum Teil notorische Härte der empfundenen Verbindlichkeit, daß sie sich nicht beliebiger eigener Wahl, sondern letzter Evidenz verdankt.

In dieser als individuelle (auch moralisch wirksame) Verpflichtung empfundenen Selbstkorrektur kommt die spezifisch protestantische Individualität zum Ausdruck. Sie steht aber, wie die Schematik der Frömmigkeitstypen zeigt, stets in sozialen Verknüpfungen, ohne die sie, selbst in ihrer bildungsbürgerlich-schöngeistigen Fassung, nie existieren könnte. Es ist allerdings in jedem Falle klargestellt, daß es, unerachtet des unterschiedlichen Gewichtes von Gemeinschaftserleben im jeweiligen Typus frommen Lebens, niemals diese Gemeinschaft selbst ist, die die Verbindlichkeit der Selbstdeutung schafft, die zur Selbstkorrektur veranlaßt. Insofern bleibt im Verhältnis von Individualität und Sozialität ein eindeutiges Gefälle erhalten, das zum wesentlich Protestantischen unvermeidlich hinzugehört.

Dieser knappe Blick auf einige Erscheinungsgestalten protestantischen Christentums in der Gegenwart läßt nun aber auch eine Deutung kirchenferner protestantischer Milieus zu, die man mit dem Stichwort »freier Protestantismus« belegen kann. Denn die folgenden Elemente werden sich auch dort als empirisch belegbare Selbstdeutungskategorien erweisen lassen, wo eine Teilnahme am kirchlichen Sozialleben nicht oder selten gepflegt wird. Ein protestantisches Mentalitätsprofil liegt vor, wo die eigene Individualität als Zugangsweise zur Verbindlichkeit von Werten behauptet wird; wo dieser Zugang verknüpft wird mit der Anerkenntnis weiterer, die eigene Gruppe übergreifender sozialer Verbindlichkeit und Zugehörigkeit, ohne daß die je eigene Sozialform für die Geltung der Normen eine konstitutive Rolle einnähme; schließlich, wo dieser Zusammenhang zu (moralischer) Selbstkontrolle und Selbstkorrektur veranlaßt.

Die letzte Einsicht zum Thema protestantischer Frömmigkeitsgestalten lautet, daß am Ende auch die je eigene Zugehörigkeit zu dieser oder jener Form zu den Kontingenzen des Lebens zählt, die wir nur verantwortend akzeptieren und insofern in die eigene Regie nehmen, nicht aber beliebig ändern und austauschen können. Wir brauchen es auch nicht, um auf authentische Art evangelische Christen zu sein.

3. Glaube und religiöse Pluralität

Die Einsicht in den eigenen Stil, also die Geprägtheit und Begrenztheit, aber auch die Eigenverantwortlichkeit individuell-sozialen Lebens, stellt, aus protestantischer Sicht, die Grundbedingung dar für eine mögliche Verständigung über Grenzen von Konfessionen und Religionen hinweg. Die Differenzierungen, die sich aus dem Stilbegriff ergeben haben, können nun auch auf ihre Bedeutung in interkonfessionellen und interreligiösen Dialogen hin befragt werden. Dabei tritt nun insbesondere ins Licht der Aufmerksamkeit, daß und wie die Dialogpartner ihrerseits durch bestimmte konfessionell-religiöse Stilprägungen bestimmt sind. Die Inszenierung solcher Stil-Diskurse hat sich, wenn sie auf die jeweilige Lage der miteinander Kommunizierenden eingehen will, auf die genauen Rahmenbedingungen einzustellen, die für solche Debatten maßgeblich sind, damit nicht das Thema verschoben und nicht falsche, unterbestimmte Differenzen artikuliert oder überfordernde Erwartungen geäußert werden. Faktische Dialoge sind in ihrem Verlauf nie vorherzubestimmen; wer das tun wollte, brauchte die Auseinandersetzung gar nicht mehr. Wohl aber muß man wissen, worauf man selbst zu achten hat. In diesem Sinne verstehen sich die nachfolgenden Überlegungen als Vorschlag für die Strukturierung von Voraussetzungen, Themen und Organisationsbedingungen solcher Diskurse, die die eigene engere religiöse Stilgemeinschaft überschreiten. Dabei wird zwischen innerchristlich-interkonfessionellen und den transchristlich-interreligiösen Diskursen unterschieden. Festzuhalten ist, daß sich die Kategorien religionsübergreifender Debatten nach Maßgabe der christlichen Ökumene erschließen; denn es wäre mit der eigenen Stilprägung inkompatibel, eine irgendwie die eigene Religion transzendierende, neutrale Haltung einnehmen zu wollen; sie bliebe, der abstrahierenden Intention zum Trotz, ohnehin partikular.

a) Wenn man aus protestantischer Perspektive in ökumenische Auseinandersetzungen eintritt, hat man mit dem Vorliegen von bestimmten Diskursvoraussetzungen zu rechnen, die sich mittels der nachfolgenden Unterscheidungen kategorial umreißen lassen. Dabei überlagern sich diese Differenzierungen und reichern sich an bzw. verkomplizieren sich durch solche Überlagerungen; ein Grund mehr, scharf zu unterscheiden.

Die erste Differenzierung ist die zwischen dem eigenen stilgeprägten konkreten Selbstsein und dem Glauben selbst. Denn diese Unterscheidung weiß, daß die stets auch vorhandene Selbstbezüglichkeit meiner lebensweltlichen Existenzbedingungen nicht mit dem Glauben identisch ist; insofern kann der Glaube nicht als Zweck oder Mittel meiner Selbsterhaltung in Anspruch genommen werden. Diese Differenzierung ist die Ermöglichungsbedingung einer Verständigung über verschiedene Glaubensweisen überhaupt und darf insofern als kommunikationspragmatische Voraussetzung jedes Dialogs aus protestantischer Sicht unterstellt werden.

Die zweite Unterscheidung ist die zwischen Glaube und Kirche (oder religiöser Gemeinschaft). Die im Glauben vollzogene Selbstunterscheidung unterbricht die eigene Selbstbezogenheit; wer glaubt, findet sich ohne weiteres Zutun in den Horizont seiner religiösen Gemeinschaft gestellt, also zunächst auf die bezogen, die ihrerseits aus der Selbstunterscheidung des Glaubens leben. Das Leben des Glaubens findet darum stets und ausschließlich in sozialer Perspektive statt. Diese soziale Dimension ist dem Glauben aber auch schon vorangegangen. Denn so gewiß die Selbstunterscheidung des Glaubens ursprünglich von Gott zugemutet ist, so sehr ist diese Zumutung durch Menschen vermittelt, die ihrerseits bereits in einem so oder so geformten Leben des Glaubens stehen. Sowohl für die Genese wie für die Darstellung des Glaubens ist also die sichtbare Kirche in der Gestalt bestimmter Konfessionskirchen (oder religiöser Strömungen) mitverantwortlich. Es ist darauf zu achten, wie diese Mitverantwortlichkeit von der Unmittelbarkeit des Gottesverhältnisses unterschieden wird, das sich nur selbst herstellen kann. Überall, wo diese Unterscheidung vorgenommen wird, kann aber gesagt werden, daß der in einer Konfessionskirche gewachsene und gestaltete Glaube in die Gemeinschaft der Christusgläubigen überhaupt versetzt, also an der unsichtbaren Kirche teilgibt.

Die dritte Unterscheidung ist die zwischen Kirche und Gesellschaft. Da die Kirche zugleich mit der Selbstunterscheidung des Glaubens von der Selbstzwecklichkeit des Subjekts entsteht, trägt sie selbst eben diese Form der Selbstdifferenzierung in sich. Die ihr eigentümliche Sozialität bestimmt sich mithin als Darstellung und menschliche Vermittlung des Glaubens – im Unterschied sowohl zu den anthropologisch gegebenen als auch zu den zweckvermittelten Formen humaner Vergesellschaftung. Ökumenisch ist daher jede einzelne Konfessionskirche danach zu fragen, ob und wie diese eigentümliche Zweckfreiheit und Nicht-Natürlichkeit in ihr zum Ausdruck gelangt. Es ist weiterhin zu beobachten, ob und wie sich die Kirchen zu den gesellschaftlich vermittelten Rechtsinteressen verhalten, die als zustimmungsfähig vorausgesetzt sind; ob und wie sie sich mit diesen Interessen verbünden oder sogar das Niveau der Zustimmungsfähigkeit zu erhöhen beabsichtigen – indem sie beispielsweise für einen gesetzlichen Schutz der Schwachen und eine Förderung der Benachteiligten eintreten.

Die vierte Unterscheidung ist die zwischen Kirche und Kirche. Es handelt sich um die schwierigste Zumutung an die Unterscheidungsfähigkeit des Glaubens in seiner kirchlichen Perspektive, daß in der »Umwelt« einer Kirche mit anderen Kirchen gerechnet werden muß, die ihrerseits eine je eigene und verschieden deutliche Unterscheidung von Selbst und Glaube, Glaube und Kirche, Kirche und Gesellschaft, schließlich auch von Kirche und Kirche vornehmen. Diese Einsicht ist das Eingeständnis der Unmöglichkeit, die jeweils eigene Sichtweise zu verabsolutieren, so wenig ihr Anspruch auf Wahrheit und Erschließungskraft für anderes geleugnet werden kann und muß. Statt eine wie immer geartete allgemeine, wenn auch nicht von allen geteilte, Einheitsperspektive zu veranschlagen, ist mit der irreduziblen Vielfalt verschiedener Sichtweisen zu rechnen, die eine Verständigung in hohem Maße erschweren. Daher fällt auf die Art und Weise einer lebendigen Gestaltung ökumenischer Hermeneutik ein besonderes Gewicht. Aus dieser können sich auch allein die Themen ergeben, über die geredet wird. Es geht also nun darum, mit den genannten Diskursvoraussetzungen im Hintergrund auf den Vollzug solcher verständigungsorientiert ausgerichteter Gespräche zu achten, gewissermaßen auf die in der Kommunikation faktisch in Anspruch genommenen Ausgangspunkte.

Man kann von der Beobachtung ausgehen, daß im ökumenischen Gespräch jede Kirche, jede Konfession ihr Eigentümliches behauptet. Das ist nicht nur unausweichlich so, das ist auch die Voraussetzung dafür, daß tatsächlich ein Austausch von verschiedenen Auffassungen zustandekommt. Kein ökumenischer Diskurs ist sinnvoll, bei dem relativistisch die je eigene Identität und damit der Wahrheitsanspruch der jeweiligen christlichen Gestaltung negiert würde; man müßte auch fragen, woraufhin denn diese Relativierung vorgenommen werden sollte. Der Eintritt in den ökumenischen Diskurs verlangt daher keine Vorgaben – außer der Bereitschaft, miteinander zu sprechen und sich ernst zu nehmen[10].

Statt dessen kann allein die Tatsache des Gespräches selbst den Ausgangspunkt für die sachlichen Erörterungen bilden, in das Anlaß und Themen schon eingegangen sind. Dabei kommt es nicht auf die Motivationen an, die dazu veranlaßt haben; sogar wenn sie jedem einzelnen selbst durchsichtig wären, dürften sie in der Regel kaum realistisch sein, weil ihre Beschreibung doch spezifisch konfessionsintern erfolgt; in der Mehrzahl der Fälle bleibt die Motivation ohnehin opak. Statt dessen wäre das Augenmerk darauf zu richten, daß der am Gespräch beteiligte Partner seine Differenz zu mir theologisch anders definiert als ich die meinige zu ihm. Genau dieser Sachverhalt wäre im Diskurs zur Anerkennung zwischen allen Beteiligten zu bringen; diese Anerkennung darf aber auch verlangt werden, weil sie nur expliziert, was im Diskurs schon der Fall ist.

Ein weiterer Schritt kann darin bestehen, auf die Bedingungen der Möglichkeit dieser Differenzen zu reflektieren. Es gilt dabei auszuschließen, daß diese Unterschiede in der Gestaltung des Christlichen auf Dummheit oder Böswilligkeit zurückzuführen seien (so sehr sie allenthalben am Werk sein werden); also etwa: auf überspannte Individualität hier, auf Untertanengeist dort. Diese Besinnung darf einerseits erwartet werden infolge der Analyse der soeben genannten Kommunikationspragmatik, nach der keiner dem anderen seine Vorstellung von Dialog diktieren kann; andererseits liegt hier der schwierige Übergangspunkt zur Selbstunterscheidung zwischen der Wahr-

---

[10] Der Gottesdienst kann demgegenüber nicht das Medium ökumenischer Verständigung sein – entgegen verbreitetem ökumenischem Optimismus. Er ist durch und durch und mit guten Gründen konfessionstypisch geprägt. Daher ist er jeweils ein praktischer Testfall dafür, wie weit ich als Angehöriger meiner Konfession an der gottesdienstlichen Feier einer anderen teilnehmen kann oder nicht – bzw. ob und inwieweit ich von der Teilnahme ausgeschlossen werde, so ich denn teilnehmen wollte. Allein der vom religiösen Vollzug entlastete Diskurs kann das Eigene und das Sicheinstellen auf das Andere relativ irritationsfrei und damit zugleich angstentlastet präsent halten.

heit und Einheit des Glaubens und der Partikularität und potentiellen Fallibilität der eigenen Lehre und Kirchenordnung.

Wie kann man sich in einem solchen Diskurs der Verschiedenen darüber verständigen, daß und inwiefern die offenkundigen Differenzen zwischen den ökumenischen Gesprächspartnern zurückgehen auf die und herkommen von der Grundunterscheidung, die im Glauben selbst liegt? Auch bei diesem Gesprächsgang wird man davon ausgehen müssen, daß sich der gemeinte identische Gehalt immer nur und immer wieder in verschiedenen, aufeinander nicht rückführbaren Sprachformen zur Darstellung bringt. Die gegenseitige Einsichtsfähigkeit, die Fähigkeit, im Anderen das Eigene zu entdecken, bleibt dem Vollzug der Debatte und der Erfahrung der Beteiligten vorbehalten.

Was man am Ende aber erwarten könnte, ist dies: daß es einerseits zu einer vertieften Einsicht in die christliche Substanz der je eigenen Konfession kommt (was gewisse Selbstkorrekturen möglicherweise einschließt). Und daß es andererseits gerade aufgrund dieser erhöhten Selbstdurchsichtigkeit zu einer erweiterten gegenseitigen Anerkennung von Kirchen und kirchlichen Gemeinschaften als wesentlich christlicher kommt.

Dieser ökumenische Einsatz der protestantischen Sicht des Glaubens als Einheit von Gottesbegegnung und Selbstunterscheidung macht deutlich, daß es um alles andere geht als um einen abgrenzenden Konfessionalismus. Was der Protestantismus ökumenisch intendiert, ist eine Vertiefung und Reinigung des Christlichen in allen Konfessionen – und damit erfüllt er die kirchenreformerische Absicht der Reformation unter der aus dem Glauben selbst verstehbaren Bedingung der Pluralisierung der Kirchen.

Damit ist der Zusammenhang umrissen zwischen den in der protestantischen Perspektive verankerten Voraussetzungen und den im ökumenischen Diskurs faktisch in Anspruch genommenen Selbstunterscheidungsleistungen. Im Blick auf Reichweite und Themen solcher Erörterungen ist nun aber auch innerhalb des Christentums noch einmal zwischen konfessionsverwandten und konfessionsübergreifenden Debatten zu unterscheiden. Denn in innerprotestantischen Gesprächen kann (und muß) man das Ziel verfolgen, zu einer Durchsicht auf das gemeinsame Prinzip zu gelangen. Dabei kann man historisch an Aufstellungen über die »Prinzipien des Protestantismus« anknüpfen, wie sie aus dem 19. Jahrhundert stammen. An ihnen läßt sich zeigen, daß die Unterscheidung zwischen einem »Materialprinzip« (meistens wird darunter die Heilige Schrift verstanden) und einem »Formalprinzip« (in der Regel die Rechtfertigungslehre) selbst eine hermeneutische Anweisung in sich enthält, den Grundbestand christlicher Überlieferung in Richtung auf die subjektive Aneignung im Glauben hin auszulegen und umgekehrt diese subjektive Aneignungsweise als dem Sinngefälle der Bibel selbst entsprechend darzutun. Insbesondere dann, wenn man diese Zwiegestaltigkeit des protestantischen Prinzips auch noch christologisch konzentriert, wie es die Theologiegeschichte im 20. Jahrhundert nahelegt, wird man mit Sinn und Aussicht auf Erfolg erwarten dürfen, daß der Glaube als das Verhältnis durch Christus vermittelter Unmittelbarkeit zu Gott verstanden und als gemeinsamer innerprotestantischer Nenner anerkannt wird. Derartiges hat sich ja im Protestantismus tatsächlich auch in der Leuenberger Konkordie dargestellt. Die zu ihr zusammengetretenen Kirchen haben ihre Übereinstimmung im Verständnis des Evangeliums bekundet – und sich auf dieser Basis unbeschadet ihrer immer noch fortbestehenden Unterschiede in Lehrgestalt und Kirchenordnung anerkannt[11]. Es kann in den Kirchen des Protestantismus grundsätzlich eingesehen werden, daß die Einheit des Glaubens ihren Ausdruck in unterschiedlich lehrmäßig fixierten und frömmigkeitsgeschichtlich geprägten Erscheinungsgestalten besitzt. Darin reflektiert sich die Überzeugung, daß der Sinn der konfessionsunterscheidenden Bekenntnisse eben nicht in ihrem kognitiven Wortlaut, sondern in ihrer pragmatischen Funktion liegt.

Diese Einsicht kann in zwischenkonfessionellen Debatten nicht eo ipso vorausgesetzt werden. Im Gegenteil; hier ist zunächst damit zu rechnen, daß die – faktisch ja unübersehbaren – Ausdrucksdifferenzen des Christlichen von der Art sind und betrachtet werden, daß sie die Durchsicht auf ein gemeinsames christliches Wesen verhindern. Das geschieht grundsätzlich dadurch, daß eine historisch gewordene Kirchenorganisation und Lehrverfassung in der Weise dogmatisiert wird, daß sie als mit dem Wesen des Christentums untrennbar verbunden ausgegeben wird. Solange aber dieser Unterschied in Kraft ist – und das ist nicht nur in der römisch-katholischen Kirche der Fall –, muß und wird von dieser Seite eine Anerkennung des Protestantismus als legitime Erscheinung des Christentums unterbleiben, aller menschenfreundlichen Gesinnung zum Trotz, die in den ökumenischen Begegnungen der letzten Jahrzehnte zum Vorschein gekommen ist. Allerdings wird man auch in diesen – sehr viel schwierigeren – Debatten die begrenzte Hoffnung hegen können, daß der Anstoß zu einer selbstreflexiven Eigenwahrnehmung des konfessionell Christlichen auf die Beobachtung einer Selbstunterscheidung stößt, ohne die auch die je eigene Wahrheit des Christentums nicht zur Aussage gelangen kann. Die Debatten hätten sich daher vorrangig um die Aufdeckung und Plausibilisierung dieses Momentes von Selbstunterscheidung vor Gott zu beziehen. Läßt sich die Einsicht erzielen, daß eine solche tatsächlich in jedem Akt christlichen Glaubens vorgenommen wird (selbst da, wo es sich scheinbar nur um kognitive Zustimmungs-

---

[11] Diese Anerkennung drückt sich elementar im gemeinsamen Feiern (und Leiten) von Gottesdiensten aus. Zum diesem kirchengeschichtlich hoch zu schätzenden Modell vgl. EILERT HERMS, Gemeinschaft aus Gottes Kraft, LuMo 32, 1993, 12f.

pflicht oder sozial-religiöse Integration handelt), dann ist damit eine tragfä-
higere Basis für weitere Klärungen gelegt, die zugleich als Selbstaufklärungen
akzeptiert werden können.

Nach dem Blick auf die kategorialen Umstände (Voraussetzungen, Voll-
zugsformen, Anwendungsdifferenzen) ökumenischer Debatten aus protestantischer Sicht ist zu diesem Gedankengang abschließend zu erörtern, wer
als empirischer Träger für derartige Verständigungsbemühungen in Betracht
kommt. Die entscheidende Frage dafür lautet, wer mit wem in welchem Le-
benszusammenhang in Berührung kommt. Denn es ist ja das Interesse an einer gemeinsam geteilten und insofern auch gemeinsam zu verantwortenden
Welt, die zu einer derartigen Bemühung um Verstehen, um tolerierbare, an-
erkennungsfähige Unterschiedenheit veranlaßt. Deshalb wird man grundsätzlich mit zwei verschiedenen Ebenen der ökumenischen Diskurse zu
rechnen haben. Die eine Ebene ist die des lokalen Miteinanders verschiedener Konfessionen, wie es am ausgeprägtesten in konfessionsverschiedenen
Ehen vorliegt – der intimsten Lebensgemeinschaft von zugleich öffentlicher
und religiöser Bedeutung, die insofern auch entsprechender Regelung bedarf. Aber auch das Zusammenleben der Konfessionen im Dorf oder im
Stadtteil, in Vereinen und Parteien kommt als solche lokale Begegnungsebe-
ne in Betracht. Davon unterschieden sind die – in der Regel durch keinerlei
alltäglichen Lebenskontakt unterfütterten – Expertenbegegnungen zwischen Theologen unterschiedlicher Konfession und/oder kirchlichen Beauftragten. Wenn es zutrifft, daß Konfessionen sich zwar nach Bekenntnis-
formulierungen aufbauen, aber als Lebenshorizonte gestalten, dann ist es unausweichlich, daß den lokalen Begegnungen in all ihrer Unübersichtlichkeit
eine erhebliche – auch: dogmatische! – Bedeutung zukommt. Es sind nämlich die an diesen Orten stattfindenden Orientierungen über Gemeinsamkeiten und Differenzen, die das sich stets fortentwickelnde christliche Leben
in Bewegung halten. Denn die Anstöße dazu gehen aus der – aus welchen
Gründen auch immer als schwierig empfundenen – Koordination von
Handlungsoptionen und Lebensentwürfen hervor. Und die Notwendigkeit,
derartige Probleme zu behandeln, setzt den Rückgang auf die jeweils leitenden (individuellen und kollektiven) Stilprägungen voraus. Dagegen besitzt
die – z.T. als kirchenamtlich aufgefaßte – Dogmatik eindeutig nachlaufenden
Rang, insofern sie vor der Aufgabe steht, die im Erfahrungsbereich des Lebens sich ereignenden Ein- und Umstellungen christlicher Selbstdeutungen
zu verarbeiten. Läßt das evangelische Verständnis des Bekenntnisses in der
Regel eine solche Fortentwicklung zu, so kommt in der katholischen Theologie die Spannung selbst zum Ausdruck, die zwischen dem sensus fidelium
als Richtungsanzeige und dem Lehramt als dogmatischer Entscheidungsbe-
hörde besteht. Insofern aber auch an dieser Stelle überhaupt mit einer Differenz zu rechnen ist – und die amtliche Theologie sich, auch ihrem guten ei-

genen Selbstverständnis entsprechend, nicht einfach abstrakt normierend durchsetzen kann – besteht Aussicht, mit den vorhandenen Unterschieden produktiv umzugehen. Im Gefolge dieser Bestimmung der Bedeutung lokaler Diskurse ist es aber besonders wichtig, die Selbstentscheidungs- und Selbstreflexionsfähigkeit derer zu stärken und zu fördern, die sich als mitsprachewillige Glieder ihrer Kirche verstehen wollen.

b) Vom interkonfessionellen Dialog innerhalb des Christentums sind interreligiöse Verständigungen kategorial unterschieden. Auch sie bedürfen der lebensweltlichen Veranlassung, wenn sie erfolgreich und problemklärend sein sollen. Expertenrunden haben hier lediglich die Aufgabe, sprachübergreifende Verständigungsbedingungen auszuarbeiten. Nun lassen sich in unserer west- und mitteleuropäischen Situation zwei verschiedene Anstöße zu interreligiösen Debatten feststellen. Einmal ist es der private Synkretismus, den man vor allem in christlich geprägten Herkünften finden kann; Anverwandlungen insbesondere hinduistischer oder buddhistischer Traditionen an nach wie vor aufrechterhaltene christlich-abendländische Vorstellungen. Diese Kombination östlich-westlicher religiöser Gehalte erweist sich als inzwischen kräftig sprudelnde Quelle der sog. Esoterik. Die andere Veranlassung geht vom Zusammenleben von Muslimen und Christen aus; hier müssen jedenfalls in Kindergärten und Schulen Möglichkeiten des Zusammenlebens gesucht und gefunden werden, die die religiös geprägten Eigenheiten der jeweils anderen anerkennungsfähig machen.

Auf der Schnittlinie der hier entstehenden Konflikte sowohl im Medium privater religiöser Vorstellungen und ihrer Lebensgestalt als auch im Medium sozialen Zusammenlebens und seiner Hintergründe wird es um zweierlei gehen müssen. Einmal darum, den Zusammenhang von Lebensform und religiöser Stilbestimmung überhaupt aufzudecken; also die religiösen Konnotationen des Lebens bzw. die verhaltensbestimmenden Vorstellungsgehalte zu umreißen; und zwar auch und gerade im Horizont der eigenen Religion – eine verfremdende Perspektive. Lebensformdifferenzen sind als religiösweltanschauliche zu dechiffrieren, die sich aus der Gestaltung des anschaulichen Lebens durch letzte Vergewisserungen ergeben. Indem die Mitwirkung religiöser Prägung an möglicherweise konflikthaftem Aufeinandertreffen gesehen und damit die eigene Standpunkthaftigkeit in Rechnung gestellt wird, können akute Probleme unter Umständen erst einmal unter ein Entscheidungsmoratorium gestellt werden. Sich besser kennenlernen, um die unterschiedlichen Handlungsoptionen und ihre Hintergründe zu verstehen – und um so zu einer besseren Lösung zu gelangen: Das wäre etwa eine Maxime, die aus dieser Überlegung folgt.

Der zweite Schwerpunkt derartiger Begegnungen besteht in dem Versuch, sich über das zu verständigen, was »Religion« heißt. Denn in der interreligiösen Debatte wird insbesondere erkennbar, daß ein wie immer angelegter Allgemeinbegriff von Religion keine Erschließungskraft besitzt. Vielmehr wird – konsequenterweise – das, was unter »Religion« zu verstehen ist, entweder aus der Sicht der eigenen Religion gedeutet – oder aber die Differenz zwischen der eigenen frommen Gemeinschaft und einem möglichen Begriff von »Religion« wird überhaupt geleugnet. Dieses ist die härteste Position in der Debatte. An ihr wird aber deutlich, daß es allein die Aufmerksamkeit auf das faktisch schon geführte Gespräch ist, die derartige Fixierungen aufsprengen kann. Wenn man denn miteinander redet und der Überzeugung ist, daß sich die mögliche Wahrheit religiöser Überzeugungen auch auf diesem Wege mitteilt (und nicht etwa durch Gewaltanwendung oder Lebensformangleichung), dann steckt bereits im Faktum des Dialogs eine Selbstunterscheidung, die als zum Wesen der Religion gehörig begriffen werden könnte. Während es in innerchristlichen Auseinandersetzungen darum geht, was das wesentlich Christliche an der christlichen Religion ist, handelt es sich in interreligiösen Diskursen zunächst einmal darum, sich überhaupt über das zu verständigen, was mit »Religion« gemeint sein könnte. Das heißt: In den interreligiösen Debatten ist es die christlich erprobte Figur der Selbstunterscheidung, die dialogaufgeschlossenen, aber differenzierungsunbereiten Zeitgenossen zugemutet wird. Das geschieht auf dem Hintergrund der Annahme, daß Selbstdurchsichtigkeit prinzipiell mit jeder empirischen Form von Religion kompatibel sein kann; und wo das nicht der Fall sein sollte, kann die Evidenz von Selbstunterscheidungsleistungen zu einer inneren Verwandlung der Religion bzw. der Aneignungsweise religiöser Überzeugungen führen (muß also, entgegen fundamentalistischen Vermutungen, keineswegs in eine Abkehr von Religion auslaufen). Diese mögliche Konsequenz einer religiösen Veränderung kann aber auch gar nicht ausgeschlossen werden, wenn anders die Situation eines gemeinsam zu bewältigenden Lebens gegeben ist. Wer mit anderen Menschen anderer religiöser Auffassung zusammenlebt, geht eo ipso das Risiko ein, sich zu verändern; es gilt, diese Veränderungsaussichten als Bereicherung zu begreifen, die auch die eigene Religion klarer und intellektuell zustimmungsfähiger macht. Das schließt ein, daß es in einer multireligiösen Gesellschaft auch häufiger als früher zu fundamentalen Umstellungen religiöser Selbstdeutungen in Form von Konversionen kommt.

Nun muß man sich freilich im Bewußtsein halten, daß solche interreligiösen Begegnungen in der Regel wenigen, nämlich gebildeten und mehrsprachigen Personen vorbehalten sind. Insofern besteht natürlich eine gewisse Präponderanz der Expertendiskurse gegenüber dem Austausch von stilgeprägten Alltagserfahrungen. Aber auch hier gilt, daß diese Expertendiskurse exemplarisch den Boden zu bereiten haben für »Laiendebatten«. Auf jeden Fall ist es angezeigt, die religiöse Verwurzelung von Stilprägungen und Handlungsoptionen einander durchsichtig zu machen; wo das nicht geschieht, ist von einer »Ethik der Weltreligionen« kein entscheidender Beitrag zur Befriedung der Welt zu erwarten.

4. Glaube und kulturelle Pluralität

Noch besteht Streit darüber, ob sich in der Rede von einer »multikulturellen Gesellschaft« sogleich normative Untertöne zum Zuge bringen. Die Wirklichkeit, die damit gemeint ist, läßt sich nicht leugnen. Wie sie genau zu sehen ist und wie man sich, als Beteiligter, zu ihr stellen kann, das hängt ebenso vom Begriff ab, den man von ihr bildet, wie von der eigenen lebensformgeprägten Perspektive, die man einnimmt. Die Vorschläge dafür sind, wie man es sich anders auch gar nicht vorstellen kann, selbst vielgestaltig[12].

Mein Vorschlag lautet: Multikulturell heißt eine Gesellschaft dann, wenn in ihr die Unterscheidung zwischen der auf individueller Wahrheitsgewißheit aufbauenden Selbsterhaltung und gesellschaftlicher Kompromißfähigkeit in Frage gestellt wird und tendenziell in unüberschaubarer Pluralisierung verschwindet.

Das heißt erstens: Es handelt sich bei einer multikulturellen Gesellschaft um ein nachmodernes Phänomen. Sie hat die Unterscheidung von individuell gewisser Wahrheit und sozialer Allgemeinheit bereits hinter sich und ist mit deren Folgeproblemen befaßt. Nach dieser Bedingung wäre etwa kulturelles Nebeneinander im Mittelalter und der frühen Neuzeit (wie etwa im islamischen Spanien) nicht nach dem gleichen Muster zu betrachten wie die Koexistenz von Islam und Christentum im heutigen westlichen Europa. Das heißt zweitens: Die Frage multikultureller Gesellschaft stellt sich nicht erst durch die Internationalisierung von Lebenswelten. Bereits innerhalb spätmoderner nationalstaatlicher Gesellschaften haben sich solche subkulturelle Strukturen ausgeprägt, die ebenfalls auf die genannte Unterscheidungsverweigerung hin tendieren. Dabei ist keineswegs nur an den Öffentlichkeitsanspruch privat kultivierter Lebensformen zu denken; auch gesellschaftlich bestimmende Systeme wie Wirtschaft oder (Partei-)Politik tragen zunehmend diese Züge, sich im Verfolgen des Selbsterhaltungszwecks von der gesellschaftlichen Kompromißbildung und seiner Anwendung im Recht zu distanzieren.

Nimmt man diese Beschreibung als Ausgangspunkt für eine Hermeneutik der pluralen Kultur, so kompliziert sich die Lage noch einmal dadurch, daß

---

[12] CLAUS LEGGEWIE, MultiKulti. Spielregeln für die Vielvölkerrepublik, Berlin ²1991. JENS GEIER/KLAUS NESS/MUSAFFER PERIK, Vielfalt in der Einheit. Auf dem Weg in die multikulturelle Gesellschaft, Marburg 1991. Umfassend jetzt: ALF MINTZEL, Multikulturelle Gesellschaften in Europa und Nordamerika. Konzepte, Streitfragen, Analysen, Befunde, Passau 1997.

sich Interreligiosität und Multikulturalität überlagern. Wie diese Überlagerungen und Rückkopplungen im einzelnen zu begreifen sind, ist Sache empirischer Analyse. Ich kann hier nur auf einige wenige strukturelle Züge hinweisen. Zunächst, und das markiert den härtesten und klarsten Fall, muß man mit Letztvergewisserungsformen rechnen, die sich, mindestens im weltanschaulichen (vorpraktischen) Bereich, als elementare Alternativen geben. Zugleich, und das macht das andere Extrem aus, gibt es kulturelle (Sub-)Systeme, die unbeschadet der Weltanschauungsdifferenzen miteinander zu koexistieren fähig sind, was aber keine Rückschlüsse auf die Verträglichkeit der Weltanschauungsprämissen erlaubt. Nicht zuletzt aber schließen sich von unterschiedlichen religiösen Grundannahmen gesteuerte kulturelle Präferenzen teils aus, teils ein, so daß sich im Phänomenbereich keine ausschließliche Zuordnung positiver Art vornehmen läßt. Nun sind Kategorisierungen dieser Art ohnehin nur sinnvoll als Anleitung zu einer Analyse von Konflikten. Diese resultieren aber, oft intensiver als im Falle von interreligiösen Kontakten, aus Schwierigkeiten der Bewältigung der gemeinsamen Lebens- und Arbeitswelt. Von den scheinbar banalen Alltagsproblemen aus ergibt sich freilich unter Umständen eine Rückwirkung bis in die Bereiche fundamentaler Gewißheiten. Damit diese Konflikte überhaupt friedlich bearbeitet werden können, bedarf es einer konsensunabhängigen, aber Konsens (und Dissens!) ermöglichenden Basis – und das ist die des Rechtes.

Ein entscheidendes Problem der gesellschaftlichen Kommunikation unter multikulturellen Bedingungen besteht nun freilich darin, diese unausweichlich nötige Rechtsförmigkeit sozialer Vermittlung mit den subkulturell spezifischen Sichtweisen und Überzeugungen in Zusammenhang zu bringen, um die ebenso nötige moralische Grundlage des Rechtes zu sichern. Angesichts dieser Aufgabe ist es wenig aussichtsreich, allein auf der formalen Behauptung des Rechtes zu bestehen, so wenig auf dessen konsequente Durchsetzung verzichtet werden darf; damit wird die moralisch kontroverse Basis noch gar nicht berührt.

Weiterreichend ist der Versuch, innerhalb der multikulturellen Vielfalt verbindende Allgemeinheiten zu entdecken, die jeder Moralität und Rechtsschöpfung zugrundeliegen – also etwa die Menschenrechte. Diese Argumentation hat den Vorzug, an den Selbstvollzug von Moralität und Rechtlichkeit anzuknüpfen; sie hat aber den Nachteil, daß auch die vorgestellte Universalität subkulturspezifisch eingeschränkt zu werden pflegt (wie man sich an dem Begriff »islamischer Menschenrechte« klar machen muß).

Auch das Allgemeine im Eigenen ist also nur von den vorliegenden Differenzen aus zu erfassen und zu bestimmen. Sofern aber bereits im Begriff des Eigenen der Unterschied zu einem oder mehreren anderen Eigenen oder zu einem (potentiell) Allgemeinen enthalten ist, empfiehlt sich auch hier die Figur der Selbstunterscheidung. Damit wird unterstellt, daß bereits im Vollzug eines überhaupt nur verständigungsorientierten Miteinanders von Kulturen Unterscheidungsleistungen vorgenommen werden, die man etwa nach folgendem Schema ordnen könnte:

Die grundsätzlichste Unterscheidung ist die in der eigenen Person. Damit wird auf das Phänomen abgehoben, daß jeder an sich selbst einen Unterschied von Sein und Sollen, von Sein und Wollen empfindet – noch unabhängig davon, wie er mit ihm umgeht und ihn bearbeitet. Das ist die tiefste, elementare anthropologische Differenz der Selbstunterscheidung; also diejenige Figur, die dann in der Religion vorläufig subjektiv abschließend gedeutet wird.

Die nächstfolgende Unterscheidung ist die zwischen der eigenen Person und der Gesellschaft. Die am Selbst entdeckte Differenz (von Sein und Sollen, Leib und Seele oder wie immer sie bezeichnet werden mag) ist von der Art, daß sie durch gesellschaftliche Aktivitäten und Regelungen nicht behoben werden kann. Die moralische Aufgabe ist unabschließbar. Daher ist zwischen dem regelungsfähigen Bereich und dem Bereich des Unabstimmbaren kategorial zu unterscheiden.

Diese Dimension des Unabstimmbaren weist auf die Unterscheidung zwischen der eigenen Person und der Religion hin. Es muß – gerade aufgrund der Unabstimmbarkeit – mit einer Koexistenz von verschiedenen religiösen Letztüberzeugungen gerechnet werden, die nicht negiert werden kann. Diese stehen in faktischer Konkurrenz zueinander und unterscheiden sich darin voneinander, daß sie sowohl die interne Selbst-Differenz als auch die Unterscheidung von Selbst und Gesellschaft unterschiedlich bestimmen.

Das sind einige wichtige Differenzen, die in multikultureller Verständigung gebraucht werden. Der Vollzug solcher kulturprägungsübergreifender Diskurse findet sich jedoch sogleich einem nur schwer überwindbaren Hemmnis konfrontiert. Das ist die faktische Machtförmigkeit gesellschaftlicher Auseinandersetzung, die zur Interessendurchsetzung unter Kommunikationsverzicht tendiert. Wenn sie allein das Terrain bestimmt, kommt es gar nicht erst zum aufklärerischen Diskurs. Dagegen hilft kein moralischer Appell (dessen Basis ja multikulturell gerade zur Disposition gestellt wird). Dagegen hilft, wenn überhaupt, nur dreierlei:

Einmal die rechtsförmige Verpflichtung zu einem solchen multikulturellen Dialog – nicht allgemein, aber in dafür vorgesehenen Institutionen. Unsere vom Christentum und seinen Grundunterscheidungen geprägte Rechtskultur sollte zu einer solchen Verpflichtung in der Lage sein. So könnte beispielsweise die Anerkennung von Weltanschauungsgemeinschaften als Körperschaften öffentlichen Rechtes nicht nur von Mitgliederbestand, ideologischer Wiedererkennbarkeit und Organisationsstruktur abhängig gemacht werden, sondern auch von institutioneller Verpflichtung zu einer derartigen Auseinandersetzung mit anderen anerkannten Religions- und Weltanschauungsgemeinschaften – etwa an den Universitäten.

In solchen Diskursen wäre – zweitens – die Einsicht auszuarbeiten und jeweils selbst nachzuvollziehen, daß nur ein bestehender Moralkontakt das Recht und damit das Funktionieren der Gesellschaft erfolgreich sichert. Das stellt Weltanschauungsgemeinschaften vor die Aufgabe, über ihr Verhältnis zur nicht religiös aufzufassenden gesellschaftlichen Allgemeinheit Auskunft zu geben.

Drittens könnte der – machtfernere – kirchliche Diskurs in der Ökumene ein Modell für den auch individuellen Gewinn abgeben, den ein solches Unternehmen abwirft. Auf diese Weise wäre dann der ökumenische Dialog, der vom protestantischen Zentralgedanken des Glaubens als Selbstunterscheidung vor Gott Gebrauch macht, gesellschaftlich bedeutsam. Wenn ein solcher multikultureller Dialog institutionell initiiert werden könnte, wären in ihm folgende Strategien zu bedenken:

Als Anfang reicht die Wahrnehmung der Verschiedenheit aus. Bereits diese Wahrnehmung setzt voraus, das Eigene als Eigenes zu bestimmen; also sich etwa über islamische und christliche, deutsche und polnische Identität selbst Rechenschaft zu geben. Diese Rechenschaft, die die Gesprächspartner voneinander erwarten und einander zumuten, versetzt sie gegenseitig in die Notwendigkeit, sich probeweise selbst von außen zu betrachten. Diese Außensicht wird, so liegt nahe, als Sicht eines fiktiven, aber immerhin konkret vorstellbaren Gesprächspartners imaginiert, sofern es auch für diese externe Betrachtung keine allgemeine Über-Position gibt; daher kommen, je nach wechselnder Gesprächslage, auch verschiedene Außensichten des Eigenen zustande. Die elementare Aufgabe besteht also nicht schon in der Diskussion von Verhältnissen zueinander (»das Christentum und der Islam«), sondern in der Selbstexplikation gegenüber dem jeweiligen Gesprächspartner.

Der zunächst exklusive Selbstvollzug der eigenen Identitätsvorstellung motiviert sodann den Gedanken, daß auch die ethnische, nationale oder religiöse Identität der anderen nicht auf das eigene Glaubens- oder Wertsystem reduzierbar ist, daß aber bereits für den Diskurs Bedingungen in Anspruch genommen wurden, die sich von jenen Identitätsdifferenzen unterscheiden. Wir können uns über diese Unterschiede nur verständigen, wenn wir sie nicht zur alleinigen Bestimmungsgröße unserer selbst erheben. Wir benötigen für die Verständigung eine Ebene, die wahrheitsindifferent bleiben kann, das heißt praktisch: auf der Mehrheiten entscheiden.

Diese Unterscheidung zweier Ebenen kann schließlich auf die Verfaßtheit des je eigenen Selbst zurückführen. Aus der Wahrnehmung der unschlichtbaren Differenzen ist der Rückschluß auf die in jedem selbst liegende Kluft möglich, die wir aber im Vollzug der Selbstunterscheidung auch immer (unterschiedlich bestimmt) übergreifen. Die Steigerung der eigenen Selbstdurchsichtigkeit erscheint so als Motivationskraft zur Akzeptanz von Unterschieden zwischen kulturell verschieden orientierten Menschen, ohne daß diese jeweils ihre kulturelle Eigenart preiszugeben hätten[13].

---

[13] Vgl. weiter zum Thema: FRIEDRICH WILHELM GRAF, Kultur des Unterschieds? Protestantische Tradition im multikulturellen Deutschland, in: RICHARD ZIEGERT (Hg.), Protestantismus als Kultur, Bielefeld 1991, 97–108.

Dritter Teil

Protestantische Stilbildung

5. Kapitel

Bildung und Glaube.

Über die religiöse Genese pluralitätsfähiger Subjektivität

1. Das Bedürfnis nach Bildung

Im Problem der Bildung bündeln sich die Konstitutionsfragen moderner demokratischer Industriegesellschaften. Denn über Bildung vermitteln sich die Bestände von Wissen, Einstellungen und Fähigkeiten, die zum kollektiven gesellschaftlichen Bestand zählen, mit individuellen Lebensgeschichten; und nur über die selbstbewußte und selbstverantwortete Integration individuellen Lebens in den Zusammenhang sozialer Kultur können sich diese Gesellschaften erhalten und entwickeln. Bildung ist das Medium von Kontinuität und Reflexivität individuell-sozialen Lebens. Darum ist Bildung eine Aufgabe, die bewußt und aktiv gesellschaftlich wahrgenommen und gestaltet wird. Diese These wird im folgenden näher entfaltet; dabei ergeben sich, auf unsere Gegenwart gesehen, neue Komplexitätsniveaus für die Gestaltung von Bildung.

Moderne Industriegesellschaften leben von fortschreitender Differenzierung und Spezialisierung des allgemeinen Produktions- und Austauschprozesses. Sie bedürfen aber, um diese Entwicklung durchlaufen zu können, der Tradierung bestimmter Bestände von Kenntnissen und Fähigkeiten. Aus ökonomischen Gründen ist daher zunächst eine solche Bildung gefordert, die ein Grundverständnis für Vorgänge der wissenschaftlich-technischen Welt bereitstellt. Es muß die für die Produktions- und Wirtschaftsvorgänge maßgebende Weltsicht erlernt werden. Diese baut sich vor allem auf im Bild der Welt als raumzeitlich-objektiver, physikalisch-chemisch-biologisch erfaßbarer Kontinuitätszusammenhang einerseits, als intersubjektiver, über Geld vermittelter Austauschprozeß andererseits. Elementare Einsichten in die Maßförmigkeit der Welt sowie in die Rechenhaftigkeit des Lebens füllen dieses Grundbedürfnis nach Weltbildstabilität aus. Allerdings ist damit erst der allgemeine Hintergrund für die sodann erforderliche Differenzierung gegeben. Denn nun kommt es darauf an, die bestimmte Teilhabe an dieser so aufgefaßten Welt im je eigenen Leben zu gestalten. Und zwar so, daß eine erfolgreiche, also mindestens den Lebensunterhalt deckende Beteiligung am

Produktions- und Austauschprozeß in der Gesellschaft möglich wird. Es zeigt sich, daß die Anforderungen an eine berufliche Bildung immer spezieller gefaßt werden. Insbesondere in den Wirtschaftssektoren, die den gesellschaftlichen Fortschritt vorantreiben, fällt diese Spezialisierung ins Gewicht[1]. Dieses insoweit, trotz aller Differenzierung, noch immer relativ überschaubare Verhältnis von Weltbildvertrautheit und beruflicher Spezialisierung wird nun freilich von gegenläufigen Bewegungen in Unruhe versetzt. Denn einmal führt die weitgehende Spezialisierung von Tätigkeiten in der Produktion zu einer immer einfacheren Ersetzung manueller Arbeit durch Maschinen; damit entfallen nicht nur Arbeitsplätze, sondern auch Arbeitsformen. In gleichem Maße konzentrieren sich durch die Informationstechnologie wirtschaftliche Abläufe in immer weniger Knotenpunkten. Genau diese Tendenzen aber stellen die Anforderung, die hochgradig spezialisiert erlernten Berufsfähigkeiten sei es wieder zu entdifferenzieren, sei es zu variieren. Das heißt: Das scheinbar so schlüssige deduktive Modell von allgemeiner technisch-naturwissenschaftlicher Weltbildorientierung und beruflicher Spezialisierung verkompliziert sich. Die Transfer- oder Übersetzungsanforderungen zwischen verschiedenen Spezialisierungen wachsen. Darin stecken natürlich nicht nur Schwierigkeiten etwa für Berufswechsel, sondern auch Chancen vor allem für Innovationen – durch neu entdeckte weitere Spezialisierungen oder neu wahrgenommene Querverbindungen zwischen bisher getrennten Produktions- und Handelsvorgängen.

Damit stellt sich die ökonomische Bildungsaufgabe neu. Und sie muß sich neu stellen, wenn nicht langfristig angelegte Bildungsinvestitionen – mit allen wirtschaftlichen Folgen – verfallen und Qualifizierungsversprechen – mit allen sozialen Konsequenzen – gebrochen werden sollen. Es wird nun verstärkt darauf ankommen, Durchlässigkeiten zu ermöglichen. Angesichts der zum Teil immer noch erhaltenen, zum Teil noch einmal gesteigerten Spezialisierung ist aber die Aussicht darauf verlegt, auf die allgemeine technisch-wissenschaftliche Weltbildorientierung zurückzugehen und von ihr aus konsequente Ableitungszusammenhänge zu den besonderen Tätigkeiten aufzubauen. Man kann vermuten, daß diese – freilich nicht zu realisierende – Absicht hinter den neuerdings wieder laut erhobenen Forderungen nach Stärkung der »Allgemeinbildung« steht. Statt dessen muß die Aufgabe in Angriff genommen werden, nach Strukturen zu suchen, von denen in verschiedenen Spezialisierungen Gebrauch gemacht werden kann. Das ist, soweit ich sehe, ein für die berufliche Bildung neues Feld. Die Computertechnologie und die entsprechenden Maschinensprachen scheinen die Möglichkeit einer

---

[1] Das kann man sich an der überaus kleinteiligen Aufspaltung etwa der alten Metallberufe klarmachen, die eine immer genauere Einstellung auf das von den Arbeitsabläufen jeweils Geforderte verlangen.

solchen Vernetzung von Strukturen bereitzustellen; allerdings wiederholt sich auf diesem Sektor dann das Verhältnis von Allgemeinem und unübersichtlich ausdifferenziertem Besonderen angesichts der Beschleunigung der technologischen und der Programm-Entwicklung lediglich noch einmal. Insofern scheint auch hier kein Königsweg für strukturelle Bildung vorzuliegen. Unwidersprechlich aber scheint mir die Einsicht, daß die Wahrnehmung struktureller Verknüpfungsmöglichkeiten zwischen verschiedenen Beteiligungsformen an Produktion und Austausch gesteigerte Kompetenzen der in diesen Prozeß verflochtenen Subjekte erfordert. So sehr man die Erkenntnis von Strukturäquivalenzen oder Strukturanalogien auch lernen und üben kann, so sehr ist doch gerade für diese Art des Lernens die Fähigkeit zu eigenständiger Verknüpfung von Verschiedenem nötig. »Ausbildung« ist also als Ausbildung von Selbständigkeit des Orientierung verschaffenden Umgangs mit Strukturen zu verstehen – und dies auf ganz unterschiedlichen Stufen der Komplexität von Weltzusammenhängen. Damit ist nicht nur eine Folgenverarbeitung der Differenzierung intendiert, sondern vor allem und darüber hinaus die Befähigung zur Innovation. Nicht nur zum Überleben in einer stets weiter spezialisierten Arbeitsgesellschaft ist solche individualisierende Struktur-Bildung nötig, sondern insbesondere zu deren weiterer Entwicklung und ihrem weiteren Erfolg.

Die Beobachtungen, die sich im Horizont der ökonomisch veranlaßten Konstitution eines Hintergrundweltbildes und zugehöriger, ihm entsprechender Kenntnisse und Fähigkeiten der Berufstätigkeit machen ließen, wiederholen sich auf der Ebene der politischen Ordnung moderner Industriegesellschaften wie der Bundesrepublik. Das hier erwünschte und erforderliche Ensemble von Einstellungen und Haltungen stellt sich dar als Vertrauen in den freiheitlich-demokratischen Rechtsstaat und als Bewußtsein nötiger Fürsorge für seinen Bestand und seine Entwicklung. Dies ist gewissermaßen das soziale und politische Äquivalent zum technisch-wissenschaftlichen Weltbild – und beide zusammen machen den Grundbestand dessen aus, vor dem speziellere Bildung sich vollzieht. In der historischen Entwicklung des Parlamentarismus als tragendes Gerüst demokratischer Staatsgestaltung haben sich die politischen Parteien als Träger der Meinungs- und vor allem der Willensbildung herausgestellt. Diese Konzentration auf Parteien hat zur Folge gehabt, daß sich die individuelle Mitwirkung an der politischen Gestaltung des Staatswesens vornehmlich in Form von Wahlen vollzieht, die mehrheitsförmig zwischen den Parteien entscheiden. Das bedeutet auf der einen Seite eine erwünschte Kanalisierung der übervielfältig zur Verfügung stehenden politischen Orientierungsmöglichkeiten; die Kehrseite dieser Reduktion besteht freilich darin, daß die Parteien durch die Verteilung von Einfluß- und Karrierechancen in der Gesellschaft selbst als Machtzentren auftreten und insofern auf Veränderungen in der politisch-gesellschaftlichen

Welt nur langsam und unter Steuerungsverlusten reagieren. Indem die politische Partizipation faktisch auf die Wahl von Parteien beschränkt ist, erscheint das Bewußtsein einer allgemeinen gesellschaftlichen Mitverantwortung an der Gestaltung der Politik – im auffälligen Unterschied zur Allzuständigkeit der parteipolitischen Einflüsse – beschränkt. Umgekehrt scheint die Durchsetzungsfähigkeit mächtiger Wirtschaftsorganisationen gerade infolge der machtförmigen Verfaßtheit und Anfälligkeit der Parteien in hohem Maße gestiegen; eine politische Mitgestaltung, die sich demokratischer Kontrolle entzieht. Daher ist in letzter Zeit das Vertrauen auf das Funktionieren delegatorischer Wahrnehmung der politischen Aufgabe gesunken.

So kommt es auch hier zu einer neuen Art des Gegeneinanders zwischen dem allgemein-deduktiven Modell, nach dem die staatsbürgerliche Grundgesinnung in der Teilnahme an demokratischen Delegationsprozessen sich ausdrückt, und dem Gefühl der Insuffizienz von solcherart Steuerung. Insbesondere ist es der Widerspruch zwischen der umfassenden Zuständigkeitserklärung der Politik für alle Bereiche des öffentlichen Lebens und ihrem nur sehr begrenzt scheinenden Problemlösungspotential, das diesen Eindruck verstärkt. Der Zwiespalt zwischen Anspruch und Wirklichkeit läßt sich gegenwärtig vor allem auf drei Feldern des Politischen beobachten. Einmal in der Unfähigkeit des politischen Systems, den industriellen Naturverbrauch global und effektiv zu regulieren – also auf dem Sektor der Ökologie. Weiterhin kommt hinzu, daß es bis jetzt keine schlüssigen politischen Konzepte gibt, wie auf die neuen ökonomischen Verwerfungen zu reagieren sei, die sich mit dem Stichwort der Globalisierung der Märkte verbinden. Und schließlich ist es – die Situation extrem verschärfend – die Überlagerung von ökonomischen und ökologischen Problemen, die die Grenzen politischer Gestaltung deutlich macht. Nun sind die hier aufbrechenden Konflikte ja nicht von unpolitischer Art, so wenig sie von den Mechanismen des herkömmlichen Repräsentativsystems erfolgreich abgefangen werden können. Daher haben sich in den letzten Jahrzehnten konsequenterweise subpolitische Organisationsformen herausgebildet, in denen mittelbare (Umwelt-) Interessen und unmittelbare (Lebenssteigerungs-) Interessen vertreten werden. Die neuerliche gesetzliche Fixierung von basisdemokratischen Volksentscheiden und die von solchen jedenfalls in der publizistischen Öffentlichkeit erzielte Resonanz bringen deren gewachsene Bedeutung zum Ausdruck. Allerdings schwindet in gleichem Maße auch der von den traditionellen Parteien betriebene Interessenausgleich, der bereits im Vorfeld von Entscheidungen erfolgte. Politik, vor allem auf lokaler Ebene, wird zum Spiel der effizienten partikularen Interessendurchsetzung; besonders an den Stellen, an denen nachvollziehbare Umweltgesichtspunkte mit individuellen Wohlergehenswünschen zusammenfallen. So sehr also die neuen subpolitischen Interessenorganisationsformen auf die jeweils gruppenspezifischen

Anliegen eingestellt werden können und insofern einen höheren Grad an Gestaltung der politischen Wirklichkeit versprechen, so wenig ist dieses Netzwerk von Partikularinteressen ein tragfähiges Modell für die Gestaltung größerer Zusammenhänge.

Die politische Bildung herkömmlicher Art, wie sie sich im Konzept der »Staatsbürgerkunde« ausdrückte, ist gegenüber diesen Verwerfungen einigermaßen ratlos. Wenn es aber darum gehen muß, die demokratische Grundgesinnung in konkrete politische Handlungsoptionen umzusetzen, die nicht nur auf eine Sozialtechnik der Durchsetzung eigener Partikularinteressen hinauslaufen, dann gilt es, die Struktur des Politischen genauer zu erfassen. Und zwar jenseits wie auch inmitten der schon vorhandenen Organisationsformen der Politik. Die parteipolitische Universalzuständigkeitsanmaßung wäre dann etwa zu dechiffrieren als eine neue Universalität des Politischen selbst, die in und jenseits gegebener Regulierungen der einzelnen und gruppenspezifischen Handlungsoptionen einer Gestaltung bedarf. Diese Allgegenwart des Politischen ist aber selbst noch einmal durchschaubar zu machen als die Notwendigkeit zur Vertretung eigener wie zur Berücksichtigung anderer Interessen; als Befähigung zur Selbstorganisation von Interessengruppen und als Befähigung zur Konfliktregelung zwischen verschiedenen solcher Gruppierungen; schließlich auch als Selbstverortung der eigenen Interessen im Zusammenhang der nichtbeherrschbaren Natur als dem beständig erforderlichen Gegenüber humaner Vergesellschaftung. Dieser aufklärende Ansatz politischer Bildung läuft auf eine Strukturlehre des Politischen hinaus, die quer liegt zur Institutionenlehre und Organisationskenntnis. Es ist nicht zu übersehen, daß auch hier zur Wahrnehmung und Gestaltung solcher Erkenntnis die subjektive Fähigkeit zu Entdeckung und Verknüpfung erforderlich ist. Es läßt sich auch hier sagen, daß solche Kompetenz sowohl für den Erhalt als auch insbesondere für die Entwicklung unserer politischen Kultur und ihrer Problemlösungsfähigkeit nötig scheint. Und es gilt sehr genau zu sehen, daß die hier geforderte Individualisierung die Bedingung und Voraussetzung von Solidarisierung darstellt. Ohne eine vertiefte Einsicht in die schon immer politisch mitbedingte Verfaßtheit von Individualität läßt sich Politik vermutlich nicht mehr aussichtsreich gestalten.

Die Erfordernisse, auf die gegenwärtige Bildung einzugehen hat, verkomplizieren sich durch die Interferenzen zwischen dem ökonomischen und dem politischen Sektor, zwischen Lebenserhalt und Lebensgestalt; dieser in sich konfliktreiche Zusammenhang sei hier mit »Gesellschaft« bezeichnet. Das in der Bundesrepublik errungene und inzwischen eingespielte Modell ist das der sozialen Marktwirtschaft, wie sie durch vielfältige Regelungen sozialstaatlicher Art abgesichert ist. Es hat sich in der Vergangenheit als überaus erfolgreich und anziehend erwiesen, indem es ein hohes Maß an Freiheit mit steigendem Wohlstand verknüpfen half. Für diesen Gesellschaftstyp ist allerdings ein Wachstum der Gesamtvolkswirtschaft ebenso nötig wie das Bestehen in internationalen Konkurrenzzusammenhängen. Unter diesen Bedingungen, die längere Zeit gegeben waren, konnten die Sozialpartner der Wirtschaft und die Politik ohne intensive Verteilungskämpfe und Kompetenzstreitigkeiten harmonieren. Die politischen Rahmenvorgaben folgten dem wirtschaftlichen Fortschritt und sicherten so ein höheres Anschlußniveau. Dieses Modell steht gegenwärtig unter hohem Druck. Zwar hat die deutsche Wiedervereinigung für eine kurzfristige Konjunkturbelebung aus binnenwirtschaftlichen Gründen geführt; die davon ausgehenden Wachstumsimpulse (vor allem im Westen) haben aber eine am Weltmarkt schon vor sich gehende Umstrukturierung in Deutschland aufgehalten, die nun um so heftiger gefordert wird.

Der Krisendruck in der auf Wachstum verpflichteten Wirtschaft führt in neue Konstellationen, deren Konsequenzen noch nicht abzusehen sind. Auf jeden Fall lösen sie ebenfalls widerstrebige Bewegungen gegen die wirtschaftlich-politische Sozialstaatsvorstellung aus. Es scheinen vor allem zwei Bereiche zu sein, in denen sich diese Verwerfungen bemerklich machen. Am wichtigsten dürfte die sich eben erst abzeichnende Umstellung gesellschaftlicher Integration sein, die man als Ende der Arbeitsgesellschaft bezeichnen muß. Seit der Beschleunigung der Industrialisierung im 19. Jahrhundert galt als verallgemeinerungsfähiges Maß für kompetente Teilhabe am gesellschaftlichen Reichtum die Arbeit; natürlich im Gegenüber zum Eigentum am und zur Verfügungsgewalt über das Kapital. »Arbeitsleistung« konnte – wie fiktiv das im Einzelfall auch sein mochte – als Grundlage der materiellen Lebensführung angesehen werden. Jedoch funktionierte schon diese Vorstellung nur, indem bestimmte Bereiche von Arbeit (zum Beispiel Hausarbeit und Kindererziehung) als Nicht-Erwerbsarbeit deklariert wurden, so daß sich die Vergesellschaftung der in diesem Sektor tätigen Frauen auf andere Weise, nämlich über die Familie, vollziehen mußte. Nachdem schon seit längerem und über weite Strecken hinweg die Familie als tragfähige Basis für die Selbsteinordnung in das gesellschaftliche Leben abgelöst worden ist, droht nun auch die bislang erfolgreiche Sozialisierung durch Arbeit einzubrechen. Es zeigt sich, daß die oben beschriebene Tendenz zur Umstellung von Produktion und Austausch auf Maschinisierung und Computerisierung in einem Maße erfolgreich ist, daß auch weitere Differenzierungen (geschweige denn Umschulung) nicht in der Lage sind, die verlorengegangenen Arbeitsplätze zu kompensieren. Das bedeutet aber nichts anderes als den beginnenden Kollaps der Arbeitsgesellschaft. Die aktuellen Debatten um die Bezahlbarkeit des Sozialstaats stellen erst die Vorboten einer weit tiefer eingreifenden Gesellschaftsveränderung dar. Wie kann eine berechtigte und lebenssichernde Teilhabe am gesellschaftlichen Reichtum erfolgen, wenn sie sich nicht durch Arbeit und auch nicht über sozialstaatliche Ausgleichs- und Ersatzzahlungen herstellt?

Der zweite Problemsektor gesellschaftlicher Integration ist mit dem Ausdruck des Kulturpluralismus bezeichnet. Damit ist, an der Oberfläche, das unter wirtschaftlichem Krisendruck brisant werdende Nebeneinander unterschiedlicher Kulturtypen und religiöser Prägungen gemeint; also diejenigen Phänomene, die in einigermaßen kurzschlüssiger Ausdrucksweise »Ausländerfeindlichkeit« genannt werden. Es gilt zu sehen, daß das Nebeneinander von Kulturen, die sich vergleichsweise hart gegeneinander abschließen, Konsequenz ökonomisch induzierter Wanderungsbewegungen ist. Die Wirtschaft hat diese Wanderungsströme, teils willentlich, teils unwillentlich, erzeugt – und ist selbst, zumal in krisenhaften Zeiten, nicht in der Lage, als kulturäquivalenter Integrationsmechanismus zu fungieren. Die Folgeprobleme der Wanderungsbewegungen werden vielmehr an die Politik und die Kultur weitergereicht. Wenn nun die Selbstverortungsmechanismen in der Gesellschaft unter Druck geraten, fallen zunächst die als »fremd« bezeichneten Anderen aus der Integration heraus. Daß die Politik hier in Verbindung mit dem Recht konsequent ihre Schutzfunktion zu übernehmen hat, ist unausweichliche Pflicht.

Allerdings ist dieses an den »Fremden« öffentlich thematisch gewordene Problem eines, das schon in scheinbar homogenen Kulturhorizonten zu beobachten ist. Es zeigt sich bereits im funktionierenden Wirtschafts- und Gesellschaftssystem als Ausdifferenzierung von untereinander inkohärenten Expertenkulturen und Lebenswelthorizonten. Auch in diesen Fällen der Spezialisierung gilt zunächst, daß es sich um ein relativ problemloses Nebeneinander handeln kann. Und zwar genau so lange, wie die Regelungsformen der sozialen Marktwirtschaft die Differenzen abfangen. In dem Augenblick aber, in dem die Sozialintegration nicht mehr über eine differenzüberbrückende gesamtgesellschaftliche Rahmenvorstellung verläuft, stehen die jeweiligen Subkulturen unter elementarem Integrationszwang. Sie müssen, nun in ihrer jeweiligen partikularen inhaltlichen Bestimmtheit, als Äquivalente fürs Ganze in Anspruch genommen werden. Das kann aus nachvollziehbaren Gründen nur auf ein Gegeneinander von Gruppen- und Subkulturinteressen hinauslaufen. Und diese lassen sich, weil die gesellschaftliche Leitvorstellung ausgefallen ist, auch kaum noch erfolgreich in politischen Kompromissen bündeln. Die Vervielfältigung der Sozialintegrationsformen ist, in Verbindung mit dem sich abzeichnenden Ende der Arbeitsgesellschaft, der harte Kern dessen, was an der Oberfläche als Individualisierung erscheint. Es ist die Frage, ob und wie die gesellschaftlich veranlaßte Bildung sich auf dieses neue Komplexitätsniveau einzustellen in der Lage ist.

Ökonomische, politische und, beides umgreifend, gesellschaftliche Entwicklungen machen die Anforderungen, denen Bildung standzuhalten hat, um Kontinuität und Reflexivität individuell-sozialen Lebens zu gewährleisten, überaus anspruchsvoll. Indem die Entwicklungstendenzen jedesmal auf

– konflikthaft verfaßte – Individualisierung hinauslaufen, wächst dem Bildungsgedanken noch ein weiteres, nur schwer allgemein zu lösendes Erfordernis zu: Die Gehalte und Vollzüge von Bildung müssen von der Art sein, daß sie tatsächlich von Individuen angeeignet werden können und wollen. Ein Modell von Bildung als Vermittlung von – und sei es noch so differenzierten – Kenntnissen äußerer Art könnte auch den Ansprüchen, die Individuen an ihre eigene Selbstdeutung haben, kaum entsprechen. Allerdings taucht mit diesem Gedanken vom Nadelöhr individueller Aneignung eine eigentümliche Dialektik im Bildungsgedanken auf. Denn auf der einen Seite ist die Individualisierung ein gesellschaftlich zugemutetes Produkt ihrer Entwicklung; es wäre daher eine vorschnelle Annahme, in dieser unwillentlichen Existenz individuell zu vollziehenden Lebens bereits gehaltvolle, selbstbewußte Individualität vorliegen zu sehen; solche Individualität, die sich selbst zu behaupten weiß. Auf der anderen Seite ist die gesellschaftliche Allgemeinheit von Individualität aber auch der unerläßliche Anknüpfungspunkt für solche Vollzüge von eigener Lebensdeutung, die zur Behauptung selbstbewußten Lebens führen. Anders gesagt: Es ist nicht ausgeschlossen, daß die unter dem gesellschaftlichen Druck isolierte Individualität sich selbst wieder aufzugeben bereit ist – was freilich nur im Sichüberlassen an unausgewogene, ihrerseits konflikthaft miteinander verwobene Partikularinteressen geschehen kann; so wäre Individualität genau dasjenige, was immer kulturkritisch denunziert wird: haltlose Privatheit mit rein zufälliger Bestimmtheit. Umgekehrt jedoch gilt: Genau diese Vereinzelung ist die unerläßliche Bedingung zur Aneignung eigenen Lebens – in Rahmenumständen, die sich immer weniger von selbst verstehen. Das schließt aber in sich, daß der Unterschied zwischen gesellschaftlich induzierter und über eigene Selbstauslegung vollzogener Individualität selbst zum Inhalt von Bildung wird.

Das Bedürfnis nach Bildung, das den modernen demokratischen Industriegesellschaften inhärent ist, hat sich auf diese nun im dreifachen Durchgang (Ökonomie, Politik, Gesellschaft) beschriebene Situation der Individualisierung einzustellen, ist sie doch selbst die Folge ihrer fortgeschrittenen Entwicklung. Dieses Bildungsbedürfnis gerät freilich durch die Pluralisierung von Sozialintegrationsformen nach Abbau des Modells der Arbeitsgesellschaft vor sein schwerstes Problem überhaupt und vor einen neuen Horizont seiner Aufgabenbestimmung. Indem die Sozialintegration nicht mehr über allgemeine Modelle erfolgt (sei es Arbeit oder Familie), gleichwohl aber zur Zukunftsgestaltung der Gesellschaft auf konsensfähige Weise nötig ist, läuft alles auf eine geforderte Koexistenz von Deutungskulturen hinaus, die nach dem Maßstab gesellschaftlicher Evolution Individualität und Sozialität neu konturiert zu verknüpfen erlauben. Damit gewinnen religiöse Orientierungen – aus sozialstrukturellen Gründen – ein neues Gewicht. Denn es sind eben Orientierungen religiöser Art, die individuelle Letztvergewisserung mit einer allgemeinen Weltsicht verknüpfen. Dagegen ist es nicht aussichtsreich möglich, diese Fragen der gesellschaftlichen Integration den Mechanismen sei es des Marktes, sei es der Politik zu überlassen. Da sich in diesen Horizonten die Probleme nicht nur selbst erzeugt haben, sondern sich fortlaufend verkomplizieren, taugen sie als Lösungsangebote nicht. Zugleich kann man prognostizieren, daß unter den religiösen Deutungsmöglichkeiten nur solche dem gesellschaftlichen Anforderungsniveau standhalten, die eigenaktive Gestaltung anbieten. Andere Deutungsformen laufen lediglich auf eine mehr oder weniger bewußte Verdopplung gesellschaftlicher Sinnangebote hinaus. Wir kommen damit, dem Leitfaden der gesellschaftlich akuten Bildungsbedingungen folgend, vor einen ähnlichen Sachverhalt wie oben im ersten Kapitel: So wie das Phänomen des Verstehens einen religiösen Grund anzunehmen erfordert, so verlangt die gesellschaftlich erzeugte Individualisierung religiöse Kohärenzdeutungen. Es ist nun im nächsten Abschnitt zu zeigen, wie unter den geschilderten sozialstrukturellen Bedingungen Bildung angelegt werden kann und wie in ihnen Religion als Element von Bildung vorkommt.

2. Strukturen des Bildungsbegriffs und der Ort religiöser Bildung

Bildung meint die prozeßhafte Vermittlung von Selbst und Welt zum Zwecke selbstbewußter, sozial verantworteter und erfolgreicher Weltgestaltung. In der Bildung stellt sich damit, wenn überhaupt, eine Einheit von Theorie und Praxis her, und zwar in der Form sozialer Interaktion. Diese These zur Struktur des Bildungsbegriffes sei zunächst in ihren einzelnen Teilmomenten erläutert, bevor auf ihre historischen Modifikationen eingegangen wird.

In der These zum Bildungsbegriff ist vorausgesetzt, daß es ein kategoriales Gegenüber von humanem Selbstsein und gegenständlicher Welt gibt. Dieses Gegenüber ist jedoch noch abstrakt. Denn einerseits gilt, daß ein menschliches Selbst erst in dem Maße sich als ein solches verstehen lernt, in dem es sich von der Welt unterscheidet. Selbst und Welt kommen als diese Extreme erst als Resultat eines Ausdifferenzierungsgeschehens zustande. Zum andern verhält es sich so, daß dieser Prozeß der Beziehung und Unterscheidung immer schon im Gange ist, nämlich durch die sozial verfaßte menschliche Naturaneignung vermittelt. Zwischen Selbst und Welt steht immer schon die Gesellschaft. Daraus resultiert dann auch, daß es für den Weltumgang im jeweiligen sozialen Kontext bestimmte Maximen und Standards gibt. Indem sie hier als selbstbewußt, sozial verantwortet und technisch erfolgreich bezeichnet werden, wird auf das Anforderungsprofil moderner demokratischer Industriegesellschaften Bezug genommen.

Bildung als Vermittlung von Selbst und Welt ist daher ein Vorgang, der auf unterschiedlichen Ebenen und mit auseinandertretenden Zielen abläuft. Am leichtesten lassen sich noch die Eckwerte der Zielvorstellungen benennen: das in sich gefestigte humane Selbstbewußtsein und die natürliche Welt als Gegenüber. Diese einfache Polarität verkompliziert sich freilich sofort und auf permanent irritierende Weise, indem auf das Vorkommen der Natur im menschlichen Selbstbewußtsein geachtet wird, also auf die leibliche Existenzform menschlichen Lebens. Und bereits dieser Sachverhalt, der sofort die natürlich-soziale Vermitteltheit individuellen Lebens in sich trägt, leitet den Blick auf die sich überlagernden Dimensionen im Bildungsbegriff. Sie können hier nur annäherungsweise und schematisch beschrieben werden. Ein solches Schema läßt sich am übersichtlichsten so konstruieren, daß man die drei Stellen Subjekt – Gesellschaft – Natur, die in ihrem Zusammenwirken den Bildungsbegriff strukturieren, unter drei verschiedene Exponenten treten läßt. Nämlich einmal die Naturaneignung; sodann die gesellschaftliche Organisation; schließlich die individuelle Selbstverständigungs- und Ausdruckskultur. Es gilt zu sehen, daß im Bildungsgeschehen auf jeder dieser Ebenen alle drei Orientierungspunkte (Selbst – Gesellschaft – Natur) unterschiedlich mitwirken.

Zum Zwecke der Naturaneignung (1), also zur Reproduktion leiblichen Lebens auf verschiedenen Entwicklungsstufen, wirken gesellschaftlich erworbene Kenntnisse (wissenschaftlicher und technischer Art) mit Organisationsformen und Bewältigungskapazitäten der Produktion zusammen; und dieses Ensemble von Kenntnissen und Fähigkeiten prägt zu einem nicht geringen Maße die Anforderungen, die an ein Subjekt gestellt werden und insofern das Bild, das ein Subjekt von sich selbst gewinnt. Achtet man (2) auf die gesellschaftliche Organisation, dann ist für deren Aufbau und Verstehen natürlich von elementarer Bedeutung, wie sie sich selbst in ihrer natürlichen Umwelt situiert und sich ihr gegenüber behauptet. Diesen Sachverhalt hatte Marx mit der Unterscheidung von (naturbezogenen) Produktivkräften und (gesellschaftlichen) Produktionsverhältnissen im Blick. Bedeutend für die Gestalt von Gesellschaft ist freilich auf der anderen Seite auch, welche individuellen und kollektiven Selbstzugänge die Menschen in ihr besitzen; gewachsene Ansprüche auf eigenes Leben prägen sich in gesellschaftspolitischen Optionen aus. Zieht man schließlich (3) den subjektiven Pol in Betracht, dann wird das Verständnis eigenen Lebens sowohl von der Position in der Gesellschaft mitbestimmt wie auch durch die Verfügungsmöglichkeit über Bestände der natürlichen Welt; Selbstbilder sind abhängig von der gesellschaftlichen Evolution im Naturzusammenhang.

Das heißt: Technisch-praktische, gesellschaftlich-soziale und individuell-ausdrucksförmige Bildung wirken stets zusammen – und sie sind zusammen erforderlich, um die Struktur des Bildungsbegriffs zu erfüllen, nämlich die prozeßhafte gesellschaftliche Vermittlung von Selbst und Welt zu leisten.

Fragt man nun weiter, wie sich diese Struktur von Bildung in historischen Bildungsbegriffen wiederfindet, dann stößt man auf Spannungen, die als Indizien für das Problem angesehen werden können, das Gleichgewicht zwischen den unterschiedenen Dimensionen von Bildung stets neu und in unterschiedlicher Akzentsetzung finden zu müssen. Auch hier beschränke ich mich auf einige wenige typisierende Positionsbestimmungen.

Das vorbürgerliche Modell, das noch lange überlebt hat, ist das der »klassischen« Bildung. Ein Fundus an individueller und sozialer Erfahrung wird als in der Weise elementar angesehen, daß er auch neuen Eindrücken und Verarbeitungsanforderungen begegnender Wirklichkeit angemessen gelten kann. Die großen Erzählungen der Vergangenheit, sei es mythologischer, sei es religiöser Art, können als typologische Schlüssel für neue historische Gegenwarten dienen. Sie sind dabei durchaus für Vertiefungen und Neuentdeckungen noch unbekannter Akzente offen. Es liegt auf der Hand, daß in diesem Bildungsmodell die Gesellschaft der entscheidende Faktor ist; die Tradition der ihren Bestand vergewissernden Überlieferungen prägt nicht nur die Subjekte in ihrem Selbstverständnis, sondern auch die Maximen des Naturumgangs.

Bei Hegel findet man vielleicht am deutlichsten die bürgerliche Konzeption der Bildung ausgesprochen. In der »Phänomenologie des Geistes« bestimmt er Bildung als Vermittlungsgeschehen von Individuum und Welt[2]. Er hat damit die Besonderung des Subjektiven ebenso notiert wie die für dieses Individuum sich stellende Aufgabe, die Welt als gegenständliches Gegenüber zu konstituieren. Allerdings hat Hegel im gleichen Gedankengang auch auf die Unvollkommenheit eines so vorgestellten Bildungsgedankens verwiesen. Denn daß das Individuum sich an der Welt und im Gegenüber zu ihr zu bilden hat, ist Ausdruck seiner eigenen Partikularität und Zerrissenheit. Daher läßt sich Bildung auf dieser Linie gar nicht vollenden; es bedarf vielmehr eines Fortgangs hin zur Strukturlehre des Geistes, dessen Präsenz im gleichen Maße in der Gesellschaft wie in der Natur wie im Individuum erkannt werden muß, um jenes Vervollkommnungsversprechen zu realisieren, das in der Bildung angelegt ist. Bei Hegel ist mit der Erkenntnis ernstgemacht, daß Natur und Subjektivität sich nur miteinander und aneinander bilden. Darin spricht sich der bürgerliche Ort dieses Bildungsbegriffes aus: »Natur« und »Subjekt« sind selbst Produkt, gehen auf eine erzeugende Tätigkeit zurück. Damit sind Strukturen entdeckt worden, die sich bis heute nicht ersetzen lassen. Es ist leicht zu sehen, inwiefern meine oben erörterte These über die Verfaßtheit des Bildungsbegriffs von diesen Einsichten Hegels zehrt. Allerdings gilt es nun auf der anderen Seite festzuhalten, daß eine Integration von

---

[2] G. W. F. Hegel, Phänomenologie des Geistes (Theorie-Werkausgabe Bd. 3), Frankfurt/M. 1970, 362–366.

Individuum und Natur auf den Spuren des (über die Gesellschaft und den Staat sich realisierenden) Geistes nicht in dem Sinne wirklich geworden ist, wie Hegel selbst es möglicherweise angenommen hat. Die Produktionsdynamik der bürgerlichen Gesellschaft hat bis jetzt keine befriedigende, die Ansprüche auf Vereinbarung von Selbst- und Weltdeutung erfüllende, soziale Form gefunden; vielmehr haben sich traditionelle Ordnungsmuster immer mehr zersetzt und funktionale Regelungen sind an deren Stelle getreten. Man kann sagen: Je größer der Erfolg der gesellschaftlich vermittelten Naturbeherrschung geworden ist, um so schwieriger wird die von Hegel doch intendierte Vermittlung des Differenten durch die Strukturformen, die bei ihm Geist genannt werden.

Es ist die Einsicht in diese Gebrochenheit der bürgerlichen Gesellschaft, die den spätmodernen Bildungsbegriff kennzeichnet, wie man ihn bei Th. W. Adorno findet. In seiner »Theorie der Halbbildung« hat er darauf hingewiesen, daß die modernen Gesellschaften dem Kriterium des Geistes nicht genügen, Differenzen auf nachvollziehbare Weise zusammenzuhalten[3]. So gewiß das gesellschaftliche Naturverhältnis durch hohe Effizienz gekennzeichnet ist, so wenig entspricht dieser Rationalität eine vom Subjekt auf- und anzunehmende soziale Vernünftigkeit. Vielmehr haben die Maximen der Wirtschaftsgesellschaft das Bildungsgeschehen so sehr und so durchgreifend bestimmt, daß es zu einem befreiten Leben der Subjekte, das nicht einfach diesen Imperativen untergeordnet ist, gar nicht mehr kommt. Genau das meint Adorno mit »Halbbildung«: daß die Selbst-Bildung ausfällt, die doch schon nach bürgerlichen Maßstäben verheißen war. »Der Halbgebildete betreibt Selbsterhaltung ohne Selbst.«[4] Dagegen empfiehlt er, auch weiterhin den utopischen Gehalt einzuklagen, der im bürgerlichen Bildungsbegriff enthalten ist. Es sei, meint er, »an Bildung festzuhalten, nachdem die Gesellschaft ihr die Basis entzog«.[5] Allerdings erscheint seine Argumentation insofern eigentümlich rekursiv, als er auf die Frage, woher denn solche Offenheit ihre Lebensfähigkeit erhalte, antwortet: »Die Kraft dazu … wächst dem Geist nirgendwoher zu als aus dem, was einmal Bildung war.«[6] Das ist eine zweideutige Formulierung. Auf der einen Seite scheint sie zu besagen, daß es die gelungenen Momente früherer, man muß unterstellen: großbürgerlicher, Bildung sind, die auch gegenwärtig Widerstandsvermögen vermitteln. Doch das ist insofern unschlüssig, als man dann unterstellen müßte, es habe schon einmal die Realisierung der utopischen Vollendung der Bildung gegeben; wollte man das tun, dann würde sich Adornos Satz lediglich als linke Variante

---

[3] Theodor W. Adorno, Theorie der Halbbildung, in: Ders./Max Horkheimer, Sociologica II. Reden und Vorträge, Frankfurt/M. ³1973, 168–192.
[4] Ebd. 187.
[5] Ebd. 192.
[6] Ebd.

bürgerlicher Kulturkritik am spätbürgerlichen Zerfall demaskieren. Daher ist ein anderes Verständnis dieses Satzes zu erwägen. Er läßt sich nämlich auch so auffassen, im alten, hochbürgerlichen Bildungsverständnis ein Moment des Unverrechenbaren enthalten ist; das Bewußtsein davon, daß auch die vollständige Vermittlung des Individuums mit seiner Welt durch die Gesellschaft aufgrund der gemeinsamen Präsenz des Geistes nicht den letzten Gehalt von Bildung erschöpft – was man bei Hegel etwa daran sehen kann, daß mit dem Bewußtsein des Geistes auch ein Wissen um letzte Zwecklosigkeit verbunden ist. Anders gesagt: Adornos zwiespältige Formulierung kann auch so gelesen werden, daß sie insgeheim auf ein Moment der Bildung verweist, das im Modell universeller Vermittlung von Selbst und Welt noch nicht mitgesetzt ist.

Wenn diese Lesart zutrifft, dann kann Adornos Bildungsbegriff als Indiz einer Einsicht verstanden werden, die man überhaupt aus dem Scheitern des klassisch-bürgerlichen Bildungsbegriffs folgern muß: daß sich der Begriff der Bildung in einer so elementaren Weise ausdifferenziert hat, daß er als integrativer Gesamtbegriff nicht mehr zu realisieren ist. Diese Schlußfolgerung widerspricht nicht der oben entfalteten Strukturthese von Bildung überhaupt, wohl aber allen Versuchen, die sich überlagernden Dimensionen von Bildung, die deren genauere Betrachtung ergab, in die Einheit eines einfachen und in sich einheitlichen Bildungsprogramms zu übersetzen. Es ist daher mit dem Neben- und Gegeneinander unterschiedlicher Bildungs-Impulse zu rechnen – und das ist in der spätmodern-pluralen Medienkultur nichts anderes als eine Beschreibung der selbstverständlichen Lage. Gerade wenn man an der von Hegel herstammenden bürgerlichen Vermittlungsvorstellung von Bildung festhalten möchte, muß man sich auf eine Pluralität von Bildungsvorgängen einstellen, die ihren Zusammenhang nicht schon von vornherein erkennen lassen.

Genau diese Situation ausdifferenzierter Bildung läßt freilich auch die Besonderheit religiöser Bildung und ihren bildungstheoretischen Ort erkennen. Denn wenn man sich, die spätmoderne Differenzierungsgeschichte im Hintergrund, die Unmöglichkeit der Realisierung des bürgerlichen Ideals vergegenwärtigt, dann fällt der Blick auf das Problem, woher sich denn eigentlich die Einheit des Subjekts als eines freien und selbstbewußten deuten läßt. In der klassischen Bildung war das keine Frage: Religion gehörte zu den gesellschaftlich vorausgesetzten und vermittelten Selbstbildungsmedien. In der bürgerlichen Epoche ist das religiöse Moment in das Ganzheitsversprechen eingegangen; das kann man an Hegels Zuordnung von Religion und Philosophie im Medium des Geistes deutlich sehen. Indem nun aber diese suggestive Einheit zerfallen ist, stellt sich die Frage nach dem Ort der Religion neu. Soll es nicht bei einer Halbbildung als »Selbsterhaltung ohne Selbst« bleiben, dann muß man sagen: Religiöse Bildung ist genau und präzis auf die Selbstbildung einzustellen. Sie nimmt damit einen Ort ein, der sich im Gefüge des Bildungsbegriffs auf dem Subjektpol verankert sieht. Und dieser wirkt sich, wie die Analyse oben zeigte, auch auf das Verständnis von Gesellschaft und Welt überhaupt aus. Anders gesagt: Für die subjektive Bildung des Selbstbildes und des Selbstverständnisses ist nicht nur die ästhetische Expressionskultur zuständig, sondern auch – und sogar noch elementarer, weil die zur Expression drängenden Stimmungen selbst bestimmend – die religiöse Auslegungskultur. Und diese bleibt auch nicht auf Authentizitätsexpression beschränkt, sondern bestimmt die soziale und natürliche Selbstverortung mit. Gerade in der Ausdifferenzierung des Bildungsbegriffes tritt somit die besondere Funktion religiöser Bildung ans Licht.

Damit kommt im übrigen ein Moment wieder zum Zuge, das sich bereits am Anfang der Begriffsschöpfung des deutschen Wortes »Bildung« zeigte: sein religiöser Grundcharakter. In Meister Eckeharts Traktat »Vom edlen Menschen« wird eine Skizze des Aufbaus des inneren und neuen Menschen gegeben[7]. Eckehart beschreibt darin fünf verschiedene Stufen der Kultivierung und der Selbstzurücknahme des Menschen, der sich auf den Weg wahrer Lebensgestaltung macht. Interessant ist nun die sechste und letzte Stufe. Denn auf ihr wird der Mensch »entbildet« und »überbildet von Gottes Ewigkeit«[8]. Das heißt: Der eigene Bildungsgang ruht zuletzt auf einem Grunde, der eigenem Bilden entzogen ist und der sich dem Gebildetwerden nach Gottes Bild verdankt. Der große Mystiker hat damit darauf verwiesen, daß Selbst-Bildung ein Vorgang ist, der sich aus anderen Bildungsvollzügen nicht herleiten läßt. Eben diese hochmittelalterliche Einsicht in die Besonderung religiöser Bildung erweist sich unter ganz veränderten spätmodernen Bedingungen als aufschlußreich. Wenn der damit reklamierte Rang religiöser Bildung aber nicht bloßer Anspruch bleiben soll, dann muß gezeigt werden, inwiefern sich religiöse Bildung in ein Konzept von Bildungsvorgängen einfügen läßt, das seinerseits die Konsequenzen aus dem Zerfall eines Gesamtbildungsbegriffes gezogen hat. Dies sei im folgenden am Konzept kategorialer Bildung gezeigt, wie es Wolfgang Klafki ausgearbeitet hat[9].

Der Grundgedanke kategorialer Bildung enthält im wesentlichen zwei Elemente. Zum einen wird Bildung als eine im Werden begriffene, prozeßförmige Begegnung von Selbst und Welt verstanden; hierin steht die katego-

---

[7] MEISTER ECKEHART, Deutsche Predigten und Traktate, hg. u. übers. von JOSEF QUINT (detebe 202), o.O. 1979, 140–149, hier: 142f.

[8] Ebd. 143.

[9] WOLFGANG KLAFKI, Das pädagogische Problem des Elementaren und die Theorie der kategorialen Bildung (Göttinger Studien zur Pädagogik. NF 6) Weinheim [3/4]1964, DERS. Studien zur Bildungstheorie und Didaktik. Durch ein krit. Vorwort erg. Aufl. Weinheim 1975, DERS., Neue Studien zur Bildungstheorie und Didaktik. Zeitgemäße Allgemeinbildung und kritisch-konstruktive Didaktik, Weinheim/Basel [2]1991.

riale Bildung, wie schwach auch immer akzentuiert, in der Nachfolge Hegels. Dieser gemeinsame Werde- und Erschließungsprozeß wird nun aber, das ist das zweite Moment, auf bestimmte Kontaktstellen des Wirklichkeitsumgangs zugespitzt, die, in Anlehnung an eine kantische Ausdrucksweise, Kategorien genannt werden. Damit wird eine deutliche Reserve gegenüber einem universell vermittelnden Bildungskonzept zum Ausdruck gebracht; das ist der Ort der Restriktion bürgerlicher Universalbildung. Interessant ist nun, wie diese Kategorien gedacht und bestimmt werden. Denn sie ergeben sich weder einfach aus den »klassischen« Beständen, denen zukunftsfähige Erschließungskraft zugetraut wird, noch aus einer transzendentalen Reflexion auf die Bedingungen möglicher Erfahrung überhaupt, wie man im kantischen Sinne vermuten könnte. Und sie bleiben auch nicht – das wäre das anarchistisch-antiautoritäre Modell – in der Opakheit individueller Lebensgeschichten verborgen, weil ja jeder schließlich irgendwie mit dem Leben zurechtkommt; damit würde planbare Bildung ja auch unmöglich gemacht. Vielmehr sind solche kontaktvermittelnden Kategorien im Bildungsprozeß selbst zu entdecken – in der exemplarischen (natürlich stets in aspekthaften Differenzen vorliegenden) Analyse von Sach- und Selbsterschließung. Ein experimenteller Umgang, der gleiche und analoge Strukturen beobachtet und festhält, bietet noch den besten Weg zur Ermittlung solcher Kategorien. Damit ist zugleich negiert, daß es eine dem Anspruch nach »objektive«, verwendungsunabhängige, selbstdeutungsfreie Sachanalyse geben kann; jedenfalls in Bildungszusammenhängen. Die am Exempel entdeckten und festgehaltenen Kategorien können und sollen sich dann auch in anderen Erfahrungsfeldern bewähren und ihre aufschlüsselnde Kraft faktisch unter Beweis stellen. Es ist also so etwas wie ein empirisch getönter, durch das Einbezogensein in Bildungsvorgänge seine erfahrungskonstitutive Rolle zurückgewinnender Kantianismus, der hinter diesem Kategorienbegriff steckt.

Und als solcher ist er überaus leistungsfähig. Denn vermöge solcher Kategorien lassen sich einerseits individuelle Bildungsgeschichten plausibel machen in der Form einer zeitlichen Sequenz von Erschließungs- und Einsichtsfähigkeiten. Kategorien knüpfen aneinander an, überlagern und vertiefen sich; das kategoriale Netz, das im kompetenten Weltumgang gebraucht wird, verdichtet sich Zug um Zug. Zugleich lassen sich unterschiedliche Sacherschließungsinteressen mit Hilfe dieses Kategorienbegriffs deuten. Was als Gegenstand und Medium von Bildung in Betracht kommt, kann auf unterschiedlich abgegrenzte und verschieden tief erschlossene Weise zum Thema gemacht werden; dabei sind die für den jeweiligen Bildungszweck ausgegrenzten Kategorien jedoch stets virtuell präsent und insofern jederzeit wieder anschlußfähig. Insbesondere sind es derartige Sacherschließungen, die sich in didaktischer Analyse ausdifferenzieren, die für eine – wie immer begrenzte – Verallgemeinerung von Bildungsvorgängen sorgen. Die gegenständliche Orientierung von Bildung stellt sich als Mittel überindividueller Bildungsimpulse heraus. Allerdings gilt auch hier: Keine Sachanalyse ist ohne mitlaufendes Selbstbild und Selbstverstehen möglich. Das trifft auf mathematische ebenso wie auf gesellschaftliche Sachverhalte zu, um nur zwei Extreme von Bildungsgegenständen zu nennen. Im Gegenteil: Die Präsenz des subjektiven Faktors von Selbstbildung ist gerade zum Zwecke der Sacherkenntnis grundsätzlich gefordert; sie gehört zum Bildungsziel selbst.

Das Konzept kategorialer Bildung, wie es hier nur nach seinen gröbsten Bestandteilen skizziert wurde, empfiehlt sich im gegenwärtigen Spektrum didaktischer Möglichkeiten am nachdrücklichsten, wenn man danach fragt, wie sich die am Anfang dieses Abschnittes aufgefächerte Struktur des Bildungsbegriffs in Bildungsvollzüge umsetzen kann. Denn die kategoriale Bildung ist am ehesten in der Lage, sowohl die Schichtungen von Lernvorgängen nachvollziehbar zu machen (die Interessenexponenten, unter denen Bildung stattfindet) als auch die drei Rahmengrößen der Bildung (Selbst – Gesellschaft – Natur) zugleich präsent zu halten. Überdies besteht eine deutliche Verwandtschaft zwischen dem hier gebrauchten Kategorienbegriff und dem in diesem Buch entfalteten Stilbegriff. Denn die Kategorien der Bildung sind ja nichts anderes als ausgearbeitete Modelle für das, was oben (im ersten Kapitel, S. 34) »Stilakkommodation« genannt wurde; nun freilich auch mit Einschluß von Sachverhalten der natürlichen Welt, die keine eigene Selbstdeutung geben können.

Im Zusammenhang des Konzeptes kategorialer Bildung läßt sich nun – über Klafki hinaus – der didaktische Ort der Religion bestimmen. Wenn davon auszugehen ist, daß Bildung stets einen Selbstdeutungsanteil enthält, dann gilt auch, daß dieser selbstrelative Aspekt in unterschiedlichen Bildungsvorgängen unterschiedlich stark und deutlich ausgeprägt ist. Gerade um aber den stets mitlaufenden Selbstdeutungsgesichtspunkt klar wahrnehmen zu können (ohne den das gesamte Konzept zum Scheitern verurteilt ist), muß es so etwas wie eine kategoriale Bildung von Selbstdeutungskategorien geben. Dafür ist natürlich zunächst der ganze Horizont von literarischen und ästhetischen Selbstdeutungen einschlägig. In deren Kontext freilich wird die Frage akut, wie denn und nach welcher Maßgabe welche Selbstdeutungen so auf die eigene Person zu beziehen sind, daß sie tragfähig angeeignet werden können. Das Kriterium der Tragfähigkeit ist dabei nach zwei Seiten hin zu bestimmen. Denn tragfähig ist einerseits nur das, was dem Begriff nach individuell angeeignet zu werden verlangt; ohne dieses Merkmal wäre jede mögliche Selbstverortung nur die Unterordnung unter ein so oder so vorgegebenes Raster, eine mehr oder weniger austauschbare Gruppenidentität. Genau das aber kann nicht im Interesse kategorialer Bildung liegen, die fundamental mit dem Extrempol von Subjektivität rechnet. Anders gesagt: Tragfähig ist, was zu einem eigenen Stil verhilft. Tragfähig ist andererseits nur das, was zugleich damit die Vielfalt der Kategorien und anderer Stile beziehungsfähig hält auf das je eigene Selbstsein. Es ist daher beabsichtigt, zur Entwicklung eines solchen Selbstbildes beizutragen, das sich der Kategorien zu bedienen in der Lage ist; das zu Distanz und Engagement, zu Kontinuität und Verläßlichkeit ebenso wie zu Innovation und Risikofreude fähig ist. Genau das aber sind die Forderungen, denen Religion im hier verwendeten Sinne nachkommt. Nun zeigt sich freilich sogleich, daß bereits diese bildungstheoretische Aufgabenbeschreibung von Religion bestimmte Standards setzt, denen vermutlich nicht alles, was Religion genannt werden kann, entspricht. Doch das soll und kann an diesem Ort nicht zum Thema gemacht werden; hier kommt es nur darauf an zu zeigen, daß jedenfalls protestantische Bildung dem entwickelten Standard entspricht – und zwar nach ihrem Begriff ebenso wie nach ihrer anfänglichen historischen Erscheinungsweise.

3. Protestantische Bildung

Protestantische Bildung ist religiöse Bildung der Fähigkeit zur Selbstunterscheidung. Oder anders gesagt: Protestantische Bildung ist die subjektive Entdeckungsgeschichte der immer schon in Anspruch genommenen Selbstunterscheidung als religiöses Thema im Zusammenhang des Bildungsprozesses überhaupt.

Diese These geht davon aus, daß in Bildungsvorgängen stets die Fähigkeit zur Selbstunterscheidung eine Rolle spielt. Sie kommt dabei auf unterschiedlichen Schichten und in verschieden ausgeprägter Tiefe in den Blick. Das einfachste Grundmoment von Selbstunterscheidung liegt da vor, wo im Bildungsgang zwischen den Gehalten, an denen und vermittels derer Bildung geschieht, und der sich bildenden Person unterschieden wird. Diese Differenz wird ja bereits durch die Struktur von Bildung überhaupt erfordert. Sie findet zu näher ausgeführter Gestalt, indem es aus der Sicht eines sich bildenden Subjektes zu Vorgängen der Selbsterfassung kommt, die das eigene Leben immer genauer im Kontext der gemeinsamen Welt verstehen lernen. Die anfängliche Unterscheidung verlangt durch eigenaktive Deutungsprozesse konkret angeeignet zu werden. Daraus entsteht schließlich so etwas wie eine Kultur der inneren Welt, also die Fähigkeit, mich von meinen Reaktions- und Verarbeitungsmustern der äußeren Welt noch einmal selbst zu unterscheiden; also das Vermögen, nicht in den, wie immer schon subjektiv gefärbten, Aneignungsweisen der Welt aufzugehen. Jeder Bildungsgang also, so kann man diese Ausgangsannahme auch beschreiben, führt auf eine vertiefte und sozial erweiterte Selbstunterscheidung.

Es stellt sich dann die Frage, wie der Horizont zu deuten ist, in dem es zu dieser – unterschiedlich gebrauchten – Selbstunterscheidung kommt. Der

Vorgang und das Vermögen der Selbstunterscheidung sind selbst deutungs-
bedürftig, gemäß dem Argument, daß ein Verzicht auf eine eigene Deutung
dieses Sachverhaltes einem Verzicht auf letzte Erfassung der subjektiven
Selbständigkeit hinausliefe, also ein beständiges Einfallstor für Heteronomien
jedweder Art wäre. Eine solche Deutung muß aber von der Art sein, daß sie
die Selbständigkeit des eigenen Selbstseins gegenüber dem Inbegriff der Bildungsgehalte sicherstellt. Diese Forderung bringt uns allerdings jetzt vor den
paradoxen Sachverhalt, daß wir nach Medien der Bildung fragen müssen, die
die Bildungsunabhängigkeit der Selbstunterscheidung deuten helfen. Genau
das aber ist die Rolle der Religion in der Bildung – Medien zu suchen und
anzubieten, die eben dieses leisten. Und solche Medien lassen sich überall da
auch tatsächlich finden, wo Deutungen dieses Sachverhalts von der Freiheit
der Selbstunterscheidung vorliegen. Es kommt also darauf an, aus dem vermeintlich planen und austauschbaren Bildungskanon diejenigen Elemente
auszumitteln, die die Eigenart von Religion und die eigentümliche Aneignungsweise religiösen Lebens jenseits aller moralischen Zweckmäßigkeit
und gesellschaftlichen Nützlichkeit vor Augen bringen. Genau diese Ermittlung und die systematische Verdichtung der beobachteten Strukturen bilden
das Zentrum protestantischer Bildung. Und diese Konzentration läßt sich
bereits in den allerersten Jahren der Reformation beobachten, nämlich in
Melanchthons Konzeption von Theologie als Bildungsgeschehen humaner
Subjektivität.

(Melanchthons theologische Bildungstheorie) In Anknüpfung an seinen fernen Lehrer
Erasmus von Rotterdam versteht Melanchthon Bildung als Bildung der Affekte. Auf
die Bildung der Affekte kommt es deshalb an, weil sie den umkämpften, aber eben
auch beeinflußbaren Mittelbereich zwischen dem göttlich-geistigen und dem tie-
risch-leiblichen Anteil menschlichen Seins und Lebens ausmachen. Wer die Affekte
bestimmt, bestimmt den ganzen Menschen. Denn sie sind die treibenden Kräfte, sei
es zum göttlich Guten, sei es zum unmenschlich Bösen. Diesem Ziel einer Verbesse-
rung des Menschen durch Beeinflussung seiner Affekte dient die Bildung, in der religiöse und moralische Impulse zusammenwirken. Dabei sind diejenigen Einflüsse am
erfolgreichsten, die am weitesten zurückgehen, also auf den sichersten Quellen beru-
hen, und die am genauesten auf die Verfaßtheit des Affektapparates eingestellt sind.
Als Leitfaden für die Logik der Affektbeeinflussung haben sich, in der Nachfolge der
zunächst sachverhaltsgeleiteten Topik des Aristoteles, sogenannte Loci communes
herausgebildet, die nun, im Humanismus, eine moralphilosophische Pointe erhalten.
Loci communes sind dann gewissermaßen die Übersetzungspunkte für weltliche
Sachverhalte in subjektive Zustände[10]; sie dienen vor allem dazu, daß aus Markstei-

---

[10] Diese Zielrichtung bringt sich in der internen logischen Aufteilung der Loci communes zur Darstellung im Gefälle von formalen und generellen loci (allgemeinen Frage-
hinsichten und Sachordnungsgesichtspunkten) ebenso wie in der Abfolge von genus de-
monstrativum und genus deliberativum (Gegenstandsbeschreibungen und Handlungser-

nen vergangener Geschichte exemplarische Lehren für das Verhalten in der Gegenwart entwickelt werden. Indem sich nun bei Erasmus wie bei Melanchthon humanistische Gelehrsamkeit und religiöse Authentizität miteinander verbünden, gelangt die Wirkung der göttlichen Kraft durch Christus am effektivsten ins Menschenleben hinein. Das jedenfalls ist die noch ganz nahe bei Erasmus stehende Auffassung, die Melanchthon 1518 vertreten hat, als er, 21 Jahre alt, nach Wittenberg kam.

Bereits drei Jahre später hat sich Melanchthons religiöse Bildungstheorie entscheidend gewandelt. Indem er sich die Theologie Luthers aneignete, veränderte sich seine Auffassung von den für die Affektenbeeinflussung nötigen und hilfreichen Loci communes. Das kann man deutlich an der frühesten Gestalt der »Loci communes rerum theologicarum seu hypotyposes theologicae« von 1521 erkennen, der ersten evangelischen Dogmatik. Melanchthons Grundauffassung hat sich geändert – aber die didaktische Methode ist dieselbe geblieben. Auch Melanchthons anfängliche Darstellung der evangelischen Wahrheit geschieht in der Form von Verknüpfungspunkten von Innen und Außen. Das Innen bleibt unsere Affektnatur, nur daß das Außen jetzt nicht mehr von antiken Historien und Lehranschauungen ausgefüllt wird, zu denen dann auch, als entscheidende Spitze, Christus gerechnet wird. Das Außen ist jetzt das Wort Gottes, wie es in der Heiligen Schrift gesagt ist. Die Loci communes werden dadurch von »Grundsätzen menschlichen Verhaltens« zu »Grundbegriffen menschlichen Daseins«[11]. Nicht, was aus uns werden soll, sondern wie wir dran sind, grundsätzlich und vor Gott, das erfahren wir aus diesen Loci.

Und zu diesem Zweck bedarf es nur dreier Begriffe: Sünde, Gesetz und Gnade. Mit dem Begriff der Sünde wird der Tatbestand notiert, daß unsere Affektnatur grundsätzlich nicht ein neutraler, frei bestimmungsfähiger Mittelbereich zwischen Gut und Böse, Gott und Teufel darstellt, sondern sich stets, soweit wir ihrer innewerden, zum Bösen geneigt hat. Das kann man sich empirisch ganz einfach daran klarmachen, daß alle Moral sich als Erziehung zum Guten und nicht als Erörterung über die Vorzüglichkeit des Guten oder Bösen versteht. Daß dieser auch von der Moral jedenfalls implizit anerkannte Sachverhalt jedoch eine totale Qualifikation unseres humanen Lebens darstellt, das wird im Begriff des Gesetzes zum Ausdruck gebracht. Denn das Gesetz hält in seiner Restriktion auf die zu vollbringenden Taten die grundsätzliche Ausrichtung des Affektes konstant und ändert diese nicht. Alles, was wir also zu tun vermögen, führt uns, trotz aller guten Absichten, stets weiter ins Verderben hinein. Nun ist diese Konstanz des Bösen im humanen Affekt deshalb so unerbittlich gezeichnet, weil sie als Gegenüber zur rettenden Gnade Gottes verstanden wird. Gott setzt mit seiner Gnade eben nicht auf der Ebene der Handlungen an, so daß er unsere Handlungskompetenz in seinen die richtige Orientierung vermittelnden Gebrauch nähme, gewissermaßen wie ein neues effektives Gesetz. Sondern er setzt tiefer an, auf der Ebene der Person selbst oder des allem Handeln zugrundeliegenden Aktzentrums, das sich der so oder so verfaßten Selbstauslegung des Subjekts verdankt. Sünde und Gnade werden so zu antithetischen Eckbestimmungen menschlichen Daseins. Sie markieren für denjenigen, der sich nach dem Muster dieser Be-

---

wägungen). Hans-Georg Geyer, Von der Geburt des wahren Menschen. Probleme aus den Anfängen der Theologie Melanchthons, Neukirchen 1965, 49–63.

[11] Geyer, ebd. 61

griffe versteht, eine abgründige Selbstunterscheidung; eine solche, die zwar im Verstehen nachvollzogen, die aber nicht mehr als von einem eigenen Vermögen gesteuert begriffen werden kann. Die durch diese göttliche Neubestimmung veränderte Person freilich bleibt zu Handlungen verpflichtet – und darum konnte Melanchthon auch am Gesetz festhalten. So sehr es unter dem Aspekt der Sünde ins Verderben führt, so sehr baut es unter der Kraft der Gnade auf und hilft dazu, eine Erfahrung des Begnadigtseins zu gewinnen.

Die Konsequenzen, die sich aus diesem Modell Melanchthons für die Anthropologie wie für die Bildungstheorie ergeben, sind weitreichend. Zunächst zeigt sich anthropologisch, daß sich die Theologie durch die extreme Verknappung der Loci communes auf eine neue Weise der Selbsterfassung des Menschen einstellt; man könnte sagen: auf eine grundsätzliche Ausdifferenzierung der Religion gegenüber den (vornehmlich im Schema der Moral vorgestellten) Bildungsprozessen menschlichen Lebens überhaupt. Im ersten Schritt unterscheiden sich Religion und Bildung, freilich nur im ersten Schritt. Denn die Folge der Besonderung der humanen Selbsterfassung in der Religion ist eine Emanzipation der Bildung selbst: Sie muß nun nicht mehr in ein religiös-moralisch gehaltenes Weltbild eingebaut werden, sondern darf sich ihrer eigenen Sachlogik nach entfalten. Die von Gott gebildete Person bildet sich an der Welt und bildet die Welt, nun im Einklang ihres eigenen Sinnes mit Gottes Sinn. Der rechte Glaube ist daher die Basis umfassender Bildung[12]. Melanchthon hat das an seiner eigenen Person zur Darstellung gebracht. Seine Lehrbücher der Philosophie, der Psychologie und der Physik, die in ganz freier Weise von der humanen Vernunft Gebrauch machen, folgen jeweils der Logik des einschlägigen Sachgebietes, ohne auf einen enzyklopädischen Zusammenhang verpflichtet zu sein. Wahrscheinlich sind sie deshalb auch so erfolgreich gewesen.

Melanchthon hat in seiner frühen Konzeption der Loci communes von 1521 eine bedeutende religiöse Bildungstheorie theologisch verankert. Diese Theorie freilich besitzt ihr Problem im Begriff des Gesetzes, das den Gegensatz von Sünde und Gnade noch einmal eigentümlich unterfängt. Einerseits bewirkt das Gesetz nichts anderes, als die Richtung des auf sich selbst bezogenen Willens zu fixieren; das ist seine formale Leistung. Andererseits ist mit dem Begriff des Gesetzes doch auch dies gemeint, daß bestimmte Handlungen positiv geboten sind; das ist sein materialer Aspekt. Und Gott wird so gedacht, daß er, so gewiß er den Sünder durch das Gesetz auf dem Weg ins Verderben weiter vorantreibt, doch auch diejenige Kraft bereitstellt, die das positiv Gebotene erfüllbar macht. Mit anderen Worten: Es gibt eine Undeutlichkeit im Gottesbegriff bei Melanchthon, insofern Gott einmal als der allein im Widerspruch von Sünde und Gnade über diesen Widerspruch herrschende Herr gedacht wird, er andererseits aber auch der Ermöglichungsgrund der Erfüllung des positiv vorliegenden natürlichen Gesetzes ist. Diese Unklarheit verdunkelt dann auch Melanchthons reli-

---

[12] HEINZ SCHEIBLE, Melanchthons Bildungsprogramm, in: DERS., Melanchthon und die Reformation. Forschungsbeiträge, hg. v. GERHARD MAY und ROLF DECOT (Veröffentlichungen des Instituts für Europäische Geschichte Mainz. Abt. Abendländische Religionsgeschichte Beiheft 41) Wiesbaden 1996, 99–114; GÜNTER R. SCHMIDT, Philippus Melanchthon (1497–1560), in: HENNING SCHRÖER/DIETRICH ZILLESSEN, Klassiker der Religionspädagogik, Frankfurt/M. 1989, 23–34.

giösen Bildungsbegriff, sofern der konstitutive Akt humaner Selbstdeutung im antithetischen Unterschied im nachhinein transformiert wird ins Modell eines (durch eine qualitative Veränderung hindurchgegangenen) graduellen Fortschritts. So daß der Schein aufkommen kann, die antithetische Selbstdeutung sei nur eine bestimmte extreme Beschreibungsweise für die qualitative Veränderung auf einem sich dann doch wieder einheitlich präsentierenden Weg religiös gebildeten Fortschritts.

Das heißt: So zutreffend Melanchthon den Glauben als Vertiefung und Voraussetzung der Bildung beschrieben hat, so wenig hat er den zum Verhältnis der Differenz gehörigen Unterschied des Glaubens von der Bildung festhalten können – zum Schaden für beide. Die eigentümliche Freiheit des Menschen über sein äußeres Vermitteltsein hinaus bleibt bei Melanchthon noch zweideutig. Selbsttätigkeit des Glaubens wird bei ihm immer nur als Selbsttätigkeit nach dem Muster des Gesetzes gekannt.

Fragt man nach den Gründen für diesen Differenzierungsrückschritt, dann wird man sagen müssen: Die Konstanz des melanchthonischen Modells verdankt sich dem bereits im 16. Jahrhundert normativen Gesichtspunkt, daß so etwas wie eine umgreifende Bildungs-Ganzheit existieren soll, auf die hin sowohl weltliche Bildung wie Glaube ausgerichtet sind. Diese Ganzheitsnorm ist zerbrochen; nicht primär oder offenkundig durch theologische Kritik, sondern durch die Herauslösung des Subjekts aus dem vermeintlich objektiven Kosmos des Wissens, den das Subjekt in der Moderne nur dann als den seinen anzuerkennen vermag, wenn es ihn selbst erzeugt hat. Diese Verselbständigung hat Melanchthon noch nicht wahrnehmen können. Sie veranlaßt aber gegenwärtig, noch schärfer auf die Eigenart des Glaubens im Zusammenhang der Bedingungen der Bildung hinzusehen. Daher ist gegen Melanchthon, aber seiner Spur folgend, die zwischen Sünde und Gnade sich eröffnende Selbstunterscheidung in prinzipieller Weise festzuhalten.

Was bei Melanchthon beeindruckt, ist die Übersetzung der humanistischen Bildungstheorie in religiöse Bildung. Diese Transformation vollzieht sich, wie gesagt, nach einem gemeinsamen didaktischen Modell, aber durch prinzipielle Verdichtung der Bildungshinsichten: Aus der Mehrzahl der handlungsbestimmenden Loci communes seiner Tradition wurde die Dreizahl von Sünde, Gesetz und Gnade. Dadurch ließ sich das Bildungsgeschehen bis auf die Selbstverständnisebene des Subjektes hinabverfolgen. Indem sich nun aber zeigte, daß die Ausdifferenzierung der auf Selbstdeutung sich beziehenden Religion doch noch nicht konsequent erfolgt war, stellt sich die Frage, auf welchem Wege denn die für die Bildungsvorgänge grundlegende Selbstunterscheidung in kategorialer Weise festgestellt und noch schlüssiger religiös gedeutet werden kann. Eine derartige Präzisierung kann sich zwei unterschiedliche Einsichten der modernen Geistesgeschichte zunutze machen: die vertiefte Erkenntnis der Verfaßtheit des Selbstbewußtseins und die auf ihre Ausgangsbestände zurückverfolgte biblische Botschaft.

Die Erörterung der Struktur des Selbstbewußtseins seit der Frühromantik hat gezeigt, daß es eine eigentümliche, nicht mehr zu reduzierende Doppelheit im Selbstbewußtsein gibt, die etwa als das Sichgegebensein der Selbstbeziehung ausgedrückt werden kann. Dieser Sachverhalt läßt sich auf zweifache Weise näher beschreiben. Einmal so, daß man im Ausgang von der überhaupt gebrauchten Reflexivität des Bewußtseins die erstaunliche Beobachtung macht, daß die vernichtende Kraft der Reflexion sich da erschöpft, wo sie sich auf sich selbst bezieht; es gibt so etwas wie ein Sichgegebensein der Reflexion. Die andere Beschreibungsweise bezieht sich auf das merkwürdige Phänomen, daß das Selbstbewußtsein ein Sichgegebenes ist, das zugleich um das Sichgegebensein weiß; hier tritt der Umstand vor Augen, daß es für das Zugleich von Gegebensein und Reflexion keine Möglichkeiten der Herleitung der Reflexion mehr gibt. Daher kann man, so oder so beschrieben, von einer ursprünglichen Duplizität des Selbstbewußtseins sprechen. Es ist diese Verfaßtheit des Selbstbewußtseins, die im Vollzug der Selbstunterscheidung durchscheint, wie er in Bildungsvorgängen am Werk ist. Genau auf diesen Sachverhalt aber stellt sich die religiöse Deutung ein, die der Protestantismus gibt. Denn er benennt Gott als das reine Zwischen von Selbstunterschiedenheit und Selbstbezogenheit des Selbstbewußtseins. Anders gesagt: Das sich selbst und die Welt deutende (bzw. in Deutungsvorgängen sich auslegende und erfassende) Selbstbewußtsein wird protestantisch gedeutet als durch Gott allein konstituiert. Eben dies ist der Sache nach auch schon bei Melanchthon der Fall gewesen; es ist lediglich die eigentümliche Selbstbeziehung des Selbstbewußtseins, die den Sachverhalt genauer von allen anderen herstellenden Tätigkeiten und darstellenden Deutungen unterscheiden hilft. Auf diese nun durchsichtiger beschreibbare Verfaßtheit dessen, was bei Melanchthon »Affektbereich« heißt, ist die theologische Bildungstheorie einzustellen.

Zur exakteren Besonderung dieser religiösen Grunddeutung trägt weiter bei, daß die bei Melanchthon als Wort Gottes bezeichnete Äußerlichkeit nun von der Gestalt Jesu her verstanden wird. Konnte im frühprotestantischen Sinne das Wort Gottes so nahe an den Bibeltext herangerückt werden, daß es mit ihm identisch zu werden schien (so daß der Unterschied von semantischem Gehalt und pragmatischer Wirkung des Wortes Gottes zu verschwinden drohte), so hat die historisch differenzierende Sicht der biblischen Schriften gezeigt, daß das elementare Modell des antithetischen humanen Gegensatzes im Gegenüber zu Gott in der Person Jesu selbst grundgelegt erscheint. Wie oben im dritten Kapitel ausgeführt, ist Jesu Anspruch auf das Anwesen des Gottesreiches in seiner Person durch seinen Tod so eigentümlich gebrochen und gesteigert, daß allein Gottes Präsenz in Jesu Leben und über dieses hinaus im Glauben der Menschen ihn ins Recht setzt – und so Gottes Sein auf der Erde verwirklicht. Der Gegensatz von Sünde und Gnade wird derart auf die Geschichte Jesu in ihrer antithetischen Verfaßtheit zurückgeführt.

Es ist diese Entsprechung zwischen der Struktur des Subjekts und der christologisch präzisierten Struktur der Bibel, vermöge derer sich protestantische Bildung vollzieht. Dabei wird grundsätzlich eine doppelte Deutung vorgenommen. Einerseits verhält es sich so, daß die in den Bildungsprozessen überhaupt sich betätigende Selbstunterscheidung auf eine abschließende, weil das Deuten überhaupt erschöpfende Deutung zurückgeführt wird. Das ist die rekursive Funktion protestantischer Bildung, und insofern ist religiöse Bildung im Sinne des Protestantismus stets mit allgemeinen Bildungsvorgängen verknüpft. Auf der anderen Seite sind derartige im Bildungsprozeß virulente Selbstunterscheidungen noch keineswegs von der Art, bereits stabile Deutungen der Struktur des Selbstbewußtseins überhaupt zu ermöglichen. Insofern hilft religiöse Bildung dann auch, als ein spezieller Faktor der Bildung neben anderen, zum Gewinn solcher stabilisierender Gewißheit. Das ist die produktive Seite protestantisch-religiöser Bildung. Wichtig ist nun die Einsicht, daß es zwischen jenem induktiv-rekursiven und diesem produktiv-prägenden Verfahren keine zwangsläufigen Übergänge geben kann; das Einleuchten der rekursiv angelegten Deutungen ist so unbeherrschbar wie die Fruchtbarkeit der als prägend verstandenen religiösen Vorstellungen in der Bewältigung von Lebenserfahrungen unvorhersehbar. Diese letzten Überlegungen zur Gestalt protestantischer Bildung geben den Blick frei auf die maßgeblichen Determinanten evangelischer Bildungstätigkeit und darunter insbesondere evangelischer Religionspädagogik.

4. Bestimmungsfaktoren evangelischer Religionspädagogik

Es versteht sich nach den bisher angestellten Überlegungen von selbst, daß Bildung im hier gemeinten Sinne einer Lebens- und Glaubens-Bildung nur als integrierendes Ziel religiöser Praxis überhaupt in Betracht kommt[13]. Und mit religiöser Praxis im protestantischen Sinne ist ebenso das darstellend-kultische Handeln der Kirchen als auch eine solche Deutungstätigkeit gemeint, die kulturelle Bestände auf ihre letztvergewissernde Funktion hin befragt. »Kirche« als organisierte religiöse Gemeinschaft und »freier Protestantismus« in der Vielfalt seiner Erscheinungsweisen sind gemeinsam Träger einer derartigen religiösen Praxis, die sich folglich auch stets in ganz verschiedenen Frömmigkeitsformen darstellt. Nun gibt es eine der Sache nach überaus wichtige Übergangsform zwischen diesen ja auch zu unterscheidenden Praxisbereichen, an der überdies das Interesse an Bildung institutionell verankert ist: die Schule. Es liegt in der Konsequenz des hier entfalteten Bildungsbegriffes, daß zur Vollständigkeit emanzipatorischer Bildung, zur Aktionsfähigkeit freien Selbstbewußtseins die Wahrnehmung und Gestaltung der

---

[13] Diese Auffassung spricht bereits auch aus dem Untertitel des Buches von EILERT HERMS, Offenbarung und Glaube. Zur Bildung christlichen Lebens, Tübingen 1992.

Funktion gehört, die mit Religion zu bezeichnen ist. Da es nun »Religion im allgemeinen« aus dem schon erörterten Grund nicht geben kann, daß eine solche eine individuelle Letztvergewisserung gar nicht schaffen könnte, vollzieht sich religiöse Bildung unausweichlich als Funktion positiver Religion. Was diese Stellung für evangelische Religionspädagogik bedeutet, sei in einem ersten Gedankengang skizziert.

Mit durchschlagenden Argumenten gehört Religion in den methodisch organisierten Bildungshorizont, der von der Schule abgedeckt wird. Dabei muß aus schulpädagogischer Sicht gefordert werden, daß religiöse Bildung nicht als Konkurrenz zu anderen Bildungsgehalten auftritt, also darauf verzichtet, diese inhaltlich (um)bestimmen zu wollen. Wohl aber muß es auch im Interesse der Schule liegen, daß Religion da als Kritik auftritt, wo Bildungsgehalte dahin tendieren, selbst weltanschaulich abschließend auftreten zu wollen. Genau diese Tendenz jedoch ist in Wissenschaft und Technik ebenso wie in Moralvorstellungen nahezu unvermeidlich gegeben. Natürlich läßt sich die ideologiekritische Aufgabe auch durch einen Verbund wechselseitiger Kritik wahrnehmen; das Vorkommen von Religion aber gibt dem ideologiekritischen Unternehmen auch einen von der Reflexionskraft und dem Einsatz verantwortlicher Lehrkräfte unabhängigen institutionellen Ort.

Es liegt auf der Hand, daß das Christentum, wenn man es auf der Linie der hier vorgeschlagenen Wesensbestimmung ansieht (und der Protestantismus insbesonders) genau diesen Anforderungen, die im Interesse von Bildung überhaupt gestellt werden müssen, entspricht. Wie bereits an Melanchthons Bildungskonzept zu sehen war, verträgt sich der Glaube nach evangelischem Verständnis mit der ganzen Breite frei sich entwickelnden Wissens. Er gewinnt aber da kritische Schärfe, wo irgendetwas Weltliches zum Zweck von Letztvergewisserungen beansprucht wird; diese Rolle fürs menschliche Leben zu spielen, steht allein Gott zu. Es ist ja in den Begriff des Protestantismus eingegangen, daß die Entfaltung der evangelischen Wahrheit stets als Streit um die Wahrheit und als Kritik an unhaltbaren Wahrheitsansprüchen erfolgt. So gewiß aber eine ideologiekritische Pointierung gegenüber weltanschaulichen Überhöhungen weltlichen Wissens am Platze ist, so sehr ändert sich die Weise der Auseinandersetzung, wenn es um die Beziehung von Religionen aufeinander geht; hier tritt hermeneutische Aufklärung an die Stelle beurteilender Kritik. Es geht darum, das Bild von menschlichem Leben in der Welt zu erfassen, das in einer anderen Religion so oder so gedeutet wird. Erst wenn dieser hermeneutische Abgleich erfolgt ist, kann und wird es zur Bewertung kommen; diese aber kann nur individuell vorgenommen werden. Darin zeigt sich die maßgebliche Grenze für evangelischen Religionsunterricht. Mit Bestimmtheit kann er falsche religiöse Ansprüche der Kritik unterziehen; die Zustimmung zur eigenen Kritikbasis kann er nicht zum methodisch zu erreichenden Ziel der eigenen Bildungsabsicht machen. Darin erweist er sich als an sich selbst nichtideologisch.

Nun ist in jüngster Zeit eben das Recht eines Schulfaches »Religion« in Frage gestellt worden, noch gegen den Sinn des Grundgesetzes. Diese Debatte hat ihren institutionellen Ausgang bei der Konzeption eines Schulfaches »Lebensgestaltung, Ethik, Religionen« (LER) im Land Brandenburg genommen. Dabei stehen allerlei politische Argumente im Vordergrund, die für diese Konzeption ins Feld geführt werden: etwa die Konfessionsstatistik oder bestimmte Säkularisierungsvorstellungen. Vermutlich reicht die Dimension der damit angestoßenen Debatte aber tiefer. Denn auch abgesehen von den politisch-ideologischen Absichten einer Landesregierung wird in ihr Bezug genommen auf eine doppelte Tatsache, die tatsächlich den Religionsunterricht prägt und die schärferer Analyse bedürftig ist. Es handelt sich einmal um den Sachverhalt, daß Religion stets nur als bestimmte Religion vorkommt (und also auch nur so zum Gegenstand von Bildung werden kann), und zum anderen um die Einsicht, daß die Zustimmung zur religiösen Deutung frei bleiben muß (und sich insofern, von außen betrachtet, im Bereich von subjektiven Wertsetzungen bewegt). Diese beiden unbestreitbaren Merkmale werden dann, will man ein LER-Modell begründen, so zusammengenommen, daß man sagt: Auch Religion beruht – als bestimmte – auf der freien Wahl des Subjekts. Daher muß ein möglichst breites Spektrum von (eben nicht nur im engeren Sinne religiösen) Wertorientierungen angeboten werden, aus dem die individuelle Wahl erfolgen kann.

Diese Argumentation leidet unter einem schwerwiegenden Fehler. Denn es wird unterstellt, Religion als solche (oder anders gesagt: jede Religion) trage das Erfordernis innerlich freier Zustimmung bei sich. Genau das trifft aber nicht zu; vielmehr ist die Freiheit der Religion selbst eine Errungenschaft, die allererst durch die Pluralisierung des Christentums in der abendländischen Neuzeit erkämpft wurde und die der Protestantismus grundbegrifflich abgesichert hat. Diese historische Einsicht vom Errungensein religiöser Freiheit besitzt insofern grundsätzliches Gewicht, als auch strukturell Freiheit stets nur als in Anspruch genommene vorkommt. Auch die vermeintlich freie Wahl von Wertsetzungen verdankt sich daher bereits einem realen und insofern auch bereits partikularen Freiheitsverständnis. Das vermeintlich neutrale Auswählen oder Wertsetzen ist daher eine in sich abstrakte, haltlose Vorstellung. Daraus aber ergibt sich die folgende Konsequenz: Im Interesse der Wahlfreiheit von Religion und/oder Weltanschauung muß im Bildungsgang solche Religion vorkommen, die eben diese Selbständigkeit der Wahl gewährleistet. Und allein dieses Kriterium kann aus Sicht eines konfessionsneutralen Staates in schulpädagogischer Hinsicht zwingend sein; daher wären auch alle solche Religionen, die dieses Kriterium grundbegrifflich nachprüfbar und empirisch plausibel erfüllen können, als zur Vorgabe von Grundsätzen des Religionsunterrichtes berechtigt. Die Deklaration der eigenen Weltanschauung als »Religion« dagegen besagt für eine staatliche Zulassung als Schulfach gar nichts. Die Einheit von gedanklich explikationsfähiger Kohärenz und sozial-organisierter Erscheinungsweise gehört für Religionen, die einen solchen Anspruch erheben wollen, zusammen. Beides, Lehre und Leben, müssen sich entsprechen; daher ist der Grundgesetz-Artikel 7,3 schlüssig, nach dem Religionslehre in Übereinstimmung mit den Grundsätzen der Religionsgemeinschaften erteilt werden muß.

Lehnt man diese Konsequenz ab, wie es bei denen der Fall zu sein scheint, die eine LER-Konzeption für wünschbar halten, dann begibt man sich in den Selbstwiderspruch, daß eine abstrakt allgemeine Freiheit unterstellt wird (und nur eine solche kann staatlich gewährleistet werden), von der aber immer nur individuell Gebrauch gemacht werden kann. Dabei kann die Bindewirkung der je individuellen Freiheit aus allgemeiner Sicht schon deshalb nicht grundsätzlich zum Thema gemacht werden, weil sich mit jeder Thematisierung erneut die Frage stellt, auf welcher Basis diese denn erfolgen sollte. Diesem Modell bleibt das Resultat nicht erspart, die formale staatliche Freiheitsgewährung unmittelbar als inhaltliche aufzufassen, und das heißt: aktuelle politische Wertsetzungen für die grundgesetzlich verbürgte Freiheitsgestaltung auszugeben. Das aber läuft in der Tat, wie schon öfters bemerkt, auf eine »Staatsreligion« hinaus.

Aus dieser Übersicht ergeben sich zwei Schlußfolgerungen. Einmal gilt, daß der weltanschaulich neutrale Staat nur dann seine Neutralität wahren kann, wenn er von sich selbst solche Institutionen unterscheidet, die inhaltlich nicht an ihn gebunden, gleichwohl aber in der Freiheitsgewährung ihm analog sind. Und genau dieses Verhältnis hat er in seinen Bildungseinrichtungen – aus wohlverstandenem Eigeninteresse – zur Anerkennung zu bringen. Zum anderen gilt, daß die Logik der religiösen Überzeugungen von eigener Art ist. Denn es läßt sich nicht ein letztvergewisserungsfreies Allgemeinbewußtsein fingieren, das insofern von religiöser Grundierung frei wäre. Vielmehr muß damit gerechnet werden, daß – wie die Subjektbeteiligung einer kritischen Bildungstheorie zeigt – bereits jeder Bildungsvorgang überhaupt von solchen subjektiven Anteilen und Färbungen betroffen ist, die bis in (und sei es bloß situativ) letztvergewissernde Bewußtseinsbereiche sich erstrecken. Ist daher religiöse Bildung notwendiger Teil freier Bildung, so vollzieht sie sich als selbstaufklärerische Debatte um die einsichtsfähige und individuell vergewissernde religiöse Orientierung eines jeden Menschen selbst. Eine solche Bildung aber kann nur von Religionen wahrgenommen werden, die, gerade indem sie diese Vergewisserungsfunktion vollbringen, zugleich die Fähigkeit zur Selbstunterscheidung bieten und befördern. Soviel zum rechtlichen und gesellschaftlichen Ort von Religion in der staatlich geordneten schulischen Bildung und insbesondere zum Ort evangelischer Religionspädagogik in ihr.

Religiöse Bildung im hier vorgestellten Sinn besitzt, in allen ihren unterschiedlichen Vollzügen, einen einheitlichen Sinn: dadurch zu einem selbstbewußten und handlungsfähigen humanen Selbstsein beizutragen, daß sie das menschliche Leben als vor Gott gestellt entdecken hilft. Ein in diesem Sinne gebildetes und bildungsfähiges Subjekt ist das Ziel, auf das sich evangelische Religionspädagogik ausrichtet. Der Gedanke eines umfassenden Zieles, das gleichwohl keine material-weltanschaulichen Eingrenzungen und Festlegungen bei sich hat, ist ein wichtiger Beitrag zur Frage der Kohärenz der Religionspädagogik. Denn er erlaubt, religionspädagogische Handlungsvollzüge auf eine zusammenhängende Bildungsgeschichte zu beziehen. Religiöse Bildung ist, so könnte man sagen, Bildung einer eigenen, in allen Wechselfällen des Lebens sich (wieder)aufbauenden Lebensgeschichte.

Aus dieser Vorstellung ergeben sich Folgerungen für die Auswahl von Stoffen und Methoden religiöser Bildung. Im Modell einer derartigen Bildungsgeschichte kann zunächst den phasenförmigen Entwicklungen im Leben eines (jungen) Menschen Rechnung getragen werden, ohne daß die Einheitlichkeit des religiösen Bildungsimpulses dadurch verloren geht. So wird es möglich, etwa in der Behandlung biblischer Stoffe im Religionsunterricht die Sprach- und Vorstellungsformen entsprechend zu wählen. Ein mythologisches Verständnis der religiösen Überlieferung (etwa der Wundererzählungen des Neuen Testaments) ist danach phasentypisch ebenso am Platz wie die kritisch-analytische Reflexion dieser Erzählungen nach natur- und literaturwissenschaftlichen Kriterien; schließlich dann auch die Einsicht in den notwendigerweise metaphorisch aufzufassenden Sinn dieser Traditionen, die zu einem selbstverantworteten Umgang mit ihnen anregt. Es gibt daher, ganz analog zur Erschließung anderer Bildungsgehalte, nicht die eine »richtige« Verständnisweise der religiösen Überlieferung; sondern immer diejenige, die für bestimmte Lebensalter die religiös entsprechende ist.

Analoges gilt für die Medien des Religionsunterrichts. Sind sie alle darauf gestimmt, Religion als letztvergewissernde Deutung verständlich zu machen, dann kommt in einer frühen Entwicklungsperiode das Erzählen zum Zuge als der gesprächsweise erfolgende Aufbau einer gemeinsamen Welt. Zu einem anderen Zeitpunkt bildet sich der Zusammenhang dieser die Individuen verbindenden Welt gerade nicht über die gemeinsame Erzeugung, sondern über ihre Belastung unter dem Anspruch kritischer Analyse. Und ohne diese kritische Arbeit wird die eigene Komposition von Themen, die stiltypisch ausgeprägte Präsentation von Gestaltungsvorschlägen der gemeinsamen Welt, auch gar nicht möglich. Auch im Blick auf die Medien also stellt sich ein Zusammenhang her, der durch die gemeinsame Grundintention gestiftet wird, so sehr dessen einzelne Momente sich auszuschließen scheinen.

Dasselbe gilt schließlich auch für die Gegenstände und Themen des Religionsunterrichtes. Damit sich die religiöse Vorstellungswelt überhaupt erschließen kann, ist eine elementare Vertrautheit mit ihr erforderlich. In dieser Einsicht gründet die gerade für anfängliche Bildungsprozesse unverzichtbare thematische Bedeutung der Bibel. Das schließt nicht aus, sondern ein, daß zu einem anderen Zeitpunkt die eigene Lebensgeschichte das Material wird, an dem nach der vergewissernden Dimension gefragt wird. Und beides kommt zusammen, wenn die Deutungsmuster der Bibel als Momente eigener Lebensdeutung sich erschließen.

Was hier in gehöriger Abstraktion nach Entwicklungsphasen und Bildungsdimensionen unterschieden wird, wird natürlich in der Entfaltung von Bildungsverläufen (und ihrer didaktischen Planung) wieder vielfach gemischt und variiert werden. Hier sind diese Gesichtspunkte deshalb so dürr dargestellt worden, um die Eckdaten ins Auge zu fassen, die in der konkreten Gestaltung religiöser Bildung eine Rolle spielen. Von ihnen aus läßt sich auch ein Einblick in das Strukturmuster der didaktischen Erschließung der Themen des Religionsunterrichts gewinnen.

Zu diesem Zweck kann an die Überlegungen zur kategorialen Bildung angeknüpft werden. Dort war ja die Einsicht gewonnen worden, daß Sacherschließung und Selbsterschließung miteinander verbunden sind. Eben dies gilt nun insbesondere auch für die Didaktik religiöser Bildung, und zwar sowohl im Blick auf die Gegenstände und Themen als auch im Blick auf die subjektiven Bildungsvollzüge. Im thematischen Bereich gibt es Gehalte, die ihre religiöse Verfaßtheit explizit anzeigen. An ihnen ist, gebraucht man den hier vorgeschlagenen Religionsbegriff, zu sehen, wie Deutungen auf die Grund- und Abschlußfrage menschlichen Selbstverständnisses Bezug nehmen. Durch die explizit religiösen Gegenstände (seien es Texte, Bilder, Riten oder musikalische Kunstwerke) wird der Blick dafür geschärft, daß dieselbe Funktion auch von anderen Lebensdeutungen wahrgenommen wird bzw. in ihnen mitverarbeitet ist. Insofern reicht der Katalog der Themen religiöser Bildung über religiöse Gegenstände im engeren Sinne hinaus; potentiell kann jede Deutung Anlaß zur Frage nach Religion werden. Für den evangelischen Religionsunterricht wird gelten, daß er die Strukturen von Religion maßgeblich an der Bibel erarbeitet und erschließt – und diese bilden genau dann und insofern ein tatsächlich in sich zusammenhängendes Ganzes, wenn man sie auf ihre den Menschen vor Gott stellende Funktion hin befragt. Das ist, in didaktischer Analyse angewandt, die Frage nach der Mitte der Schrift.

Es macht die reformatorische Pointe des Christentums aus, daß diese Mitte der Schrift oder das Prinzip des Protestantismus auf die Frage Antwort gibt, die der Mensch in seiner Existenz ist; in der Sprache unserer Überlegungen: auf das Bedürfnis nach Letztvergewisserung als Deutung des unabschließbaren Zwiespaltes im Selbstbewußtsein. Das heißt: Die Analyse der möglichen Stoffe des Religionsunterrichts entspricht der Grundform, in der die humane Selbstauslegung eine Deutung ihrer aporetischen Begründung vornimmt. Oder anders gesagt: Die Struktur des deutungsbedürftigen humanen Selbstbewußtseins und die Struktur der Gegenstände religiöser Bildung lassen sich aufeinander beziehen. Mit dieser Einsicht ist es durchaus möglich, sich modifiziert und produktiv auf die nun schon vor längerer Zeit entwickelte sog. »Strukturgitter-Didaktik« zu beziehen[14], die eine »subjektive Tiefenstruktur« und eine »objektive Oberflächenstruktur« unterrichtlich aufeinander zu beziehen empfiehlt. Im Falle religiöser Bildung wird man dieses Modell dahin näher zu bestimmen haben, daß es sich sowohl um eine subjektive wie um eine objektive Tiefenstruktur handelt, die aufeinandertreffen – und daß die Ermittlung von beiden dann auch nicht durch Quasi-Objektivationen von Lerngegenständen und Traditionsgehalten erfolgen kann, sondern im hermeneutischen Selbstaufklärungsprozeß vor sich gehen muß. Als Katalysator der didaktischen Erschließung religiöser Bildungsgehalte kommt deshalb alternativlos die Lehrperson in Betracht: Ihr eigener kompetenter Umgang mit den religiösen Gehalten ist das Raster für die unterrichtliche Vermittlung. Insofern ist die Bildung der Bildenden eine Schlüsselaufgabe evangelischer Religionspädagogik.

Genau diese Einsicht aber eröffnet auch wieder den Blick auf die unabschließbare Vielfalt von Frömmigkeitsgestalten, die im Unterricht stets, so oder so ausgeprägt, mitwirken. Man kann sogar fragen, ob die sich abwechselnde Vielfalt religionspädagogischer Konzeptionen (samt ihren gegenseitigen Kämpfen) nicht ein Reflex solcher Frömmigkeitstypen ist, die sich lediglich über ihre eigene Tiefenstruktur unzureichend Rechenschaft gegeben haben. Aus der Sicht der hier angestellten Überlegungen gibt es jedenfalls keinen Anlaß, sich auf ein Konzept im ausschließlichen Gegenüber zu anderen festzulegen. Statt dessen wird man mit je spezieller, sektoraler oder funktionaler Leistungsfähigkeit der in den verschiedenen Konzeptionen ausgearbeiteten Themen und Ansätze rechnen dürfen – und das entspricht ja auch der verbreiteten Unterrichtspraxis, die mit gutem Grund so einheitlich nicht ist, wie sich Konzeptionsstrategen das vielleicht wünschen mögen.

Das Verhältnis von religiösem Bildungsziel und je individuell erreichten Bildungsresultaten führt nun noch einmal auf den Stil-Begriff zurück. Religiöse Bildung ist insofern Stil-Bildung, als im Durchgang durch Selbstauslegungen und ihr Verständnis als religiöse, auf Letztvergewisserung abzielende Deutung eine eigene elementare Selbstdeutung erreicht wird, die letztvergewissernde Funktion besitzt. Der Erwerb eines solchen Stils ist aber, schon weil er durch material unterschiedlich bestimmte Deutungen erzielt wurde,

---

[14] HERWIG BLANKERTZ, Theorien und Modelle der Didaktik, neubearb. u. erw. Weinheim ⁹1975; vgl. GODWIN LÄMMERMANN, Grundriß der Religionsdidaktik (PThe 1), Stuttgart etc. 1991, 110–112.

stets von individueller Prägung – und gerade darin nicht ohne Zusammenhang mit der engeren oder weiteren Sprachgemeinschaft, der er entstammt.
Religiöse Bildung vertieft damit das Verständnis und die Gestaltung der eigenen Individualität, indem sie Beziehung und Unterscheidung zu den In-
stanzen erkennen und gestalten lehrt, denen ein Mensch sein Selbstsein
(mit)verdankt. So gewiß im Bildungs-Gedanken auf dieses Erlangen von
Selbstbewußtsein abzustellen ist und so gewiß nur dieses auch die Grundauf-
gabe gesellschaftlicher Integration in modernen postindustriellen Gesellschaften zu leisten imstande ist, so sehr gehört zur Bildung auf der anderen
Seite auch die Selbstzurechnung zur individualitätsvermittelnden Sozial-
und Sprachgemeinschaft. Daher gibt es, gerade weil die eigene Individualität
stilgeprägt ist, definitiv keinen absoluten Privatstil; Individualität existiert
stets nur in Sozialzusammenhängen. Der elementare Sprachzusammenhang
der Religion aber ist die Kirche, und daher gilt ihr das abschließende Kapitel.

6. Kapitel

Glaube und Kirche.

Über die institutionelle Gestalt protestantischen Stils

1. Der protestantische Streit um Individualität und Sozialität in der Kirche

Im Unterschied zum Katholizismus ist das Verhältnis von Individualität und Sozialität innerprotestantisch andauernd umstritten. Nach katholischem Grundverständnis bewegt sich der einzelne Mensch stets und ständig im Sozialzusammenhang der Kirche; dieser kann, wie es sich im Vaticanum II gezeigt hat, als so flexibel gedacht werden, daß er auch und gerade für Ansprüche auf eigenes Selbstsein im Glauben offen ist. Die Religion stellt, eben indem sie sozial verfaßt ist, die Bedingungen für individuelles Leben bereit. Und man kann die Mehrzahl der Sakramente und Sakramentalien als den leistungsfähigen Versuch begreifen, die eine Religion auf besondere, je einzelne Lebensläufe hin zu spezifizieren. Daran aber besteht kein Zweifel, daß die Sinnrichtung der Religion aus dem sozial verankerten und dargestellten Allgemeinen herkommt und aufs Individuelle als dessen Element zuläuft.

Das ist im Protestantismus aus sachhaltigen Gründen anders. Wenn dessen Inbegriff im Glauben als der Unmittelbarkeit zu Gott besteht, dann ist im Glauben eben das Ganze der Religion präsent und in seinem Sinn erschöpft. Ein allgemeines Ganzes, das lediglich individuell zu fokussieren wäre, gibt es nicht. Allerdings: Gerade damit es dieses individuelle Ganze im Protestantismus geben kann, bedarf es in definitiver Weise eines Mediums, und zwar des Wortes. Das Wort (und nach dessen Muster auch das Sakrament) ist von der Art, daß es im Ankommen beim Menschen, im Provozieren des Glaubens, sein Ziel erreicht hat; darum kann von einer inhärent andauernden Qualität sakramentaler Medien keine Rede sein, so sehr es auf die Realität der Präsenz des Göttlichen in Wort und Sakrament selbst ankommt.

Jedoch eben dann, wenn man einsieht, daß der Sinn von Wort und Sakrament in ihrem Ziel aufgeht, bleibt der Darstellungscharakter auf Dauer, und das heißt: immer wieder, nötig. Und zwar sowohl im Blick auf den Zuspruch und das Hören des Wortes als auch auf das Darreichen und Empfangen des Sakramentes. Daher spielt die soziale menschliche Äußerlichkeit eine unverzichtbare Rolle für das Zustandekommen des Glaubens. Ja, der Glaube wird dadurch allererst ins Leben gerufen; und das gilt generell, soweit wir überhaupt um die Genese des Glaubens wissen und uns auf seinen göttlichen Gehalt sollen verlassen können. Wie aber soll man diese Mitwirkung menschlicher Aktivität am Ins-Leben-Treten des Glaubens bestimmen, wenn sie zwar nicht konstitutiv, aber doch conditio sine qua non ist?

Doch damit nicht genug. Wenn das Wort und das Sakrament ihr Ziel, den Glauben, erreichen, dann verschwinden sie ja nicht in einem Nichts; vielmehr prägt und gestaltet der Glaube das selbstbewußte Leben der Menschen, in denen er Platz gegriffen hat. Das heißt: Die Menschen, in denen der Glaube wirklich ist, wissen sich als von gleicher Art und finden sich grundsätzlich bereit, nach einem individuell allgemeinen Handlungsmuster (nämlich der »Liebe«) zu agieren. So daß durch den Glauben dann zugleich auch wieder eine soziale Verknüpfung von Individuen zustandekommt. Für diese gilt dann freilich, daß die Form ihrer Verbundenheit keinen Heilswert besitzt; eine gesteigerte Intensität oder Intimität ihres Miteinanders bedeutet keine Steigerung der vergewissernden Funktion des Glaubens. Insofern ist diese sekundäre Äußerlichkeit in den Konsequenzen der primären Äußerlichkeit in der Genese des Glaubens äquivalent: unerläßlich, aber nicht heilskonstitutiv.

Es sind diese aus dem evangelischen Gottes- und Heilsverständnis sich ergebenden Bedingungen, die die Debatte über Individualität und Sozialität auf Dauer stellen und in der Regel auch zwischen den beiden Polen schwanken lassen, auf der einen Seite die mitwirkende und nachfolgende Sozialität um ihrer Unverzichtbarkeit willen in die Nähe des konstitutiven Elementes zu rücken oder, auf der anderen Seite, sie zugunsten der Unverwechselbarkeit und Unvertretbarkeit je eigenen Glaubens auf die Ebene unvermeidlicher Kontingenzen zu reduzieren. In der protestantischen Tradition sind diese Verhältnisse anhand der Begriffe von sichtbarer und unsichtbarer Kirche debattiert worden. Anhand der eben gegebenen Bestimmungen läßt sich leicht nachvollziehen, inwiefern die im Protestantismus herrschende Auffassung zutrifft, daß es eine unsichtbare ohne eine sichtbare Kirche nicht geben kann. Und inwiefern gleichermaßen gilt, daß die sichtbare Kirche die unsichtbare weder erzeugt noch in sich enthält – sofern Wort und Sakrament nicht automatisch wirken (sondern auf den Glauben zielen) und sofern sich ihre Wirkungen nicht berechnen lassen (so gewiß sie sich in selbstbewußtem Handeln ausdrücken).

Aus dieser Unterscheidung von sichtbarer und unsichtbarer Kirche hat auch der »freie Protestantismus« im 19. und 20. Jahrhundert seine Kraft gezogen. Denn die Unableitbarkeit im Verhältnis von wirkendem Wort und Glaube sowie im Verhältnis von Glaube und Handeln haben die Annahme unterstützen können, daß es protestantisches Christentum eben auch außerhalb der als solcher wahrnehmbaren Kirche gibt. Die Reichweite des Wortes ist größer als sein innerkirchlicher Gebrauch. Und die Konsequenzen des Glaubens können auch da gezogen werden, wo das Handeln sich nicht wieder einer binnenkirchlichen Vergemeinschaftung anschließt oder unterwirft. Mit dieser Einsicht aber lockert sich das Verständnis von »sichtbarer Kirche«; sie wird nicht allein im engeren Sinne als Anstalt aufgefaßt, sondern lebt als Kirche und als »freier Protestantismus«. Damit geht, wie sich auch gar nicht ausschließen läßt, eine Transformation im Begriff der unsichtbaren Kirche einher; denn nun kann auch eine selbstbewußte religiöse Individualität als Repräsentation protestantischen Christentums gedeutet werden. Diese doppelte Entgrenzung im freien Protestantismus ist deshalb so wichtig, weil damit die Grenzen zwischen einem rein über die religiöse Heilsvermittlung aufgebauten Modell von Individualität und Sozialität und dem auf soziale Phänomene überhaupt bezogenen Gebrauch dieser Kategorien durchlässig werden. Allerdings ist es eben diese kategoriale Erweiterung, die dann auch nach dem Zweiten Weltkrieg für eine neue Ebene der Debatte gesorgt hat.

Denn nun steht, in der Nachfolge der Theologie Karl Barths, zur Diskussion, ob und wie der Protestantismus als »Gemeinde« sich sozial konstituiert und gesellschaftlich zur Geltung bringt. Die Unerläßlichkeit der kirchlichen Verkündigung hat Barth in den Prolegomena zur Kirchlichen Dogmatik (KD I) nach dem Muster einer begründenden Vertiefung über die Bibel auf das Wort Gottes zurückgeführt, das Jesus Christus selbst ist; er hat dann aber auch wieder den Rückweg gelehrt von der absolut vergewissernden Kraft dieses Einzelnen zur kräftigen Verkündigung der Gemeinde. Und selbst dann, wenn man Barths spätere Modifikation dieser frühen Lehre von der dreifachen Gestalt des Wortes Gottes berücksichtigt, nach der die Konstitutionsfunktion Jesu Christi als einziges Wort Gottes gestärkt wurde (KD IV/3), bleibt doch die Gemeinde – und zwar: als Sozialerscheinung – aktives Subjekt im Weltgeschehen. In Barths Dogmatik reflektiert sich der Umstand, daß soziale Gemeinschaften ihre Vergewisserung nur über partikulare Sprachspiele erzielen; unklar geblieben ist in ihr, inwiefern diese für die christliche Gemeinde – bewußtermaßen – in Anspruch genommene Partikularität exemplarisch oder prototypisch zu verstehen ist: als fallweises Beispiel zur je eigenen Vergewisserung durch Jesus Christus – oder als inhaltlicher Modellfall für (christliche) Vergesellschaftung überhaupt.

Barths Theologie hat sich, durchaus in ihren unterschiedlichen Rezeptionsformen, als eine Konzeption verstanden, die vornehmlich gegen die Gestalt des »freien Protestantismus« gerichtet war. Eigentümlicherweise teilt sie mit ihrem Kontrahenten aber die faktische Grundannahme, daß theologische und sozialwissenschaftliche Kategorien ihre trennscharfe Differenz verloren haben. Die Frage ist lediglich, von welcher Seite aus das elementare Verständnis sich aufbaut: Ist es die religiöse Vergewisserung, die das Grundmodell gelungener Vergesellschaftung zu erkennen gibt – oder nimmt die Kirche eine tragfähige Rolle im Zustandekommen auch anderweitig beschreibbarer Sozialität ein?

Auf der Folie dieser Frage läßt sich die vor einigen Jahren geführte Nachfolgedebatte zwischen Spätbarthianismus und Neoliberalismus verstehen, die Wolfgang Huber und Friedrich Wilhelm Graf miteinander geführt haben[1]. Von Huber wird – mit guten Gründen – an der Einheit von Individualität und Sozialität in den evangelisch-religiösen Grundvollzügen, wie sie vor allem im Abendmahl anschaulich wird, festgehalten. Graf fragt dagegen zurück, was denn diese theologische Verdopplung der sozialwissenschaftlichen Grundeinsicht besagen solle, nach der es ohnehin keine Individualität ohne Sozialität gebe und umgekehrt. Wenn er dann freilich dagegen die Kirche als Institution skizziert, die für die Freiheit des Individuums einsteht, ist zu fragen, ob und wie sich nun diese theologische Auskunft empirisch belegen läßt.

Damit baut sich ein eigenartiges Bild der Entdifferenzierung auf. Auf der einen Seite zielt die bei Huber repräsentativ ausgesprochene Vorstellung von einer theologischen Konstitution des Verbundes von Individualität und Sozialität auf ihre Darstellung in Form einer sozial anschaulichen, aber gegenüber der kirchlichen Institution auch wiederum kritischen Gemeinde. Auf der anderen Seite findet sich bei Graf ein Typ von Vergemeinschaftung entworfen, in dem die Kirche als Institution eine regulative Funktion für die gesellschaftlich erwünschte Individualität einnimmt, und zwar ohne daß eine Gemeinde noch vermittelnd dazwischenträte. Das bedeutet aber, daß in beiden Fällen die theologischen und die sozialwissenschaftlichen Kategorien sich mehr oder weniger undurchschaut überlagern. Oder noch schärfer gesagt: Es sind nun in der Theologie – und die hier herangezogene Debatte belegt das lediglich stellvertretend und auf hohem Niveau – unterschiedliche Vergesellschaftungsmodelle aufgenommen und als der Frömmigkeit eigentümlich gemäß dargestellt worden; aus der Übertragung von theologischen Begriffen in die soziologische Empirie ist eine Deutung sozialwissenschaftlicher Befunde mit theologischen Mitteln oder als Theologie geworden. Denn in der jüngsten Debatte zwischen Vertretern eines gemeindekirchlichen und eines volkskirchlichen Konzeptes sind, so kann man diese Kontroverse vielleicht am besten entschlüsseln, zwei unterschiedliche Modelle primärer Vergesellschaftung strittig: Ob es nämlich eine grundsätzlich familiale Sozialisation ist, die Bedingung gesellschaftlicher Interaktion ist – oder ob es

---

[1] WOLFGANG HUBER, Ökumenische Situation und protestantisches Prinzip. Eine Problemanzeige, ZThK 89, 1992, 98–120. FRIEDRICH WILHELM GRAF, Ist bürgerlich-protestantische Freiheit ökumenisch verallgemeinerbar? Zum Streit um das protestantische Verständnis von Freiheit, ebd., 121–138.

die wirtschaftsgesellschaftliche Sozialisation ist, in der familiale Spielräume offengehalten werden sollen.

Erst wenn man sich diesen Hintergrund in der gegenwärtigen Debatte um sichtbare und unsichtbare Kirche, um die Alternative von »Gemeinde« und »Volkskirche« deutlich macht, gewinnt die Auseinandersetzung an Profil und erscheint nicht nur als einfache Wiederauflage eines protestantischen Dauerthemas. Allerdings wird dann auch einsehbar, daß die vermeintliche Alternative in Wahrheit keine ist; und zwar nicht darum, weil sie unwesentlich wäre, sondern darum, weil sie sich nicht auflösen läßt. Denn mit den beiden oben angezeigten Vergesellschaftungsmustern ist ein Gegensatz bezeichnet, der nicht nur gesellschaftlich besteht, sondern dessen Deutung und politische Gestaltung andauernd kontrovers ist. Um das deutlich zu machen, will ich den angezeigten Gegensatz noch etwas genauer erläutern.

Die modernen demokratischen Industriegesellschaften leben (einstweilen und einstweilen noch immer recht gut) vom Erfolg ihrer Wirtschaft. Ja, die Wirtschaft besitzt gegenüber der Politik, die stets »zu spät« kommt, den Vorsprung der permanenten Innovation. Daher ist es einleuchtend, daß eine dem Wirtschaftsprozeß günstige Sozialisation nicht nur gesellschaftlich erforderlich ist, sondern auch als subjektiv richtig empfunden wird. Diese Form von humaner Vergemeinschaftung verläuft nach den Maximen funktionaler Eingliederung, also in Anpassung an Produktionsverläufe und Gewinnerwartungen. Davon zu unterscheiden ist die hier »familial« genannte Sozialisation, die keineswegs nur auf die Familie selbst begrenzt ist. Vielmehr ist damit die Sphäre der Gefühls- und Geschmacksbildung gemeint, das Feld des moralisch und ästhetisch vermittelten Selbstzugangs. Also eine soziale Einordnung, die nicht funktional und rechenhaft erfolgt, sondern traditional und zustimmungsabhängig. Nun ist es evident, daß in der Gegenwart eine Sozialisationsform die Aufgabe der anderen nicht übernehmen kann (darum reicht ja auch familiär vermittelte Bildung nicht zum Berufserfolg aus, und darum wird man durch erfolgreiche Teilnahme am Wirtschaftsgeschehen kein moralischer Mensch). Umgekehrt aber gilt, daß beide Vergemeinschaftungsformen zusammen bestehen müssen – und zwar gerade dann und zu dem Zwecke, damit die moderne demokratische Industriegesellschaft Bestand hat und sich weiterentwickeln kann. Denn dies ist nur möglich, wenn die Selbstverortung von Individuen in deren Kontext erfolgreich ist. Diese Bedingung, daß beide Sozialisationsformen aufeinander angewiesen sind, ohne sich gegenseitig zu erzeugen, macht nun aber die strukturelle Instabilität dieser Gesellschaften aus. Daher bedürfen sie einer politischen Steuerung.

Man kann sich die Probleme leicht so klarmachen: Eine demokratische Wirtschaftsgesellschaft tendiert zu einem autoritären Erfolgsregime, wenn die moralisch-ästhetische Selbständigkeit ihrer Mitglieder nicht mehr nachwächst. Und sie verliert ihren Erfolg, wenn die Ansprüche auf unmittelbare

Gefühls- und Geschmacksbefriedigung allein dominieren. Nun ist diese Extremlage natürlich eine Karikatur; wohl aber gilt, daß die Zuordnung der unterschiedlichen Sozialisationsformen ein politischer Streitpunkt ersten Ranges ist, der – parteiintern wie parteigrenzenübergreifend – ausgefochten wird zwischen Vertretern einer Solidaritätskultur und Vertretern einer Erfolgskultur. Kontrovers ist dabei nicht die Tatsache, daß beide Aufgaben zusammen gelöst werden müssen, es unterscheiden sich allerdings die Ausgangspunkte: einer strukturell sozialdemokratischen steht eine strukturell liberalistische Politikvorstellung entgegen. So sehr nun die beiden elementaren Sozialintegrationsschemata aufeinander angewiesen und auseinander unableitbar sind, so wenig läßt sich die politische Alternativenbildung überholen. Vielmehr erfordert die jeweilig gewählte politische Grundoption stets die Opposition, um den in ihr selbst auch angelegten Widerspruch zu entfachen und für durchschnittlich tolerable Ausgleichslösungen zu sorgen. Wie schwierig das im fortlaufenden Beschleunigungsprozeß des Kapitalumschlags wird und von welchen sozialen Umstellungen diese sich abzeichnenden Veränderungen begleitet sind, davon war im vorangehenden Kapitel am Beispiel der Bildung die Rede. Politik als die strukturelle Gestaltung dieses Spannungsfeldes in der Gesellschaft ist eine dauernde Aufgabe.

Weil es also für die Probleme moderner demokratischer Industriegesellschaften keine Auflösung von mathematischer Zustimmungspflichtigkeit gibt, verlangen die sozialen Strukturen und ihre absehbaren Entwicklungen nach Deutung. Und sofern die unterschiedlich akzentuierten politischen Optionen in der Demokratie stets auch mehrheitsabhängig sind, gestaltet sich politischer Bestimmungswille zunächst als Kampf um die Deutungshoheit über die gegenwärtige Lage, ihre Chancen und Risiken. Diesen Deutungsstreit kann man sich plastisch am Begriff der Gerechtigkeit klarmachen. Die liberalistische Vorstellung versteht Gerechtigkeit ökonomisch basiert als leistungsabhängig. Genau dann, wenn jeder nach seiner Leistung sein Auskommen findet, baut sich ein mehr oder weniger befriedetes Nebeneinander anerkannter gegenseitiger Ansprüche auf; der Erfolg der demokratisch-politischen Ordnung ist dann zu erwarten, wenn diese die Rahmenbedingungen für das gesellschaftliche Modell des suum cuique bereitstellt – und nicht mehr. Die klassisch sozialdemokratische Vorstellung dagegen nimmt Gerechtigkeit als einen politischen Begriff, konnotiert ihn also primär mit (Rechts-)Gleichheit statt mit (Privat-)Eigentum. Dabei wird die Auffassung vertreten, daß es diese gleichheitsfördernden Umstände der politisch gestalteten Gesellschaft sind, die auch den gemeinen Nutzen am besten gedeihen lassen; aus dieser Anschauung resultiert die Forderung nach einem Ausgleich der materiellen Lebensverhältnisse.

Macht man sich die doppelte Deutungsbedürftigkeit klar – sowohl was die politischen Optionen angeht als auch was die Mehrheitssuche betrifft –, so liegt es auf der Hand, daß der politische Meinungskampf in diejenige Kirche einzieht, die sich auf eine dieser Seiten schlägt, und daß er sich in der Theologie reflektiert, die solcher Parteinahme folgt. Sei es in der Weise, daß, wie plausibel auch immer, der Verlust der Überschaubarkeit, Authentizität und Verantwortungsfähigkeit gesellschaftlicher Entwicklungen beklagt wird; sei es in der anderen, daß nach aktiver Kompensation der Entwicklungsfolgen gesucht wird bei grundsätzlicher Akzeptanz der gesellschaftlichen Dynamik. Beide Optionen werden ja zum Teil wirklich gewählt; aber dann eben auch von der jeweils anderen Seite als unbefriedigend empfunden. Was kann an die Stelle einer solchen zwar naheliegenden, aber in der Regel wohl undurchschauten Positionswahl treten? Wie kann sich die protestantische Struktur von Individualität und Sozialität, die aus dem Muster von unsichtbarer und sichtbarer Kirche folgt, mit den gegenwärtigen, in sozialwissenschaftlichen Kategorien gedeuteten sozialen Phänomenen vermitteln, und wie kann sie sich in die aktuellen gesellschaftspolitischen Debatten einfügen?

Dafür seien drei Maximen genannt. Die erste besagt: Auf eine theologische Verdopplung politischer Optionen ist zu verzichten. Es hat sich in der Vergangenheit gezeigt, daß die theologische »Herleitung« oder »Begründung« gesellschaftlicher Handlungsanleitungen keine Plausibilität über den Kreis derer hinaus besitzt, die ohnehin, milieuspezifisch miteinander verbunden, zur Zustimmung bereit sind. Nicht nur, daß sogleich entgegengesetzte Begründungsversuche inspiriert werden, es zeigt sich darüber hinaus – und zwar gerade aufgrund einer genaueren Wahrnehmung der politischen Alternativen –, daß eine solche gewissensverpflichtende Festlegung der Nüchternheit meinungsbildender Prozesse und der Offenheit politischer Wahl widerspricht.

Die zweite Maxime lautet so: Die Unauflösbarkeit der politisch-gesellschaftlichen Gestaltungsaufgabe ist ebenso anzuerkennen wie die Handlungspflicht zur Mitwirkung. Daraus resultiert auf der einen Seite eine Distanz zur politischen Aufgabe, auf der anderen Seite die Frage nach der Eigenständigkeit der Religion im gesellschaftlichen Integrationsprozeß. Mit den Begriffen der oben gegebenen Beschreibung geredet: Weder ökonomische noch familiale Sozialisation erfüllen den religiös gemeinten Begriff vom Menschsein; und zwar weder je für sich noch auch in ihrer Gesamtheit. Anders ausgedrückt: Menschsein vermittelt sich gar nicht vollständig weder auf dem Weg von Gefühls- und Geschmacksbildung noch auch (oder damit insgemein) auf dem Weg der wirtschaftlich erforderlichen Anpassung – so unerläßlich beides in seiner Eigentümlichkeit auch ist.

Aus der Einsicht in diese Distanz resultiert die dritte Maxime: Es gilt, die Eigenart religiöser Selbstdeutung gesellschaftlich kenntlich zu machen – und zwar gerade im Spannungsfeld von Individualität und Sozialität. Diese Eigenart sieht so aus, daß der individualitätsvergewissernde Deutungsakt des

Glaubens als Bewußtsein des Anerkanntseins von Gott aus allen möglichen Lebenslagen vorgenommen werden kann; er kann sich auch sehr unterschiedlicher Anlässe und Medien bedienen. Eine sich so deutende Individualität wird kritik- und widerstandsfähig gegenüber Nivellierungen und gesellschaftlichen Einvernahmen, aber auch kritik- und aktionsfähig im Blick auf gesellschaftliche Entwicklungen und Chancen. Die Eigenart der religiösen Selbstdeutung steht sodann auch in einem sozialisierenden Kontext unterschiedlicher Reichweite. Zunächst in dem − keineswegs primär über Gefühlsgemeinschaft vermittelten − Zusammenhang mit denen, denen das Material der Selbstdeutung verdankt wird, also der Gemeinschaft der je eigenen religiösen Lebensform; sodann aber in den Umkreis der Christen überhaupt, sofern um die gemeinsame Wahrheit des Glaubens gewußt wird; und schließlich in den universellen Zusammenhang der Menschen als Gottes Gegenüber. Es ist klar, daß dieser im religiösen Leben sich aufbauende Zusammenhang quer liegt zu den anderen Vergemeinschaftungsformen, an denen Menschen teilhaben. Daher baut sich dieser Sozialitätszusammenhang auch nicht als alternative Sozialstruktur auf (als handle es sich um eine empirische Gemeinschaft von Erlösten), sondern durchzieht − mit verschiedener Intensität und unterschiedlicher Bestimmtheit − bereits gegebene und ihrer eigenen Logik folgende Sozialintegrationsformationen.

Aus solchen Deutungsakten kann eine religiöse Deutungskultur erwachsen, die sich nach innen als Durchlässigkeit funktional äquivalenter Sprachspiele darstellt, nach außen als Indiz für die Notwendigkeit eines kulturellen Seitenlichtes auf die Mechanismen der Vergesellschaftung, die die Verantwortungsbedürftigkeit unserer politischen Kultur anzeigt. Es ist insbesondere der Protestantismus, der von seinen Grundsätzen her zum Aufbau einer derartigen Deutungskultur in der Gesellschaft befähigt scheint. Er ist das deshalb, weil er zwar in der Form der Kirche auftritt, jedoch als eine solche Institution, die durch die Erfüllung ihrer Aufgabe über sich hinausweist. Und das ist deshalb der Fall, weil die individualisierende Leistung des Glaubens auf eine eigentümliche Weise sozial verknüpfende Funktion besitzt. Als Ort einer derartigen sozialen Leistung ist die Kirche − und zwar in theologischer wie in gesellschaftlicher Hinsicht − eine Institution. Der Kirche als Institution gilt der Blick in den beiden folgenden Abschnitten.

2. Die Kirche als Institution protestantischer Religion

»… es weiß gottlob ein Kind von sieben Jahren, was die Kirche sei, nämlich die heiligen Gläubigen und ›die Schäflein, die ihres Hirten Stimme hören‹ (Joh 10,3); denn also beten die Kinder: ›Ich glaube eine heilige christliche Kirche‹. Diese Heiligkeit besteht … im Wort Gottes und rechtem Glauben.«

Luthers Satz aus den Schmalkaldischen Artikeln von 1537 (BSLK 459f) bringt noch einmal, wie es schon die Augsburgische Konfession von 1530 tat (CA VII, BSLK 61), das funktionale Verständnis der Kirche nach evangelischer Auffassung zum Ausdruck. Dabei spielt das Bezogensein von Wort und Glaube die entscheidende Rolle. An ihm kann man sich das eigentümlich protestantische Verwobensein von Individualität und Sozialität klarmachen, welches die Intention der Kirche ist. Das soll hier in einer zwiefachen Lesart des Zusammenhanges geschehen.

Einmal: Das Wort ruft den Glauben ins Dasein. Damit ist grundsätzlich auf den Sachverhalt abgehoben, daß Individualität allein durch Deutung zustandekommt. Es ist die Teilhabe an gesprochener Sprache, die die Kompetenz zur Selbstbezüglichkeit verleiht. Diese baut sich durch das Ineinander von unterschiedlichen Sprachvollzügen auf. Ich bezeichne etwas – und erfahre mich in dieser denotativen Funktion als Sprecher, der wechselnde Aussagen macht. Ich werde von einem anderen angesprochen – und weiß mich in dieser Anrede als Bezugspunkt von Bitte oder Befehl wahrgenommen, erlebe mich also als einen, dem unterstellt wird, reagieren zu können. Ich spreche einen anderen an – und sehe mich ihm verbunden, auf seine Fähigkeit zur Antwort oder zur Erfüllung meines Wunsches angewiesen; darin aber auch von ihm unterschieden. Das Netzwerk von intersubjektiven und gegenstandsbezogenen Interaktionen macht mich Zug um Zug zu einem kompetenten Sprachteilnehmer. Und mindestens bestimmte Grundvollzüge der Sprache sind vorausgesetzt, damit ich mich selbst in diesem Geflecht verorten kann. Das geschieht so, daß ich in der Vielfalt möglicher Sprachhandlungen einen bestimmten Sprachhorizont bevorzugen lerne, in dem ich mich als in »meiner« Sprache bewege. Indem ich Regularitäten des Sprachgebrauches ausbilde, versinnlicht sich mir das, was ich meine »Identität« nenne, die ich nie zu besitzen vermag, sondern von der ich immer nur Gebrauch machen kann. Dieser Vorgang bringt noch einmal, nun aus je eigener Perspektive, das zum Vorschein, was mit der Bildung eigenen Stils gemeint ist. Denn, so war im ersten Kapitel anhand der Analyse von Schleiermachers Hermeneutik gezeigt worden, der sprachliche Stil ist die Form der Selbstdarstellung und der Selbsterschließung der individuellen Person.

Das Wort Gottes bezieht sich genau auf diesen Sachverhalt, sich im Geflecht der Sprache als bezogenen und selbst beziehenden Pol sprachlicher Handlungen zu verstehen. Wie geschieht das? So: Im Rahmen menschlich gesprochener Sprache erfolgt eine solche Anrede, die den Namen »Gott« gebraucht. Etwa: »Verlaß dich auf Gott.« Indem diese Anrede geschieht, wird eo ipso ein Verhältnis zu mir als Sprachteilnehmer aufgebaut. Ich werde als Hörer der Sprache angesprochen. Und zwar mit der Erwartung, nun meinerseits in einen sprachlich vermittelten Bezug einzutreten, nämlich auf die Aufforderung zustimmend oder ablehnend zu antworten. Ob und wie ich das tue, hängt von mehreren Umständen ab. Ein Umstand liegt darin, daß ich wissen muß, wer mit »Gott« gemeint ist. Die Anrede des Wortes Gottes ist also ohne eine mitspielende Aussagefunktion gar nicht wirksam. Wenn mir deutlich wird, daß mir mit dem Namen »Gott« ein einheitlicher Bezugspunkt sowohl für mein eigenes Beziehen als auch für die Gesamtheit der mir möglicher Bezüge vorgestellt wird, kann ich mich möglicherweise dazu verstehen, der Aufforderung zu entsprechen. Ein zweiter Umstand muß allerdings hinzukommen: Ich muß das menschliche Wort, das mich erreicht, auf den in ihm transportierten »göttlichen« Sinn hin gewissermaßen durch-hören. Das heißt, ich darf mich nicht von der Tatsache irritieren lassen, daß mir die göttliche Botschaft in menschlicher Gestalt begegnet. Dieser Vorbehalt kann ausgeräumt werden, wenn mir klar gemacht wird, daß zu den Aussagen über den hier gemeinten Gott auch dies gehört, daß er sich selbst – wesentlich – als Mensch darstellt. Werden mir diese beiden Rahmenumstände klar und gewiß, dann kann es dazu kommen, daß ich mich in meiner sprachlichen Selbstauffassung als ein solcher Mensch deute, der sich selbst grundsätzlich auf Gott bezogen weiß und der sein gesamtes eigenes Beziehen damit verbunden sieht, also: daß ich glaube. Und das gilt auch dann, wenn es gar nicht für jeden Einzelfall nachzuprüfen und, nicht einmal vor mir selbst, nachzuweisen ist. So wie mir mein eigener Stil überhaupt begrifflich entzogen bleibt, so verhält es sich auch mit der Stileinheit, die durch den Glauben aufgebaut ist. Die Stileinheit des Glaubens ist der Ort von Individualität. Soviel zur ersten Lesrichtung des Beziehungsverhältnisses von Wort und Glaube.

Die zweite Lesart besagt: Der Glaube faßt sich ins Wort. So wenig es mir möglich ist, den Glauben als in jedem Moment stilprägend nachzuvollziehen, so unverzichtbar ist es, daß er in sprachlicher Gestalt da ist. Das ergibt sich schon aus der Anredestruktur des Wortes Gottes. Wenn ich mich von ihm anreden lasse, dann entspricht der Anrede die Antwort, und das heißt: das Gebet. Also die wortsprachliche, in Anrede auftretende Selbstauslegung auf Gott hin. In dieser komme ich sowohl als derjenige vor, der sich (überraschenderweise so) angeredet findet – und der also seine Antwort in Worte des Dankes faßt; wie auch als einer, der der wiederholten Anrede bedürftig ist – und sich insofern bittend äußert. Neben diese genaueste, weil von mir streng individuell zu vollziehende Anrede Gottes im Gebet tritt die Wechselrede mit denjenigen Menschen, die mich mit dem Wort Gottes anredeten. Mit ihnen weiß ich mich sowohl im Blick auf den Grund der eigenen Selbstauslegung verbunden als auch in einen gemeinsamen Sprachhorizont eingestellt; diesen können (und sollen) wir dann auch vereint zu Wort kommen lassen im gemeinsam gesprochenen Bekenntnis. Dabei ist das Bekenntnis gerade nicht Ausdruck individueller Gestimmtheit, sondern umschreibt den Sprach- und Auslegungshorizont, in dem sich individuell frommes Leben bildet; macht man sich das klar, dann erübrigen sich alle neuerdings wieder geäußerten Forderungen nach einer »Neuformulierung« der traditionellen Glaubensbekenntnisse.

Der Glaube führt also, von seiner Individualität her, wieder in die sozialen Zusammenhänge zurück, aus denen seine Anregung ihren Ausgang nahm; er ist in einer eigenen Weise sprachlicher Vermittlung sozialisierend. Dabei wird die Sprache jedoch zugleich verwandelt; das nun im Blick auf Gott gedeutete individuelle Leben in seiner empirischen Kontingenz und seiner anschaulichen Farbigkeit bestimmt die Sprache mit, in der über den Glauben gesprochen und mit der der Glaube im je eigenen Leben bekannt wird. Die Individualität im Glauben bereichert – gerade im Gegenüber zu den überkommenen Formulierungen – die gemeinsamen Glaubenstraditionen und die aktuelle Glaubenssprache, erzeugt so Variationen und erweiterte Anschlußmöglichkeiten für die Erfahrung anderer Menschen. Angesichts dieser sich ausbreitenden Vielfalt von Glaubenssprache ist dann auch das reflexive Moment einer Vergewisserung der gemeinsamen Aussageintention am Platze, also die theologische Selbstkontrolle religiöser Rede. Und so wie sich in Konfliktfällen eine Verständigung über das gemeinsam Gewollte über reflexive Reduktion bzw. über hermeneutischen Stilvergleich erzielen läßt, so kann ich auch fallweise meinen eigenen Sprach- und Lebensstil auf diejenigen Momente hin untersuchen, in denen sich mir ihr Geprägtsein durch den Glauben erschließt. Kann ich auch nicht produktiv meine (sprachlich vermittelten) Lebensvollzüge aus dem Glauben herleiten, so kann ich doch, wenn nötig, den Versuch unternehmen, diese rekonstruktiv oder deutend auf den Glauben zurückzubeziehen. Das mag hier als Erörterung der zweiten Verknüpfungsweise von Wort und Glaube genügen.

Der Glaube kommt aus dem Wort und faßt sich ins Wort. Und als genau diejenige Institution, die diesen Vorgang absichtsvoll und kontrollierbar begleitet, wird die christliche Kirche nach evangelischem Verständnis aufgefaßt. Insofern sie aus dem Wort und mit dem Wort lebt, muß sie sich als Ort religiöser Deutungskultur verstehen. Daher ist sie ebenso auf die Pflege von Sprachtraditionen angewiesen wie auf solche individuellen Deutungsvollzüge, die sich als metakonventionell authentisch wissen. Und sie muß mit der Sprachvielfalt, die aus der individuellen Aneignung des Glaubens hervorgeht, so umgehen, daß sie diese Pluralisierung zugleich anerkennt wie auch in Zusammenhang untereinander hält. Damit sind die beiden Merkmale genannt, die die Kirche als Institution auszeichnen: Sie ist Institution der (individualisierenden) Verkündigung und sie ist Institution der (sozialvermittelnden) Kohärenz unterschiedlicher Lebensformen. Auf der Linie der Verkündigungsinstitution läßt sich der reformatorische Kirchenbegriff rekonstruieren. Indem die Kirche als Lebensforminstitution verstanden wird, fügt sich eine Erweiterung an, die in der Reformation so noch nicht gegeben war, aber ihrer Spur unter den gegenwärtigen gesellschaftlichen Bedingungen folgt. Die elastische Leistung protestantischen Christentums in der Moderne bedarf dieser institutionellen Verdichtung.

a) Als *Institution der Verkündigung* ist die Kirche der Ort, an dem auf bestimmbare Art die Bedingungen für den Vollzug der Selbstdeutung gegeben sind, die der Glaube ist. Sie hat also diejenigen Strukturen bereitzustellen, die den Akt hervortreten lassen, welcher sich nach seinem innersten Sinn von ihnen unabhängig macht. In diesem Zugleich von gegebener Struktur und freier Deutung liegt dann auch ein nicht aufzulösendes Problem dieser (und vermutlich jeder) Institution. Die Institution Kirche hat zunächst die Basis und das Ziel evangelischen Christentums festzuhalten, also, wie vorhin ausgeführt, das Gefälle und die Entsprechung von Wort und Glaube. Das geschieht so, daß die kontingente Herkunft der christlich vergewissernden Sprachtraditionen festgehalten wird: Die Bibel als ursprüngliches und aus der Erfahrung sachgemäßes Grunddokument christlicher Sprache und christlichen Denkens ist für kirchliches Reden elementar. Mit der Bibel ist aber nicht nur der Anfang einer Tradition markiert, sondern zugleich deren Maß festgestellt, sofern sie in ihrer Kontingenz nicht den Anfang einer Reihe von sachverhaltsdeskriptiven Aussagen darstellt, sondern diejenigen Sprachzusammenhänge markiert, die seit dem Anfang des Christentums das Medium für die Genese des Glaubens bilden. Genau diesen Zusammenhang zwischen maßgeblicher Sprachtradition und deren einsinnigem Ziel festzuhalten, ist die Aufgabe des Bekenntnisses nach evangelischem Verständnis. Mit »Bibel« und »Bekenntnis« ist daher der Funktionszusammenhang umschrieben, der die Tradition der Kirche als Institution der Verkündigung ausmacht.

Da die kirchliche Institution nun aber die Tradition auf dem Wege zur selbstvollzogenen Deutung des Glaubens begleitet, ist für die sachgemäße personale und gegenwartssprachliche Repräsentanz dieser Intention zu sorgen. Das ist mit dem »Amt« gemeint: die Einrichtung einer berufsrollenspezifischen und auftragsgemäßen Übung der Darstellungsformen von Wort und Sakrament. Nun wieder mit der inneren Grenze, daß das Amt nicht den Glauben vermittelt, wohl aber auf die Repräsentationen achten lehrt, an denen er sich bildet. Zu diesem Zwecke muß der Institution Kirche an einer zielorientierten Ausbildung der Amtsträger gelegen sein. Sofern diese aber selbst in ihrer Person an dem Geschehen teilhaben (können und sollen), auf welches die Menschen einzustellen sie beauftragt sind, muß diese Ausbildung die Form eigener Bildung und Stil-Bildung besitzen. Nur auf diesem Hintergrund lassen sich auch die hochgespannten Erwartungen an die Pfarrer und Pfarrerinnen befriedigen, auf exemplarische Weise Christen zu sein[2].

---

[2] WILHELM GRÄB, Der Pfarrer als Musterprotestant – zum Wandel einer kirchlichen Funktionselite, in: FRIEDRICH WILHELM GRAF und KLAUS TANNER (Hg.), Protestantische Identität heute, Gütersloh 1992, 246–255.

Diese interpersonale Ebene zeigt zugleich an, daß zwar die auftragsgemäße Amtsführung gelernt werden kann, diese aber noch nicht den kommunikativen Erfolg verbürgt. Es kommt daher auf die von den Amtsträgern mit dem Evangelium angesprochenen Menschen als entscheidende Zielgruppe an; ihr Weg zum Glauben ist die Sinnbestimmung richtigen Handelns der institutionell Beauftragten. Und ein weiterer Umstand ergibt sich hieraus: Die gewißheitsvermittelnde Funktion des Glaubens ist dort am entschiedensten zu suchen, wo es nicht nur um das sprachliche Erlernen und den gedanklichen Umgang mit der Tradition geht, sondern wo diese Tradition sich in vollzogener Selbstdeutung zur Darstellung bringt, nämlich im Kult, also im evangelischen Gottesdienst.

Es liegt auf der Hand, daß die Trias von stabilitätsorientierter Traditionsbewahrung (»Bibel«, »Bekenntnis«), auftragsgemäßer, aber stets lebensgeschichtlich-individuell konnotierter Amtsführung und selbsttätiger Glaubensdeutung für nicht zu schlichtende Spannungen in der Institution Kirche sorgt. Seien es Spannungen zwischen den Gremien der Kirchenleitung und den Pfarrern (vor allem über die Lebensformkonsequenzen des Glaubens), seien es Spannungen zwischen den Pfarrern, den anderen kirchlichen Mitarbeitern und den Gemeindegliedern, seien es Spannungen zwischen der landeskirchlichen Zentralverwaltung und den einzelnen Gemeinden. Es gilt anzuerkennen, daß diese Spannungen unvermeidlich sind. Sie lassen sich nicht im Blick auf eine angebliche christliche Nachsichtigkeit oder Demut ausräumen, sondern sie wurzeln in dem unverzichtbaren Gegenüber der Institution Kirche in ihrer Gestalt als Organisation und der individuellen Selbstdeutung, die der Glaube im jeweiligen Lebenskontext darstellt. Und sie sind genau insofern unvermeidlich, als dieses Gegenüber von Institution und Selbstdeutung diejenige Bedingung darstellt, die die Selbstdeutung des Glaubens frei sein läßt.

b) Diese Freiheit jedoch bedeutet nicht Folgenlosigkeit; und darum ist die Kirche auch als *Institution der Lebensformkohärenz* zu betrachten. Diese Betrachtungsweise ist, im Unterschied zur eben schematisch rekonstruierten klassischen Gestalt protestantischen Kirchentums, weit weniger vertraut; dafür unter modern-gesellschaftlichen Bedingungen um so wichtiger. Infolge der stets individuell vorgenommenen Selbstdeutung des Glaubens und seiner darum auch immer der eigenen Lebensgeschichte verdankten, bisweilen nur rudimentär vorhandenen Sprachlichkeit ergeben sich höchst besondere, nur dem oberflächlichen Blick austauschbar scheinende Lebensformen. Dabei tritt in der Gegenwart der Umstand ein, daß die kirchliche Gemeinde nicht mehr ein soziales Feld eigenen Typs darstellt. Schon die in der Gemeinde beteiligten Menschen bilden keine integrierte Sozialform mehr ab; das konnte solange relativ verborgen bleiben, wie von einer Deckungsgleichheit von bürgerlicher und christlicher Gemeinde ausgegangen werden konnte. Schon faktisch sind die sich als Christen verstehenden Menschen ganz unterschiedlich sozialisiert, leben in vielfach bestimmten eigenen Kontexten, folgen unterschiedlichen politischen Optionen – und wissen sich doch als Christen. Es ist die Tatsache, daß »die Kirche« als erfahrbare Sozialform nicht (mehr) existiert, die das beliebte Aussagemuster generiert hat, man könne doch auch ohne Kirche fromm oder ein Christ sein.

Diese Ausgangslage hat die Institution Kirche anzuerkennen. Es ist so aussichtslos wie unsachgemäß, gegen die gesellschaftliche Differenzierung nun wieder kirchlich hochverbundene Kleingruppen sammeln zu wollen, die dann um ein Selbstverständnis, (allein) wahre Kirche zu sein, kaum herumkommen. Das kann man bei manchen freikirchlichen (aber auch hochkirchlichen) Organisationsformen des Christentums beobachten; hier sind es stimmungs- und frömmigkeitstypische Vereinsstrukturen, die zur Kirche transformiert werden. Erst wenn sich die Kirche als Institution auf das Vorkommen und die Berechtigung lebensformgeprägter Vielfalt des Christentums einstellt, kann sie Kompetenz für Lebensformkohärenz ausbilden. Faktisch wird diese Vielfalt in den evangelischen Gemeinden auch durchaus wahrgenommen. Sie spiegelt sich in mannigfachen, alters- und gruppenspezifischen Angeboten und Einrichtungen. Allerdings kann man die Beobachtung machen, daß oft der Zusammenhang zwischen diesen Gruppierungen auf der sozial-moralischen Ebene gesucht wird; dann soll das Gemeindefest einen Sozialzusammenhang aufbauen oder symbolisieren, der sich doch, wenn überhaupt, nur über die religiösen Selbstdeutungen, in unterschiedlichen Lebensformen Christ zu sein, entdecken ließe. Statt dessen scheint es so zu sein, daß man sich weithin die gegenseitige Zumutung erspart, die Unterschiede, um die doch jeder weiß, zu benennen; so allerdings verstellt man sich die Möglichkeit, der noch tiefer liegenden Gemeinsamkeit des Glaubens ansichtig zu werden. Schon die vorhandene, wie immer begrenzte Pluralität der faktischen evangelischen Gemeinden bietet ein mustergültiges Erfahrungs- und Entdeckungsfeld für Lebensformdifferenzen, von denen doch angenommen werden kann, daß sie zu lernen vermögen, ihre Strukturen aufeinander abzubilden, ohne untereinander gleich zu werden. Daraus läßt sich die Forderung ableiten, daß die Institution Kirche diese Aufgabe, Lebensformkohärenzen zu entdecken, zum eigenen Thema machen muß, will sie nicht die Augen vor den Konsequenzen ihres eigenen Zweckes verschließen. Daß hier bis jetzt ein Wahrnehmungs- und Verarbeitungsdefizit vorliegt, ist offenkundig.

Diese von der Institution selbst ausgehenden (und also von Sympathien und Antipathien unabhängigen) Impulse zur Entdeckung von Lebensformkohärenzen im zunächst geschützten Raum der Kirche bieten ein Modell an für die Begegnung von Subkulturen bzw. für interkulturelle und interreligiöse Dialoge. Denn die Probleme, die sich im schon einigermaßen vertrauten Raum der eigenen Konfession finden, liegen auch auf dem Weg in größere Zusammenhänge vor; in der Regel erscheinen sie hier noch viel irritierender. Und umgekehrt muß man sagen: Solange der genaue Blick auf die innerkonfessionellen Pluralitäten und die Notwendigkeit lebensformübergreifender Verständigung nicht zur institutionellen Regel geworden ist, haben interreligiöse und interkulturelle Begegnungen nur einen sehr eng begrenzten Sinn. Wo aber in kirchlichen Zusammenhängen ein Umgang mit der eigenen Pluralität gepflegt wird, besitzt die dadurch erworbene Kompetenz gesellschaftliche Bedeutung. Denn lebensformübergreifende Verständigungen ohne Verzicht auf die vergewissernde Wirkung der eigenen religiösen Selbstdeutung scheinen ein Erfordernis zu sein, das sich unter der Auflösung alter Solidaritätsstrukturen immer dringender stellt. Aus diesem Blickwinkel wird die Kirche als Institution der Gesellschaft zum Thema.

3. Die Kirche als Institution der Gesellschaft

Kann Kirche überhaupt als Institution der Gesellschaft begriffen werden? Kann und darf sie sich dazu hergeben, eine vom Gesellschaftssystem vorgegebene Funktion zu erfüllen? Es ist insbesondere die barthianische Tradition der Theologie, die geneigt ist, diese Fragen zu verneinen. Dafür macht sie vor allem zwei Gründe geltend. Einmal, daß es ja die genuine Intention der Reformation gewesen sei, auf einer theologischen Selbstbestimmung der Kirche zu bestehen – so wenig diese Intention dann in den landesherrlich organisierten Kirchentümern ihre Verwirklichung gefunden habe. Daher habe sich die evangelische Kirche, das ist das andere Argument, vor allem im Nationalsozialismus zu großen Teilen als staatsabhängig erwiesen und so das Evangelium selbst verraten. Und die Schlußfolgerung aus diesen beiden Überlegungen lautet, daß die theologische Autonomie der Kirche in größtmöglicher Weise zu bewahren und zu steigern sei. Nun wird man der Absicht einer Gewinnung oder Erhaltung theologischer Autonomie überhaupt nicht widersprechen wollen; was aber der Kritik bedürftig ist, ist die unzureichende Vorstellung des Verhältnisses von »Kirche« und »Staat« oder »Gesellschaft«, als ständen sich diese äußerlich abgrenzbar gegenüber. Hier herrscht noch immer das Bild, als sei die moderne Gesellschaft so geordnet, daß jeweils nur ein sozialer Teilbereich für die Erfüllung einer besonderen Funktion zuständig ist. Genau und nur dann muß eine gesellschaftliche Determination der Kirche als Verlust ihrer eigenen Substanz erscheinen. Hinter dieser ungenügenden Intention auf Autonomie steckt das oben schon kritisierte Modell einer sozial-unmittelbaren Veranschaulichung wahren Christentums in der »Gemeinde«.

Aus einer anderen Sichtweise mag man ebenfalls die beiden eingangs aufgeworfenen Fragen verneinen wollen. Nun nicht aus dem Interesse an einer eigenen kirchlichen Sozialgestalt, sondern aus dem Interesse an einer von gesellschaftlichen Regelungen möglichst unbetroffenen Individualität. Wenn die Religion, und die protestantische zumal, wirklich als Hort von Individualität verstanden werden darf, läßt sich dann über die privaten Gründe für die Mitgliedschaft in der Kirche hinaus legitimerweise ein gesellschaftliches Interesse an der Kirche als Institution artikulieren? Doch auch hier muß gefragt werden, ob nicht noch ein zu undifferenziertes Bild der gesellschaftlichen Integration vorherrscht. Es besitzt die Kirche als Sachwalterin protestantischer Religion ja kein allgemeines Privileg auf die Gewinnung von Individualität; und auch dann, wenn sie diese Wirkung erzeugt, mag es sein, daß in sie selbst gesellschaftliche Interessen eingegangen sind. Die theologische Autonomie der Kirche, an der seit ihrer reformatorischen Begriffsbestimmung und seit den Erfahrungen (nicht nur) dieses Jahrhunderts viel liegt, kann und muß sich gerade dann und darin bewähren, daß die Kirche auch eine Institution der Gesellschaft ist. Um diese These aber anschaulich zu machen, muß man sich zunächst ein anspruchsvolleres Modell gesellschaftlicher Integration vor Augen führen.

Mit hoher Plausibilität hat die neuere Systemtheorie die Gesellschaft der Gegenwart als funktional integriert beschrieben[3]. Der Grundgedanke der Systemtheorie besagt, daß sich unterschiedliche Funktionen zu selbstreferentiellen Systemen zusammenschließen, als die sie sich durch intensivierten Binnenkontakt gegenüber ihrer Umwelt stabilisieren, indem sie die Umweltkontakte durch geeignete interne Prozeduren verarbeiten. Anders gesagt und in einer nicht theoriekonformen Sprache ausgedrückt: Soziale Systeme sind solche Gebilde, in denen eine innere Verflochtenheit von Verweisungen dazu dient, sich von einer Umwelt zu unterscheiden, die eben erst durch diese Unterscheidung als Umwelt zustandekommt. Das ist, stark vergröbert, ein ganz analoges Verfahren wie dasjenige, das in der kantischen Erkenntnistheorie verfolgt wird, wenn die Synthesis von Anschauungsformen und Begriffen im Bewußtsein allererst in die Lage versetzt, Erscheinungen als etwas zu erkennen. Der große Unterschied zur Tradition der Transzendentalphilosophie besteht jedoch in der Pluralisierung dieses Vorgangs von Synthesis; und zwar einmal im inneren Sinne, indem an die Stelle einer Synthesis von Zweien im Bewußtsein ein Beziehungs- und Verweisungsnetz objektivistischer Art tritt; und sodann auch im äußeren Sinne, sofern an die Stelle des einfachen Gegenübers von Bewußtsein und Erscheinungswelt das numerisch unbegrenzt steigerbare Verhältnis von Systemen und systemrelativen Umwelten gesetzt wird. Aus dieser Grundvorstellung läßt sich Zug um Zug das Bild der

---

[3] Niklas Luhmann, Soziale Systeme. Grundriß einer allgemeinen Theorie, Frankfurt/ M. 1984.

gesellschaftlichen Verflechtung zusammensetzen. Dabei ist auch die Komplexität dieses Bildes fortwährend steigerbar. Denn natürlich lassen sich stets feinere interne Bezüge ermitteln, die eine stets genauere Auflösungsschärfe für die Umwelt zur Folge haben. Und sobald man in Rechnung stellt, daß Systeme eben nicht nur ihre eigene systemrelative Umwelt unterscheiden können, sondern auch mit Systemen-in-Umwelten rechnen müssen, verkompliziert sich die Situation noch einmal um ein Vielfaches; denn nun muß davon ausgegangen werden, daß die je eigenen Impulse eines Systems auf seine systemrelative Umwelt hin abermals von Systemen verarbeitet werden.

Versucht man sich eine Anschauung davon zu verschaffen, was mit sozialen Systemen gemeint ist und was mit diesem hochdifferenzierten Instrumentarium beschrieben werden soll, dann kann man folgendes sagen. Zu diesen Systemen zählen auf jeden Fall und entscheidend Politik, Wirtschaft, Wissenschaft, Recht, Bildung, Kunst und Religion[4]. An dieser Aufzählung wird deutlich, daß es der Systemtheorie nicht darum geht, mit ihrer Begrifflichkeit neue Typen der Vergesellschaftung zu entdecken (oder begrifflich zu konstituieren), sondern im Grunde traditionelle Unterscheidungen in der sozialen Welt auf ihre Interaktionen hin zu untersuchen. Und diese hängen vor allem davon ab, wie derartige soziale Systeme intern verfaßt sind; worauf sie als beachtenswürdig Wert legen und wie sie die Interferenzen verarbeiten, die daraus entstehen, daß andere soziale Systeme andere Präferenzen entwickeln. Darin liegt dann auch eine der Pointen dieser Theorie, daß sie die unübersehbare Vielfalt von gesellschaftlichen Interaktionen zu beschreiben in der Lage ist. Das ist sie aber deshalb – und das macht ihre andere Pointe aus –, weil sie die internen Verfahrensweisen der jeweiligen Systemoperationen nach einem identischen Muster rekonstruiert. Denn wenn man genauer zusieht, dann baut sich die systemkonstitutive Leistung sozialer Systeme als Reduktion von Komplexität so auf, daß durch die Binnenbezüge die Gewißheit vermittelt wird, die Umwelt auf eine ungefährdende Weise erschlossen zu haben – auch wenn und gerade indem im Wissen um die Systemrelativität der Umwelt das andere Wissen mit präsent ist, daß es jenseits der jetzt erschlossenen eine (von diesem System aus) unerschließbare Umwelt geben muß. Dabei meint »Gewißheit« natürlich nicht ein Bewußtseinsphänomen, sondern beschreibt die Voraussetzung für erfolgreiches Funktionieren des Systems. Diese für soziale Systeme spezifisch konstitutive Leistung heißt dann »Sinn«. Es sind also alle sozialen Systeme darin gleich strukturiert, daß sie durch das übergreifende Symbolisieren der Elementardifferenz von inneren Systembezügen und äußerer Umwelt Sinn produzieren. Dabei tritt Sinn als Sinn in der Regel gar nicht distinkt auf, sondern liegt dem Funktionieren des Systems zugrunde.

---

[4] Zuletzt: NIKLAS LUHMANN, Die Kunst der Gesellschaft, Frankfurt/M. 1995.

Nun gibt es aber ein soziales Funktionssystem, das sich speziell mit dem Sinn von Sinn befaßt, und das ist die Religion. In der Religion wird nämlich gar nichts anderes getan, als den Dual von System und Umwelt so zu symbolisieren, daß er zugleich als unbedrohlich wie als unüberwindbar begriffen wird. Genau zu diesem Zwecke, so lehrt die Systemtheorie, bildet die Religion eine theologische Semantik aus, die der Logik dieser Verhältnisbestimmung folgt. Und in der Tat kann der Versuch gemacht werden, die Logik des Wesens des Christentums nach diesem Muster zu interpretieren. Es zeigt sich dann, daß die systemtheoretische Soziologie im Grunde der Gedankenfigur folgt, die oben im dritten Kapitel als Logik der Selbstunterscheidung analysiert wurde. Da sich mit der soziologischen Funktionsanalyse, wenn man sie nicht zu einer universalgeschichtlich sich auslegenden Ontologie macht, vernünftigerweise keine genetischen Ansprüche verbinden – als sei die Religion zum Zwecke ihrer sozialen Funktion erfunden –, wird man von seiten der Theologie dieser funktionalen Beschreibung auch gar nicht widersprechen müssen. Vielmehr leistet diese einen entscheidenden Beitrag zur Verortung von Religion und Kirche in der Gesellschaft der Gegenwart. Und zwar in doppelter Hinsicht. Einmal lehrt sie erkennen, daß die Funktion von Religion im Gesellschaftssystem nur dann wahrgenommen werden kann, wenn Religion als Kirche auftritt. Allein die sozial-organisatorische Unterscheidbarkeit der Kirche von anderen Organisationen der sozialen Welt macht die religiöse Funktion als solche erkennbar; ohne Kirche wäre Religion nur eine stets mitlaufende, aber auch unausdrücklich bleibende Sinndimension im Funktionieren von sozialen Systemen; gäbe es keine Kirche, dann wäre mithin der gesellschaftliche Funktionszusammenhang selbst nur unzureichend erkannt. Der andere Gewinn einer systemtheoretischen Betrachtungsweise weist in die entgegengesetzte Richtung. Diese Betrachtung lehrt sehen, daß die in der Kirche sozialstrukturell anschauliche Funktion der Sinnvergewisserung in der Tat keineswegs allein in der Kirche vorkommt, sondern einen Grundzug moderner, funktionaler Vergesellschaftung überhaupt ausmacht. Religion ist damit potentiell in allen sinnproduktiven Systemen präsent. Wieder unterminologisch geredet: an allen Orten und Vollzügen des menschlichen Lebens. Diese Doppelbestimmung von Unerläßlichkeit der Kirche und Omnipräsenz der Religion im Leben aber verträgt sich durchaus mit den Eckdaten eines reformatorischen Kirchenbegriffes. Die evangelischen Kirchen sollten sich dieser funktionalen Beschreibung, nach der Kirche als Institution der Gesellschaft zu stehen kommt, nicht verschließen.

Allerdings beginnt mit der Akzeptanz dieser Deutung ein ganz neues Kapitel von Schwierigkeiten. Sie gründen in der Ambivalenz von Funktionalität und Positivität einerseits, in der Bestimmungsbedürftigkeit von Funktion und Organisation andererseits.

Die Funktion der Religion tritt in der sozialen Gestalt der Kirche auf, sagt die Systemtheorie. Die eine Kirche aber erscheint selbst empirisch als Vielzahl von Kirchen. Diese Kirchen bestimmen sich nun faktisch gegeneinander so, daß sie in ihren Glaubensgehalten differieren. Im selben Maße, wie sie sich infolge der Inhaltsdifferenzen ausschließen, treten sie auch als erkennbare soziale Gebilde und als Organisationen auseinander. Und in demselben Augenblick positivieren sie ihre Erscheinung gegenüber ihrer gesellschaftlich erwünschten Aufgabe, die Funktion der Religion zur Geltung zu bringen. Es kann auf dieser Spur kaum ausbleiben, daß sich die Kirchen, wenn sie sich so bestimmen, als gesellschaftliche Akteure neben anderen auf dem politisch-gesellschaftlichen Plafond verstehen. Aus dieser Perspektive kommt dann die Selbstdeutung zustande, sich nicht von »der Gesellschaft« oder »dem Staat« beeinflussen lassen zu wollen. Das ist aber eine Selbständigkeit, die lediglich auf interne Organisationshoheit hinausläuft – und also gerade das Gegenteil der gemeinten theologischen Autonomie in sozialer Gestalt. Der – wie immer theologisch motivierte – Selbstbehauptungswille der Kirchen macht die Religion zur Weltanschauung à part, zur von der gesellschaftlichen Wirklichkeit abgehobenen Ideologie. Bringt man dagegen noch einmal die systemtheoretische Ortsbestimmung von Religion und Kirche in Erinnerung, dann kann sich daraus die Aufgabenbestimmung ergeben, die Positivität der christlichen Gehalte in den verschiedenen Kirchen auf ihre gemeinsame, die Kirchen untereinander verbindende Struktur und damit auch auf die gesellschaftliche Funktion der Religion hin durchsichtig zu machen. Diesem Ziel wollen die Argumentationen dieses Buches dienen.

Sehr viel größer wird die Schwierigkeit, die Funktion der Religion zur Geltung zu bringen, durch das Spannungsverhältnis von Funktion und Organisation. Es liegt darin begründet, daß es Funktion von Religion ist, die unaufhebbare Dualität von (nicht nur systemtheoretischer) Deutung zu symbolisieren und so zu entschärfen. Differenz wird gesetzt zum Zwecke ihrer – symbolischen – Überwindung. Das ist bei einer Organisation anders; sie ist gerade daran interessiert, Differenzen als solche zu setzen und nicht zu überbrücken. Sie bestimmt sich genau insofern als erfolgreiche, unverzichtbare Organisation, wenn es ihr gelingt, Abgrenzungen möglichst trennscharf vorzunehmen. Den Bezug auf die Individualität religiöser Selbstdeutung interpretiert die systemtheoretische Auslegung von Organisation als Individualität von Entscheidungen – und zwar zunächst für oder gegen eine Mitgliedschaft in der Organisation. Es zeigt sich dann aber sofort, daß die Vielzahl möglicher Entscheidungen – korrelativ zur Individualität der Selbstdeutungen – eine Komplexität erzeugt, die organisatorisch nicht mehr zu bewältigen ist[5].

---

[5] Niklas Luhmann, Funktion der Religion, Frankfurt/M. 1977, 316.

An dieser Stelle freilich, wo es um die Erkenntnis des Zusammenhangs von Organisation und Individualität geht, verliert die Systemtheorie den Kontakt zur Erfahrung. Sie fragt nämlich nicht danach, worüber sich denn diejenigen Selbstdeutungen aufbauen, die sie lediglich in ihrer abstrakten Form als private Entscheidungen wahrnimmt. Das heißt: So sehr die funktionale Analyse dazu verhelfen kann, den gesellschaftlichen Ort der Kirche als Religionssystem zu bestimmen, so wenig reicht ihre Auflösungsschärfe aus, um das Verhältnis von Religion und Individualität im sozialen Zusammenhang zu verstehen. Ließe sich die Kirche also nicht nur auf die Funktionsbestimmung der Religion durch die Systemtheorie ein, sondern wollte sie auch noch die Weise, wie mit dieser umzugehen ist, ihr entnehmen, dann würde sie sich selbst ins gesellschaftliche Abseits stellen; sie würde sich als bloß ideologische Agentur für abstraktes Bewußtsein erweisen. Und das wäre selbstverständlich nicht nur für sie selbst nachteilig, sondern auch im Blick auf die Bestimmung der Kirche als Institution der Gesellschaft fehlerhaft. Denn wenn die These zutrifft, daß über die Universalität des Sinnbegriffes eine in der Religion ans Licht gehobene Funktion in allen gesellschaftlichen Funktionssystemen präsent ist, dann muß sich die Repräsentation dieser Funktion durch die Kirche auch so gestalten lassen, daß diese Gestaltung am Ort der sozialen Systeme selbst gewußt werden kann. Anders gesagt: Es kann und muß deutlich gemacht werden, daß sich die religiöse Individualisierung stets nur als Aufbau eigentümlicher Sozialität vollzieht. Um dies deutlich zu machen, muß freilich das analytische Instrumentarium der Systemtheorie zugunsten einer hermeneutischen Reflexion verlassen werden. Wie sich ein solcher Deutungszusammenhang aufbaut, soll im folgenden an der Genese und am Wandel des Begriffs »Solidarität« gezeigt werden.

Der Begriff »Solidarität« stammt aus der späten Aufklärung und ist in der Arbeiterbewegung des 19. Jahrhunderts zu einem gesellschaftspolitischen Ordnungs- und Kampfbegriff geworden. Er ist in diesen Zusammenhängen aus schmerzhaften gemeinsamen Lebenserfahrungen entstanden. Diese half der Begriff so zu deuten, daß sie zum Widerstand gegen die als repressiv erlebten gesellschaftlichen Mächte (und ihre personalen Repräsentanten) Anlaß gaben. Zum Zwecke gemeinsamen Widerstandes gebraucht, konnte der Begriff dann auch dazu dienen, über die Unterschiede von Kraft und Bedürftigkeit hinweg diejenigen zusammenzuschließen, die zu solchem Widerstand bereit waren. Im Solidaritätsbegriff bündeln sich darum zwei unterschiedliche Aspekte: der Aspekt einer kämpferischen Auseinandersetzung und der Aspekt des Ausgleichs von Unterschieden. Es ist klar, daß in seiner Genese die Bedingung des Widerstandes auch die Bedingung der Überbrückung von Differenzen war. Dabei wurden beide Aspekte von einer Basis gemeinsamer bzw. erschließbarer sozialer Erfahrung zusammengehalten; das Hin und Her zwischen den beiden Bedeutungsebenen war grundsätzlich möglich.

In dem Maße, wie der Begriff politisch erfolgreich gewesen ist, hat sich freilich seine Erfahrungsbasis zersetzt. Der Auf- und Ausbau des Sozialstaates hat das Moment des Ausgleichs allgemein realisiert; dagegen ist das Moment des Widerstandes entweder ganz partikular geworden und lebt öffentlich nur noch als rhetorische Arabeske fort. Allerdings hat die Erosion der Solidaritätserfahrung (im Zustande von Bedrohung) dann auch das Ausgleichsmoment unterhöhlt. Indem der solidarische Kräfteausgleich rechenhaft und geldförmig geworden ist, wandelt sich auch der Umgang mit den Solidarressourcen; sie werden nicht mehr als gemeinschaftlich zu verantwortende Absicherung für Notfälle verstanden, sondern als Anrecht im Normalfall. Die Stabilisierung der sozialstaatlichen Strukturen hat seit den siebziger Jahren den Solidaritätsbegriff aus der gesellschaftlich-politischen Semantik verschwinden lassen.

Erst jetzt, Mitte der neunziger Jahre, taucht der Begriff wieder auf; nun unter massiven Strukturschwierigkeiten des Sozialstaates. Bereits diese Rückkehr in die politisch-soziale Sprache zeigt an, daß es mit einer bloß gesetzlich-verfahrensförmigen Verankerung der Solidarität nicht sein Bewenden haben kann. Wie freilich diese neue Konjunktur des Begriffs zu deuten ist, erscheint noch unbestimmt. Um so wichtiger ist es, sich über die gegenwärtig möglichen Verwendungsbedingungen und Sinngehalte des Begriffs Rechenschaft zu geben. Es dürfte feststehen, daß sich die unmittelbare Erfahrungsoffenheit des Begriffs nicht re-etabliert hat; wenn wir heute im politisch-gesellschaftlichen Sinne von Solidarität sprechen, meinen wir nicht Erfahrungen von individueller Hilfsbereitschaft als Konsequenz und Ausdruck einer gemeinsamen sozialen Lage. Es greift also zu kurz, wer den Begriff in unmittelbarer Weise restaurativ verwenden möchte; dieser Verwendungsform ist die Erfahrungsbasis entzogen. Wohl aber spricht sich in ihm die Ahnung aus, daß es, individuelle Lebenskontexte übergreifend, gemeinsame Lebensdeutungen geben müßte, die als verläßliche Basis in der spätmodernen Differenzierung beziehbar wären. In diesem Bewußtsein kommt zum Ausdruck, wie intensiv die objektive Vernetztheit aller gesellschaftlichen Funktionen geworden ist. Tatsächlich hängen wir in ungeheurem Maße von – uns fremden, anonymen – anderen ab. Und es wäre, so sagt es der neue Solidaritätsbegriff, wünschenswert, wir wären mit ihnen nicht nur über das Funktionieren des Wirtschafts- und Rechtssystems verbunden. Allerdings führt es in die Irre, wenn man als Verläßlichkeitsbasis dieses Solidaritätswunsches eine neue Moral fordert. Dagegen spricht nicht nur die Beobachtung, daß sich die Moralsysteme (also die Zurechenbarkeiten verantwortlichen Handelns) selbst pluralisieren, sondern auch der strukturelle Sachverhalt, daß Moral sich stets über Forderungen im Gegensatz zur Empirie aufbaut. Zwar erscheinen Verbindlichkeiten der Art, wie sie durch Moral erzeugt werden, als erstrebenswert; doch wird kaum die Proklamation von Moral als Weg dorthin gangbar sein.

Statt dessen scheint es aussichtsreicher, an den tatsächlich gegebenen, individuell vorliegenden, sozialisierenden Sprach- und Selbstdeutungszusammenhängen anzusetzen. Die soziale Dimension von Sprache, wie sie in der Metapher der Sprachspiele gedacht wird, ist ja auf unterschiedlichen Ebenen auf mitlaufende bzw. ausdrücklich gemachte Selbstdeutung rückbeziehbar oder rückbezogen. In solchen Sprachspielen, auf die wir im Vollzuge unserer ja unerläßlichen Selbstdeutungen nicht verzichten können, findet sich also stets schon ein Äquivalent derjenigen individuell-gesellschaftlichen Synthesis, auf die sich auch die Moral bezieht. Es kommt dann allerdings darauf an, solche Sprachzusammenhänge sowohl auf ihre Selbstdeutungsrelevanz als auch auf ihre sozialisierende Funktion hin durchsichtig zu machen. Das Augenmerk auf die Gleichstrukturiertheit derartiger Deutungsmedien kann dazu verhelfen, Zusammenhänge zwischen ihnen auch dann zu entdecken, wenn sie sich gar nicht unmittelbar berühren und in erfahrungsmäßigem Kontakt miteinander stehen. Diesen Aufbau von sozialer Kohärenz über das Bewußtsein von analogen Deutungsformen nenne ich »schwache Solidarität«; sie scheint mir gegenwärtig die einzig gesellschaftlich erreichbare, darum aber auch intensiver Pflege würdige Gestalt des Phänomens zu sein.

»Schwache Solidarität« meint also das Bewußtsein der untrennbaren Verbundenheit individueller Subjekte (in ihren jeweiligen sozialisierenden Sprachzusammenhängen) mit anderen (in den ihnen eigenen Sprachsozialisationen); und zwar gerade auch dann, wenn diese Selbstdeutungstypen untereinander keinen Kontakt haben. »Schwache Solidarität« reagiert damit auf den Wegfall von solidaritätserzeugender gemeinsamer Erfahrung und bezieht sich statt dessen auf die strukturellen Gemeinsamkeiten von Erfahrungsdeutung. Wo sich solche »schwache Solidarität« aufbaut, wirkt sie in verschiedenen sozialen Systemen, ohne den Anspruch zu erheben, selbst als solches System auftreten und mit anderen konkurrieren zu wollen. Sie verhält sich damit auch nicht systemtranszendent, sondern sozusagen systemtranseunt, durch die Systeme hindurchgehend. Es ist, wie für die alte Fassung des Solidaritätsbegriffes, aber auch hier der Fall, daß die »schwache Solidarität« in intensivem Kontakt mit den jeweiligen Aufbauelementen individueller Vergewisserung steht. Individuelle Vergewisserung und allgemeine Durchlässigkeit sind die beiden wesentlichen Merkmale dieser »schwachen Solidarität«.

Dieses Ergebnis läßt sich nun noch einmal kritisch an die Grenze anknüpfen, an der die Systemtheorie als theoretische Beschreibungsform verlassen wurde. Es gehört zu den fürs kulturelle Allgemeinbewußtsein provozierendsten Thesen Niklas Luhmanns, daß er einmal die Individuen als »Umwelt« der sozialen Systeme bezeichnet hat. Die hier angestellten Überlegungen können diese These zugleich bestätigen und kritisch präzisieren. Natürlich verhält es sich so, daß, aus der Systemlogik betrachtet, Individuen als (ziemlich komplexe) Umwelt der Systeme vorkommen; Systeme können in ihrer Funktionsweise auf die individuelle Mannigfaltigkeit beteiligter Menschen keine Rücksicht nehmen. Allerdings muß man dann auch damit rechnen – und dieser Vermutung wollen die zuletzt vorgebrachten Argumente Plausibilität verleihen –, daß Individuen Systeme-in-Umwelten darstellen, die gerade aufgrund ihrer Komplexität, aber auch infolge ihrer selbstdeutungsbezogenen Gleichstrukturiertheit der individualitätsnivellierenden Macht funktionaler Systeme eine schwer auszurechnende Widerständigkeit entgegensetzen; und genau das wäre die gegenwärtig nötige und wünschenswerte (»schwache«, aber irritierend wirksame) Solidarität.

In der Erzeugung solcher »schwachen« Solidaritäten besteht die reflexiv verantwortbare Wahrnehmung der religiösen Aufgabe in der Kirche als Institution der Gesellschaft. Wo Kirchen in einer aufklärenden und vergewissernden Weise dieser Aufgabe nachkommen, wirken sie am Aufbau gesellschaftlicher Kohärenz mit, sofern sie individuelle Gewißheit quer zur funktionalen Differenzierung der Gesellschaft vermitteln; zugleich aber bilden sie ein Widerlager gegen die reibungslose Durchsetzung funktionaler Integration – und erweisen so auch diese Form gesellschaftlicher Vermittlung als ein evolutionäres Stadium, das selbst daran guttäte, sich nicht als Ende der Geschichte mißzuverstehen. In welcher Weise die religiöse Aufgabe von religiösen Gemeinschaften (Kirchen) wahrgenommen wird, hängt von ihrer eigenen inneren Struktur ab. Das soll jetzt nicht mehr allgemein verfolgt werden, sondern aus der Perspektive des Protestantismus. Und für diesen gilt, daß theologische Selbstbestimmung und gesellschaftliche Funktionalität verflochten werden können und sollen.

4. Kirche, Glaube, Lebens-Stil

Kirche im evangelischen Verständnis besitzt sowohl nach theologischer Tradition als auch nach soziologischer Einsicht den Charakter einer Institution, die sich als Organisation darstellt. Allerdings kann die Bestimmung, in welcher Weise die Organisation ihre institutionelle Aufgabe wahrzunehmen hat, nicht der Soziologie überlassen werden; die theologische Selbstbestimmung der kirchlichen Aufgabe erbrachte vielmehr umgekehrt die Forderung nach einer höheren soziologischen Auflösungsschärfe. Diese Forderung erhob die theologische Reflexion, indem sie den Sinn der Organisation als Organisations-Transzendenz feststellte – und zwar nach innen, in Richtung auf den Glauben als individuelle Selbstdeutung im religiösen Sprachzusammenhang, wie auch nach außen, im Blick auf einen Stil individuellen Lebens, dessen Wirksamkeit nicht auf binnenkirchliche Betätigung beschränkt ist. Diese beiden Aspekte sollen nun noch genauer bedacht werden.

Die Kirche als organisationsförmige Institution bestimmt sich durch Selbstreflexion, das heißt traditionell gesprochen: durch Lehre. Die Lehre legt die verbindlichen und konsensfähigen Bestimmungen fest, nach denen sich Kirche als Institution und Organisation aufbaut. Damit ist nicht ausgeschlossen, daß die Organisationslogik eine eigene Dynamik besitzt und entfaltet; die kirchliche Lehre hat im Gegenteil genau mit diesem Umstand zu rechnen, will sie nicht wirklichkeitsblind sein. Daher ist in die Lehre selbst stets ein Moment von Widerständigkeit einzubauen, das eine in sich gebrochene Organisationsstruktur zur Folge hat; also zum Beispiel die genaue Trennung von Verwaltungsabläufen und geistlicher Willens- und Konsensbildung, die sich in den evangelischen Kirchenverfassungen durch die – dann auch je von verschiedenen Gremien und in verschiedenen Verfahren wahrzunehmende – Unterscheidung von Amtsaufsicht und Lehrverantwortung zum Ausdruck bringt. Ein anderes Beispiel ist die Machtbalance in kirchlichen Führungsgremien, etwa zwischen Bischof, Synode und Kirchenverwaltung, die die Erzielung von Einverständnis erfordert. Diese Spannungen der – hier nicht im einzelnen zu erörternden – Verfassungsstrukturen sind aber ihrerseits nur die Folge des generellen organisationstranszendenten Sinnes der Organisation. Eben dieser wird von der evangelischen Lehre so festgestellt, daß sie die Kirche als Geschöpf des Wortes Gottes begreift. Damit ist noch einmal in einer einzigen Formel der Sachverhalt zum Ausdruck gebracht, daß es der Glaube als das Einleuchten der Selbstdeutung»vor Gott zu stehen« ist, der die spezifische Weise der Präsenz Gottes im Menschen darstellt; und daß sich die Kirche durch dieses den Glauben veranlassende Wort Gottes auferbaut. Ist die Kirche also creatura verbi divini, Geschöpf des Wortes Gottes, dann ist einerseits damit zu rechnen, daß das Wort Gottes in der Kirche selbst am Platze ist. Andererseits aber muß sie sich darauf einstellen, daß sie als Kirche nicht über das Wort Gottes verfügt und dieses also auch andernorts wirksam ist, nämlich im individuellen Leben des Glaubens; so wiederholt sich die schon oben bedachte Wechselbeziehung von unsichtbarer und sichtbarer Kirche an diesem Ort noch einmal.

Die Identität von Gottes Wort und Kirche vollzieht sich im Gottesdienst als der nur aktual möglichen Erfüllung des lehrmäßigen Sinnes der Kirche. In ihm vermittelt und befestigt sich auf regelhaft konstante wie subjektiv variierte Form der Glaube als Selbstdeutung in Unmittelbarkeit zu Gott. Der Glaube, so kann man sagen, ist der eine und einzige Fluchtpunkt, auf den der Gottesdienst bezogen ist. Damit das so sein (und werden) kann, ist es erforderlich, daß zwei verschiedene Elemente zusammenspielen. Auf der einen Seite muß die Gewähr dafür gegeben sein, daß die Vollständigkeit der religiösen Akte oder Auslegungsvollzüge im Gottesdienst präsent ist; das ist der Sinn der Regelmäßigkeit und Verbindlichkeit der Liturgie. Leider hat auch die jüngste Liturgiereform gerade auf die hier erforderlichen Strukturen kei-

ne ausdrückliche Rücksicht genommen, sondern ist einem Variationsver-
fahren bloß traditionell übernommener Versatzstücke gefolgt. Legt man statt
dessen die für das evangelische Verständnis des Glaubens maßgeblichen religiösen Funktionen zugrunde, dann sieht man, daß unsere liturgische Ordnung einer tieferen Logik folgt.

Versteht man den Glauben als Ziel- und Fluchtpunkt des Gottesdienstes,
dann gehören vor allem drei Ausdrucksformen konstitutiv in die Liturgie
hinein. Zunächst sind Sprachvollzüge nötig, die das Bewußtsein der Differenz, der als schmerzlich erlebten oder als einschränkend empfundenen Unterschiedenheit von Gott bemerklich machen. Also alle diejenigen Gebete
und Gesänge, die den Typ des Sündenbewußtseins repräsentieren. Sodann
sind solche Sprachhandlungen erforderlich, die die Überwindung dieser
schmerzhaften Differenz zum Thema haben; hier ist an Vollzüge wie Bibel-
lesung, Predigt und Sakrament (als Teile der Liturgie) zu denken, aber auch
an Segenshandlungen. Schließlich ist es notwendig, daß der Dank für die
überwundene Distanz zum Vorschein kommt, der sich nun als Anerkenntnis
der heilvollen Unterschiedenheit von Gott und Mensch darstellt; in diese
Kategorie gehören Hymnen ebenso wie Dank- und Fürbittengebete. Es
könnte nun noch der Versuch gemacht werden, diese Kategorien auf die im
evangelischen Gottesdienst tatsächlich gebrauchte Liturgie zu beziehen und
die Zuordnung der einzelnen Komponenten zu bedenken. Doch diese Spur
soll hier nicht weiter verfolgt werden. Was sich aus dem Umgang mit der
Agende für die konzentrierte und konzentrierende Gestaltung des Gottesdienstes ergeben kann, soll der liturgischen Phantasie und dem gottesdienstlichen Formbewußtsein derjenigen überlassen bleiben, die für die Planung
und Ausführung der Gottesdienste verantwortlich sind.

Statt dessen möchte ich auf den Umstand verweisen, daß auch die Predigt,
oftmals als Element »außerhalb« der rituell angelegten Liturgie angesehen,
ein Teil der Liturgie ist. Gerade für den Teil des Gottesdienstes, an dem die
Individualität der Auslegung programmatisch ist, gilt es zu bedenken, daß
ihm ein invarianter Grundcharakter eignet: Auslegung ist rituell vorgesehen.
Die Auslegungsbreite der Predigt ist dann aber wiederum auch das Indiz für
die Variationsbedürftigkeit der Liturgie, wahrscheinlich sogar der Impuls
und das Maß zur Variation. So gewiß die Liturgie in ihrer verläßlichen Abfolge die Präsenz aller entscheidenden religiösen Selbstdeutungsakte garan-
tiert, so gewiß bedarf sie auch, um sich für das an ihr auslegende Verstehen zu
öffnen, der individuellen Gestaltung. Und woher sollte diese anders und genauer ihre Sinnbestimmung erhalten als von der Predigt, der deutenden
Überbrückung der Distanz von Gott und Mensch? In der Mischung von
Vertrautheit und Überraschung, von Erwartungs- und Verhaltenssicherheit
und freier Variation liegt die Kunst der Gottesdienstgestaltung. Und genau in
dem Maße, wie diese geübt wird und gelingt, wird der Gottesdienst als ak-

tuale Einheit von Wort Gottes und Kirche erkennbar, denn genau dann kommt es zur Vergewisserung und Stärkung des Glaubens. Das heißt aber: Gottesdienstgestaltung erfordert Stil-Bewußtsein. Abermals also ist es der Begriff des Stils, der es erlaubt – für diejenigen, die den Gottesdienst planen und vorbereiten, ebenso wie für diejenigen, die ihn erleben –, ihn als auf einen einheitlichen Zweck ausgerichtetes Kunstwerk wahrzunehmen. So kommen wir, nun von theologischen Prämissen ausgehend, auf den Charakter des Gottesdienstes als Kunstwerk zurück, wie er unter kulturwissenschaftlicher Perspektive im zweiten Kapitel thematisch war.

Wenn das Wort Gottes an sein Ziel gelangt und Glauben weckt, dann entzieht sich dieser aber wieder der rituell geordneten Gestalt und wird zum Begleiter des Lebens. Doch nun auf eine solche Weise, daß er das Leben auch in allen seinen Vollzügen prägt, nämlich als Lebens-Stil. Fragt man nach den bestimmenden Merkmalen protestantischen Lebens-Stils, dann läßt sich folgendes sagen: Wenn der Lebens-Stil konstitutiv mit dem Glauben verbunden ist, dann bestimmt er sich auch in seiner Struktur nach den Aufbaumomenten des Glaubens. Diese aber sind, wie sich im Blick auf die Liturgie zeigte, von dreifacher Art. Nämlich zunächst ein Differenz- als Defizienzbewußtsein; sodann ein Bewußtsein der Differenzüberwindung; schließlich die Anerkennung heilsamer, Gott und Mensch unterscheidender und darin menschliche Freiheit ermöglichender Distanz. Transponiert man diese Struktur in eine Verlaufsform, dann kann man sagen: Glaube entsteht, wo Gegenseitigkeit im Verhältnis zu Gott eröffnet wird. Damit ist gesagt, daß es zunächst und grundsätzlich keine wirkliche Gegenseitigkeit im Verhältnis zu Gott gibt und daß es gerade dieses – als unendliche Unfreiheit oder als titanische Freiheit zu interpretierende – Unverhältnis zu Gott ist, das die Last menschlichen Lebens ausmacht. Wo es dagegen zum Glauben kommt, wird dieses Unverhältnis überwunden und in ein Verhältnis transformiert, in dem Vertrautheit und Unterschiedenheit zugleich herrschen. Denn im Ausdruck »Gegenseitigkeit« ist die genaue Einheit von Gleichheit der Beziehung und Ungleichheit der Sich-Beziehenden gedacht.

Die Übersetzung dieser Struktur des Glaubens in den Stil des Lebens kann man sich nun so denken, daß die Präsenz des Glaubens in allen Lebensakten vorgestellt wird. Diese Präsenz vollzieht sich so, daß das im Glauben erschlossene Verhältnis zu Gott als Struktur eigenen Lebens interpretiert wird. Der eigenaktive Umgang mit dieser dem Glauben verdankten Lebensform prägt sich grundsätzlich in zwei Richtungen aus. Einmal gilt es, die Dimension der Herkunft des Glaubens wahrzunehmen. Auf dieser Linie liegt das, was als religiöses Leben in die eigene Anschauung tritt; also alle religiösen Handlungen, vom privaten Gebet und dem stillen Innewerden über die Grade der Teilnahme an kirchlichem Leben bis hin zu exemplarischen Bekenntnisakten in nichtreligiösen Zusammenhängen. Die andere Dimension ist insofern noch weitreichender, als sie sich nicht auf bestimmte Handlungen beschränkt, sondern eine Handlungsform ausmacht. Diese kann man, in Fortsetzung der Glaubensdeutung als eröffnete Gegenseitigkeit zu Gott, als Eröffnung von Gegenseitigkeit im Verhältnis zwischen Menschen bezeichnen.

Der Begriff der Gegenseitigkeit, das wird immer klarer, ist heute von enormer sozialer Bedeutung. Denn er bezeichnet die elementare Regel des Umgangs mit Ungleichheit, die von Anfang an gegeben ist, und mit Unterschieden, die auf Dauer bleiben. So steht etwa die Ungleichheit von Alter, Geschlecht und physischer Konstitution immer am Anfang; und Unterschiede in der Entwicklung der Person und in der Aneignung der Welt bleiben fortwährend erhalten. Die Maxime der Gegenseitigkeit besagt, in diesem Zusammenhang: Keinem gehört alles, aber jeder ist er selbst. Keiner kann, ohne die Gegenseitigkeit zu verletzen, in der er schon immer steht, alles haben und über alles bestimmen wollen. Statt dessen soll jeder in der Lage sein, selbst aktiv die Rolle eines Gegenübers im Spiel der Gegenseitigkeit einzunehmen. Wichtig ist: Die Unterschiede können dabei erhalten bleiben, ohne nach Rasse, Geschlecht oder anderen Merkmalen festgeschrieben zu werden.

Allerdings versteht sich solche Gegenseitigkeit nicht von selbst. Die aufklärerischen Theorien vom Gesellschaftsvertrag haben darum verschiedene Gründe dafür angeführt, die das bellum omnium contra omnes in eine Form des Rechtes transformieren, das sozialem Frieden dient. Fragt man nach dem Medium, durch das sich solche Befriedung vollzieht, wird man sehr bald auf den Begriff »Anerkennung« stoßen. Seine Erklärungskraft reicht, wie wir seit Hegel wissen, weit. Aber nicht bis auf den Grund. Denn auch Anerkennung setzt insofern Gleichheit voraus, als sie das Anerkennenswerte unterstellt. Gegenseitigkeit ergibt sich nicht aus Anerkennung. Gegenseitigkeit muß eröffnet werden. So, daß Ungleichheit erkannt, in dieser Erkenntnis aber die Möglichkeit reziproker Wahrnehmung und Reaktion angeboten, zugelassen, ja erwünscht wird.

Stellt man sich auf diesen Sachverhalt ein, daß Gegenseitigkeit eröffnet werden muß, dann sieht man gleich: Sie ist schon immer eröffnet worden. Ich erfahre mich selbst als einen, dem die Möglichkeit zur Reziprozität gegeben ist, durch die Ungleichheit hindurch. Ich erfahre mich als einen, der durch Gegenseitigkeit in die Lage kommt, andere anzuerkennen und selbst anerkannt zu werden. Auch die Orte, an denen mir Gegenseitigkeit eröffnet wurde, sind durchaus gewärtig; vor allem die eigene Erziehung und Bildung sind genau von diesem Vorgang bestimmt gewesen. Gegenseitigkeit reflektiert sich allgemein in der Grundrechtsordnung unserer Verfassung; die Grundrechte sind ja nicht Resultat von Anerkennung, sondern bezeichnen eben den Raum, in dem Anerkennung möglich wird. Erkennen wir Gegenseitigkeit als immer schon eröffnet, dann wissen wir infolge dieser Einsicht, daß sie auch besteht, das heißt: unabhängig von der Eröffnung Bestand hat. Gegenseitigkeit, einmal gestiftet, verdichtet sich zum Recht. Also zu einem Regel- und Verfahrenssystem, das Ansprüche abzugleichen erlaubt und das Anspruchsverletzungen ahndet. Das Recht funktioniert – und muß auch funktionieren – ohne Akte der Eröffnung von Gegenseitigkeit. Es ist jedoch seinerseits die Basis neuer Eröffnungen. Nämlich die Grundlage für den Ausbau gerechterer Teilhabe an der gemeinsamen natürlichen Welt und den Aufbau bewußterer Wahrnehmung möglicher Gegenseitigkeit. Diese Veränderungen geschehen nicht durch das Recht selbst, sondern durch das, was, ebenso wie es das Recht selbst begründete, auch über es hinausgeht. Eröffnung von Gegenseitigkeit – das ist, auch zwischen Menschen, keineswegs ein Gnaden- und Herablassungsakt. Sondern durchaus auch eine erfolgsträchtige Strategie der Schwächeren. Ein Abbau von Ungerechtigkeit läßt sich dadurch erzielen, daß den Ungerechten, ihrer machterhaltungsbesessenen Selbstabgrenzung zum Trotz, dauernd Gegenseitigkeit angeboten wird; Delegitimierung ist die Folge: ein wirkungsvolles Handlungsmuster der Veränderung.

So etwa könnte man den Versuch anlegen, nach einem Leitfaden für protestantischen (und überhaupt: christlichen) Lebens-Stil zu suchen. Es ist klar, daß dann, wenn sich eine solche Haltung, Gegenseitigkeit zu eröffnen, tatsächlich als Grundhaltung in einem individuellen Leben etabliert hat, von dieser auch in den unterschiedlichsten Zusammenhängen Gebrauch gemacht wird. Und dies durchaus so, daß der religiöse Hintergrund, der hier am Werke ist, unausgesprochen bleibt. Es ist auch gar nicht auszuschließen, vielmehr in jeder Hinsicht erfreulich, daß es solche Akte empirisch gewagter Freiheit, als die man die Eröffnung von Gegenseitigkeit bezeichnen kann, auch völlig ohne ein sie begleitendes religiöses Bewußtsein gibt.

Im Glauben und als Lebens-Stil – so macht sich die wirkende Kraft des Wortes Gottes kenntlich. Es muß nun noch die Einsicht ausgesprochen werden, daß der Zusammenhang zwischen dem Wort Gottes und seinen Konsequenzen – sowohl was die kirchliche Darstellung ihrer Einheit im Gottesdienst angeht als auch was die prägende Präsenz im Leben betrifft – nicht herleitbar und konstruierbar ist. Es ist diese Einsicht, die für die evangelische Theologie aus ekklesiologischen Gründen den freien Protestantismus zum Thema macht. Es handelt sich bei ihm also gerade nicht um eine Schwundstufe des Christentums, sondern um eine solche Erscheinungsform des Christlichen, das zwar erst aus kirchlich-theologischer Perspektive identifiziert werden kann, aber eben in seiner Kirchenunabhängigkeit ein Dokument für die organisationsübergreifende Wirkung des Wortes Gottes darstellt. Damit kehrt der Gedanke zum ersten Teil dieses Buches zurück. Denn es zeigt sich, daß es insbesondere die theologische Selbstbestimmung der kirchlichen Institution ist, die die kulturhermeneutische Aufgabe in Angriff nehmen läßt. So daß es jedenfalls von hier aus keinen Grund für eine Kulturabstinenz des Protestantismus gibt. Wenn der Protestantismus diese Doppelbestimmung als Kirche und als freie Religiosität anerkennt und kulturhermeneutisch fruchtbar macht, braucht einem um seine Zukunft nicht bange zu werden. Wichtiger aber noch ist das andere, daß ein so ausgerichteter Protestantismus auch für die Kulturwende, an der wir stehen, gestaltende Kräfte freizusetzen imstande ist.

Nachweise

In diesem Buch habe ich von Argumentationen Gebrauch gemacht, die in unterschiedlichen Kontexten entstanden sind.

Schleiermachers Stilhermeneutik (in Kapitel 1) ist zuerst entfaltet in:

Leibhaftes Verstehen. Grundzüge der Hermeneutik Friedrich Schleiermachers im Blick auf kirchliche Beratungstätigkeit,
in: ZEE 39, 1995, 262–278.

Das Kapitel 2 über Ästhetik und Religion nimmt Erörterungen meiner unveröffentlichten Göttinger Habilitationsvorlesung auf, die unter dem Titel »Die Kirche als Kunstwerk« stand.

Das Wesen des Christentums (Kapitel 3) habe ich zuerst auf dem VIII. Europäischen Theologenkongreß 1993 in Wien in den Mittelpunkt gestellt:

Die Einheit des Glaubens und die Vielfalt des Christentums,
in: Pluralismus und Identität, hg. v. J. Mehlhausen (Veröffentlichungen der Wissenschaftlichen Gesellschaft für Theologie 8), Gütersloh 1995, 453–467.

Die ökumenische Kompetenz des Protestantismus (Kapitel 4) ist entwickelt in:

Gottesbegegnung und Selbstunterscheidung. Das protestantische Prinzip in Ökumene und multikultureller Gesellschaft,
in: ZEE 37, 1993, 281–296.

Melanchthons Bildungsprogramm (in Kapitel 5) habe ich vorgestellt in meiner Passauer Antrittsvorlesung 1992:

Bildung und Glaube. Ist das Christentum eine Bildungsreligion?
in: NZSTh 36, 1994, 190–214.

Der Gedanke der Gegenseitigkeit (am Ende von Kapitel 6) ist beim Festvortrag der Evangelisch-theologischen Fakultät der Universität Tübingen zum Reformationsfest 1995 entwickelt worden.
Der Vortrag erscheint 1998 in NZSTh.

Alle Texte sind überarbeitet und auf den Gedankengang dieses Buches ausgerichtet worden.

Personenregister

Sachregister